谨以此书献给

三十余年来参与卫士系列战术武器研制的人们

永不言弃
永不言苦
永不言败
永创一流

卫士 WS

“卫士”的由来——20 世纪 80 年代中后期，国际形势风云变幻，某国提出购买远程无控火箭弹的需求，062 基地（航天科技七院的前身）经原航天工业部批准，决定承担该项目的研制生产工作。在 1987 年申请研制立项时，时任基地副总工程师黎玉贵在型号立项报告中将其命名为 DW-300 弹道式无控火箭武器系统，后在研制初期改称为 M-2 项目。1988 年，该型号在军贸出口报批时，需要确定一个利于对外宣传推广的品牌名称，时任基地总工程师陈绪铭考虑到我国长期以来奉行的防御性国防政策，为之取名为“卫士”，取“保家卫国、抵御外侮”之意。如今的卫士系列战术武器产品已远销国内外，“卫士”也成为了国际军贸市场上的知名品牌。

热烈庆祝卫士二号飞行试验取得圆满成功

热烈庆祝7603A-1飞行试验获圆满成功

热烈庆祝7602-4试验任务获圆满成功

中国航天科技集团公司
中国航天

中国航天科技集团公司
第七总体设计部揭牌仪式
能力实现四川航天持续发展

卫士

卫士文化故事集

周旅　向尚怀　李畅◎主编

中国宇航出版社

图书在版编目（CIP）数据

卫士：卫士文化故事集 / 周旅，向尚怀，李畅主编. -- 北京：中国宇航出版社，2020.12
ISBN 978-7-5159-1873-0

Ⅰ.①卫… Ⅱ.①周… ②向… ③李… Ⅲ.①航天工业—概况—四川 Ⅳ.①F426.5

中国版本图书馆 CIP 数据核字(2020)第 240977 号

责任编辑　马　喆
责任校对　刘　凯　　**装帧设计**　尹春雨

出版发行　中国宇航出版社

社　址　北京市阜成路 8 号　**邮　编**　100830
(010)60286808　(010)68768548
网　址　www.caphbook.com
经　销　新华书店
发行部　(010)60286888　(010)68371900
(010)60286887　(010)60286804(传真)
零售店　读者服务部　(010)68371105
承　印　北京中科印刷有限公司

版　次　2020 年 12 月第 1 版
2020 年 12 月第 1 次印刷
规　格　787×1092
开　本　1/16
印　张　22.25　**彩　插**　12 面
字　数　491 千字
书　号　ISBN 978-7-5159-1873-0
定　价　68.00 元

编 委 会

序

卫士文化是四川航天人在从事卫士系列战术武器研制、为国内外用户提供高性价比产品和服务的实践过程中不断积累、凝练形成的精神产物，是航天特色文化的重要组成部分，是航天精神、三线精神在四川航天的传承和延续，是科学精神、工匠精神在四川航天战术武器领域的真实写照和科学实践，更是支撑四川航天实现“三个转变”并进一步落实“战术强院”发展方针，推动航天强国建设及科技创新、军民融合战略在四川航天落地的精神源泉和强大内生动力。

自20世纪80年代中后期以来，四川航天卫士系列战术武器研制从零起步，从无控、简控到精确制导，从单一型号到型谱化、系列化产品，从一般战术武器研制到战术武器系统集成开发，覆盖院属军品研制单位10余家，涉及院外协作配套单位100余家，型号研制队伍由最初的“十八勇士”发展到现在数千人共同参与，培育了一大批优秀的技术、管理和技能人才，卫士系列产品在国内外已享有较高知名度，在国际军贸市场上形成了良好的品牌效应，已成为四川航天快速发展的重要支撑。

卫士系列战术武器承载着几代卫士人的理想和探索，凝结着全体四川航天人的心血和智慧。30余年来，卫士型号的创业者们胸怀航天报国的责任感和使命感，以振兴四川航天为己任，自力更生、艰苦奋斗、忠诚担当、顽强拼搏，经过艰苦卓绝的努力，克服一切艰难险阻，开创了四川航天竞争性战术武器领域的良好局面，有力推动了四川航天从单一批生产基地向具有自主创新能力研究院的转变。四川航天战术武器研制领域在收获丰硕的物质成果的同时，也孕育形成了宝贵的精神财富——卫士文化。

作为四川航天战线上的一名“老兵”，我有幸亲历和见证了四川航天自力更生、披荆斩棘的创业历程，有幸组织并参与了涉及卫士型号研制生产的多项重要工作。当我开始一页页翻看书稿的时候，洁白纸张上那些隽永清秀的方块字就像被开水冲散的茶叶，原本隐没的纹路、形状、颜色慢慢恢复，重现出昔日的荣光，那段激情燃烧的岁月以及其中众多的人和事渐渐清晰地浮现在眼前，就仿佛发生在昨天一样。

在七院七部成立12周年之际，《卫士》文集应运而生。“卫士”二字，看似寻常，实则讲究，它不仅是七院自主研发的战术武器型号产品的响亮品牌，更是四川航天数十年如一日从事竞争性战术武器研制工作的个人和团队的光荣代号。本书真实再现了几代卫士人承前启后、接续奋斗的创业创新故事，也是七院贯彻落实习近平总书记“8·26”重要批示、大力弘扬航天“三大精神”的真实写照。文集分为“卫士历程”“卫士攻坚”“卫士创新”“卫士人物”“卫士风云”5个部分，从不同角度反映了卫士系列战术武器研制工作30余年来自力更生、艰苦奋斗的发展历程，讴歌了几代卫士人“永不言弃、永不言苦、永不言败、永创一流”的精神风貌。

往事可待成追忆，乘风破浪会有时。中国特色社会主义已经进入新时代，我国航天事业也站在了新的历史起点。习近平总书记指出，探索浩瀚宇宙，发展航天事业，建设航天强国，是我们不懈追求的航天梦。在此，衷心希望本书的面世能使更多的人了解卫士历史、支持卫士事业，更希望新一代卫士人能够继承航天精神，践行卫士文化，不忘初心、牢记使命，永做航天强国建设的忠诚“卫士”，在“战术强院”发展方针的正确指引下，沿着“做精、做优、做成”的工作路径砥砺前行，为实现四川航天高质量发展、推进“三高”发展和“双一流”建设、实现航天强国梦作出新的更大贡献！

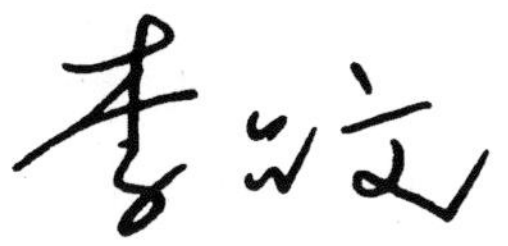

2020 年 9 月 19 日

衛士 WS

>>> 目 录

第一章 卫士历程

第二章 卫士攻坚

第三章 卫士创新

第四章 卫士人物

第五章 卫士风云

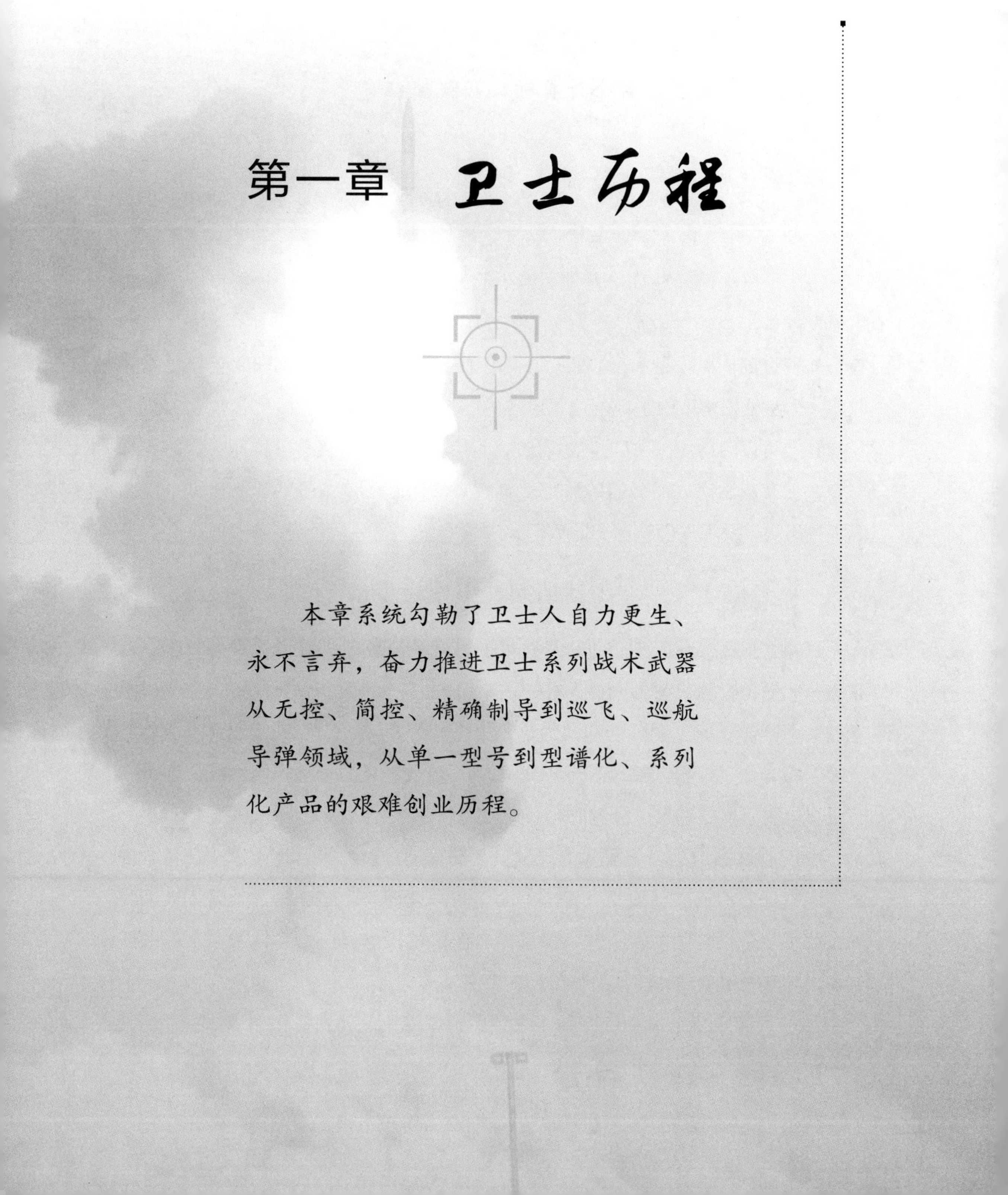

第一章　卫士历程

本章系统勾勒了卫士人自力更生、永不言弃，奋力推进卫士系列战术武器从无控、简控、精确制导到巡飞、巡航导弹领域，从单一型号到型谱化、系列化产品的艰难创业历程。

七院研制型号的拓荒者

——卫士一号火箭弹首个外贸项目实施琐记

■ 张银洪

2018 年 9 月

卫士一号火箭弹是 062 基地（四川航天技术研究院前身）根据市场需求自主研发的第一个外贸型号，从 1987 年开始研制，1996 年签订演示验证合同和首个外贸合同（K 项目），其间经历火箭弹空炸的重大失利，1999 年项目完美收官，为身处困境中的基地创造了可观的经济效益和社会效益。

12 年的研制历程有成功时的喜悦，也有失败时的沮丧；有锲而不舍的漫长坚守，更有圆满完成任务后的欣慰。笔者真实记录下该型号的研制历程，以怀念那段历史以及那些创造历史的人们。

主动请缨　艰难起步

20 世纪 80 年代末期，062 基地某型号批产任务即将结束，军品处于空白状态。此时，国际市场上无控火箭弹需求量很大。1986 年，某国提出购买远程无控火箭弹。长城工业总公司认为这是一个新兴市场，向航天工业部（简称航天部）领导作了汇报。部领导考虑到 062 基地地处三线，承担国家任务很少，又没有自主研发的型号，经过研究，提出将该项目交由 062 基地研制生产。

时任 062 基地副总工程师的黎玉贵得知该消息后，主动请缨承担任务，抽调技术骨干牵头成立调研组，经过一个多月的调研，掌握了国内外无控火箭弹的发展现状，认为国内航天和兵器系统有较好的技术基础，可以采取合作的研制模式，有一定条件完成该型号的研制任务。

1987 年 6 月 8 日，062 基地正式致函长城工业总公司：根据李绪鄂部长、孙家栋副部长关于希望 062 基地开发无控火箭弹的指示，经过半年调研认为，利用国内已有技术基础和成果，采用“积木组合式”的研制方式，能够完成研制任务。同时随函附上武器系统技术方案，请转呈部科技委审查。

1987 年 7 月 3 日下午，由梁守槃主持的部科技委审查会召开，会上听取了长城工业总公司金学宽“市场和资金来源情况”的汇报和 062 基地陈绪铭总工程师“火箭武器系统总体方案设想”的汇报，经过讨论研究认为：062 基地在调研的基础上，对系统精度、发动机等问题做了分析论证，但总体、发射筒、定向瞄准方案和气象测量车用途等方面还需进行深入论证，希望抓紧时间完成。

调研组进一步深化论证后，于 8 月 19 日向李绪鄂部长、刘纪原副部长及部机关领导作了汇报，对有关问题进行了说明与释疑。9 月 8 日，航天部正式下发《关于无控火箭弹研制工作的通知》（[1987] 计规字 071 号），研制工作正式拉开帷幕。

运筹帷幄　初试锋芒

接到正式研制任务后，陈绪铭总工程师点将十八人，抽调原 7317 所、7306 所和 7146 所的主要技术力量，在高校招聘了部分毕业生，在重庆市石桥铺组建了重庆航天机电设计院，成立了 M2 研究室，专门从事火箭武器系统的研究设计工作。

基地和设计师都没有火箭弹的研制基础和经验，摆在研制队伍面前的首要任务是确定技术方案和研制方案。大家在总设计师的带领下开展了广泛的调研分析，最终确定利用航天系统内的总体设计优势，利用兵器系统各专业生产厂家的技术优势和现有技术成果，采取“积木组合式”的专业协作模式，即重庆航天机电设计院承担武器系统和火箭弹的总体设计；兵器系统某厂承担火箭弹发射车研制，首先解决大口径火箭弹的发射难题；兵器系统另外两个厂分别开展引信和战斗部的研制；与航天四院合作完成固体火箭发动机的研制；其他地面装备的研制逐步开展。

通过精心策划，研制队伍在10个月的时间内完成了火箭弹总体设计和火箭弹发射车的研制及其相关的地面试验。为了验证火箭弹的总体方案和发射方式的可行性，首批研制生产了6发火箭弹，通过飞行试验考核火箭弹的各项技术性能。飞行试验于1988年11月进行，6发火箭弹全部飞行正常，初战告捷，创造了当年立项研制和飞行试验成功的奇迹。

自1989年3月开始，研制队伍开展了01批的研制工作，其目标是完成地面设备的研制齐套；考核武器系统工作的协调性、可靠性及射击精度，使其基本达到外贸出口要求。

01批产品于1990年4月通过地面合练和出厂评审，随后组织试验队（由基地副主任赵革任队长，副总师张成明任副队长），飞行试验于1990年5月进行，取得了理想结果，系统的战技指标达到并优于设计要求，特别是射击密集度达到当时的国际领先水平，基本具备外贸出口条件。

锲而不舍　背水一战

市场瞬息万变，最早提出需求的用户已销声匿迹。面对困境，总师带领设计人员开发民品，不仅养活自己，还挣钱补贴地面装备的维护及改进完善设计。正是这6年锲而不舍的漫长坚守，才迎来了外贸出口的重大转机。

1996年年初，在某公司的斡旋下，某国外方公司和军方先后6次派专家详细考察卫士一号火箭弹及地面装备。由于装备年久失修，不少零部件老化。每次接到外方考察的任务后，大家都是提心吊胆、小心翼翼，预先演练多次，避免发生故障，且都能顺利完成演练及外方考察工作。但有一次演练接近尾声时，发射车完成操瞄后一时无法恢复到原位，现场指挥张成明灵机一动，对外方人员说，“为了便于合影照相，保持发射车目前的发射状态”，从而避免了现场出丑的窘态。

经过多轮考察和艰苦谈判，我方最终与外方签订了演示验证合同和军贸执行合同。合同规定，先期由外方提供100万美元，中方在4个月的时间内完成21发火箭弹的批生产，通过飞行试验考核验证火箭弹的性能指标，达到要求后，后续军贸合同自动生效；否则，返还用户100万美元，且后续合同全部终止（含其他军贸合同）。

面对巨大压力，也是重要机会，设计师队伍没有畏惧和退缩，果敢受命，在总设计师黎玉贵的带领下，全体设计人员横下一条心背水一战，心往一处想，劲往一处使，努力拼搏，确保成功。

经过3个多月紧张而有序的工作，到了靶试验证的关键时刻。1996年9月30日，以外方国防部次长为团长的靶试验收代表团到达试验基地，经协商，靶试验收计划发射4组齐射共16发弹。火箭弹全部发射飞行正常，落入预定区域，各项指标满足合同要求，外方现场签署验收文件。

研制队伍在4个月的时间内，摸爬滚打地圆满完成了9601A任务，成功的喜悦还没有来得及仔细品味，随着军贸合同的生效，研制队伍又迈向了新的征程。

艰难曲折　完美收官

外贸合同生效后经过近一年半时间的辛勤工作，产品进入到靶试验收交付阶段。靶试前，基地成立了试验队，由基地主任陈文龙任队长（总指挥）、基地副主任陈治高（副总指挥）和总设计师黎玉贵任副队长，基地党委副书记杨智峰任临时党委书记。参试装备于1998年4月26日到达试验基地，在外宾没有进场之前，先进行了5发火箭弹的预试，预试各项指标均满足设计要求，随后展开了外方的靶试验收任务。

外方靶试验收代表团成员分别于5月12日、16日进场，进场后，首先对参试火箭弹和地面装备三车进行了检查验收。5月17日上午，首先为外方进行了1发射程40km的单射，下午又进行了2发射程40km的连射，3发火箭弹均正常飞行，落入预定区域。5月18日下午6时05分，发射了1组4发连射，正常发射后，落区报告只有2发火箭弹落入预定区域，有2发火箭弹发生了弹道早炸，即空炸故障。问题发生后，通过与外方协商，再抽取8发火箭弹进行2组齐射。5月19日上午8时30分，进行了第一组齐射，火箭弹点火发射与飞行正常，落区报告4发火箭弹全部落入预定区域，根据测量计算，密集度合格。紧接着进行第二组齐射，但落区报告只有2发火箭弹落入预定区域，另2发发生了空炸。外方拒绝验收，因此，第一次批抽检验收靶试失利。

试验终止后，试验队领导向中国航天工业总公司领导汇报了靶试情况，提出了下一步工作安排。栾恩杰副总经理指出："大家的意见很好，按照刘纪原总经理的意见，要多给予关心，要鼓足勇气，要有信心，要认真总结经验，打一仗，提高一步，丢掉包袱，鼓足干劲，解决问题。"随即，基地成立了故障分析和技术归零领导小组，在专家组的指导下开展故障排查。故障初步分析定位在气动热环境条件下，引信的热环境适应能力不满足要求。某厂对返厂的引信进行了分解检查，初步完成了引信在热环境条件下的考核试验，但试验中没有发现引信存在早炸的问题。于是，专家组将视线转移到战斗部上来，正好战斗部的装药内有一个配动平衡的金属环，需要在环上配金属块达到战斗部动平衡的目的。分析认为，如果金属块松动后与战斗部装药产生摩擦，在高温条件下就会产生爆炸。

1998 年 6 月 14 日下午，在中国航天工业总公司机关演示楼召开了靶试故障分析会，会上，栾恩杰副总经理指出："大家做了不少工作，有一定成效，有一定进展，但故障问题还没有找得很彻底，我尊重大家的意见，问题定在气动加热上。" 6 月 19 日上午，兵器工业总公司通报了战斗部热传导摸底试验结果，试验结果表明，当温度达到 280℃后战斗部爆燃，一定程度上复现出了故障现象，为此他们在战斗部表面喷涂了防热涂料。

补充验收根据总公司领导必须打预试的指示，8 月 21 日上午 9 时，完成了一组射程 38km 的齐射，但火箭弹发射升空后不久就全部发生空炸，爆炸形成的闪光和冲击波击碎了成功的希望。预试结果表明，空炸故障定位不准确，问题再次聚焦到引信上，空炸的阴影再次笼罩在大家身上。

外方验收代表团已经到达北京，往后延迟就意味着合同违约，其带来的经济损失和政治影响是不可估量的，特别是后面还有航天二院的导弹合同项目，这个损失连整个基地都无法承担，基地主任陈文龙承担着巨大的压力。后退没有出路，只能想方设法往前走。好在火箭弹有一个重要特性，即不配引信，火箭弹落地也能爆炸。充分利用这一特性，为该项目的起死回生创造了条件，为此大家提出了一个应急方案报部领导。

关键时刻，栾恩杰副总经理指示：（1）稳定队伍情绪；（2）同意采取措施。按照领导要求，设计人员小心翼翼地完成了引信的改装操作，对验收试验进行了精心策划和准备。8 月 22 日上午，决定生死命运的时刻到了，尽管做了精心准备，但毕竟是关键环节，大家心里仍然忐忑不安，生怕出现闪失，后果不堪设想。

第一组齐射的发射零点定在上午 11 时 45 分，在发射场外不远的小土坡上，试验队领导表情凝重地站在一起。按照事先的约定，火箭弹发射后，首区马上把发射的信息通知落区，便于落区仔细观测，同时，在看到火箭弹进入落

区后，马上电告首区领导。11 时 45 分，第一组火箭弹准时发射，4 条烟柱直插蓝天，直到看不到踪影，现场观测发射情况良好。接下来是漫长而焦急的等待，大家屏住呼吸，现场寂静得只能听见风声，虽然只有 240 秒的时间，但是时间仿佛凝固了似的。随着一阵清脆的电话铃声响起，大家的心都提到了嗓子眼儿，陈文龙主任迫不及待地拿起电话，只听见落区报告：4 发火箭弹全部进入预定落区。顿时，大家紧张的心情舒缓了下来。试验基地即刻进行了落点的测量，经计算射击密集度优于合同要求。第二组火箭弹正点发射后，落区很快就报回了结果。最终两组齐射结果的精度全部满足合同要求，外方当场签字确认。生死一战，阴霾散尽，起死回生，久违的笑容绽放在大家的脸上。

1999 年 7 月，应外方要求，对中方提供的生产线生产的火箭弹产品进行靶试验收。在此之前，技术团队完成了空炸故障的技术归零：由于前期的地面验证试验条件不真实，致使引信不能承受飞行过程中的气动热环境而导致误发起爆信号。为此，对已交付外方的引信进行了更换，消除了故障隐患。7 月 23 日下午，完成了一组 4 发真实战斗部的实弹靶试，试验取得成功，K 项目军贸合同完美收官。

作为七院首个获得市场认可的研制型号，卫士一号火箭弹的成功，极大地鼓舞了四川航天科技工作者自主创新的热情。继“卫士一号”之后，1999 年 5 月，062 基地又完成了射程 180km 的卫士一号乙火箭弹的研制，首飞试验取得圆满成功，成为当时射程最远的无控火箭弹。2000 年，我院与某国签订了卫士一号火箭弹 D 项目外贸合同，并建立了长期良好的合作关系，带动了其他外贸合同的签订。2004 年，在原有研制队伍的基础上成立了基地研发中心，并迁至成都龙泉驿。2008 年挂牌成立第七总体设计部。自此，自研型号研制进入了快车道，迎来了发展的灿烂春天。

后记：鉴于黎玉贵总师对自研型号作出的突出贡献，2006 年他在四川航天技术研究院（2005 年，062 基地正式更名为四川航天技术研究院）技术创新大会上被授予“科技功臣”称号，并予以 10 万元重奖。

不到长城非好汉

——献给为“卫士一号”付出艰辛努力的朋友们

■ 任小梅

1999 年 8 月

引子

1999 年 8 月 11 日，一封来自中国航天科技集团公司的贺电，在 062 基地领导层中传阅。贺电开篇写道：“欣悉 K 项目验收一举获得成功，用户当即签字验收 K 项目全套生产线证书，航天科技集团特向你们并通过你们向各配套单位致以最热烈的祝贺！向所有关心、支持 K 项目的领导和同志们表示衷心的感谢！”

这封贺电如一股沁人心脾的暖流在四川航天人的心中流淌。

基地 K 项目试验队赴某国验收取得的圆满成功，不仅标志着 9601 任务全面完成，而且还标志着 062 基地在型号武器系统研制上实现了零的突破，在某型号产品任务上开辟了新的局面。

这是一个值得四川航天人欢欣鼓舞的时刻，“十年磨一剑”啊！怎能不激动，怎能不喜悦呢？

无愧于时代的四川航天人，他们以不到长城非好汉的气势，扫除了一切挡在成功路上的拦路虎，登上“长城”摘取了成功的桂冠。

然而面对成功，他们没有只惊羡它现实的明艳，当初创业的艰辛更让他们感慨万千。

是的，人们不会忘记为“卫士一号”的今天而夜不能寐的决策者、潜心研制的设计师、精益求精的技术能手、押运途中的忠诚卫士和不畏艰辛的靶试人员，因为那顶熠熠生辉的桂冠正是他们用汗水与智慧镶嵌而成的。

艰难决策

“冬天来了，春天还会远吗?”

1987 年的冬天，天冷得格外的早，几场大雪把大巴山包裹得严严实实，山峦没有了层次，远远近近、高高低低都是一派肃穆景象。坐落在大巴山腹地的 062 基地却在这沉沉的冬日里酝酿着冰雪消融时的涓涓细流。

基地办公楼三楼会议室里，烟雾缭绕，一个严肃的话题正在进行。这里坐着基地主任、党委书记、副主任、副书记、总工程师、总经济师、总工艺师、总质量师们，他们的大脑在高速地运转着，个个眉头紧锁，一如要迎接一个新生命的到来，必然承受分娩前的阵痛。

一年前，有可靠消息说，射程为 80km、密集度为 1% 的无控火箭弹，将在国际市场上大有前景。是否有能力有胆量搞这种武器系统，人们顾虑重重。

062 基地处在三线，研制力量相当分散，又从未涉足过无控火箭弹领域，是否有这个能力，人们提出了无数的疑问。

面对一个又一个的疑问，基地领导持非常慎重的态度，组织专业技术人员进行了反复调研。不久，一份周密的调研报告置于领导的案头，利与弊同在，优势与劣势同在，利益与风险同在，机遇与挑战同在。

在日新月异的时代，四川航天人面对着一系列新的挑战——上级给的任务大幅度减少，经费大幅度缩减，如果墨守成规，畏首畏尾，裹足不前，不面对现实、接受挑战，还有出路吗?

商讨仍在继续，基地虽没有搞过无控火箭弹研制生产系统，而且该系统既不同于导弹，也有别于常规火炮，但基地有搞过导弹研制工作的高科技人才和熟练的技术工人，同时还可以把兄弟单位作为他们的合作伙伴。

早已成竹在胸的基地主任袁连启，在听取大家的分析以后说：“敢不敢拍这个板，就看我们了。”

“明知山有虎，偏向虎山行。”当时，在座的各位领导，站在基地未来发展的高度，认为决不能让机遇从指尖溜走。

“好吧，齐心协力干一场吧！”袁主任最后一锤，尘埃落定。

一个重大的决策就这样诞生了！

基地要开发代号为“卫士一号”的无控火箭弹，任命当时担任基地副总工程师的黎玉贵任“卫士一号”的总设计师。

“卫士一号”攻坚战的帷幕徐徐拉开！

潜心研制

1987 年的冬天，在呼啸的寒风中，“卫士一号”最初的研制队伍组建了。总设计师黎玉贵带领杨光裕、张成明、李族安等 6 位同志进驻重庆航天机电设计院，军品所宣告成立。

当时设计院正处于筹建之初，工作条件艰苦，不仅计算机得自己借，就连计算机机房也得自己找。生活条件也相当艰苦，他们住的是单身宿舍，吃的是最简单的食品。

也许正如一位名人所说，卓越的人的一大优点就是在不利的艰难条件下百折不挠。“卫士一号”的设计师们正是凭着这样的优点，以工作狂的姿态一步一步实现着他们的梦想。他们坚信只要横下一条心，坚韧不拔、义无反顾，就会所向披靡，就没有战胜不了的困难。

从 1987 年开始研发到 1998 年靶试验收成功，蓦然回首，“卫士一号”已走过了漫长的 11 年，这 11 年凝聚了多少设计师们的废寝忘食、夜不能寐、无私奉献啊！

镜头之一 黎玉贵是北京航空学院运载火箭总体设计专业 1960 届毕业生，曾担任过战术导弹总装厂的总工程师，却从未涉足过无控火箭弹领域。

“世上无难事，只要肯登攀。”黎总对这句话的理解不仅仅是停留在口头上，而且在用实际行动诠释它的内涵。

研制工作在艰难中起步了，为了在节省经费的同时还能上水平、保进度，黎总在查资料、做计算等许多事情上都亲自干。

那是1988年年初，为了落实发射车有关事宜，黎总带着张成明到湖北老河口去调研，半夜3点他们在襄樊火车站下车了。初春的夜里，瑟瑟的寒风一个劲儿地往人身上钻，黎总却坚持不住旅馆，他说等天亮了，咱们就出发。

凄冷的路灯照着冷冷的铁轨，映在他们的身上，他们就瑟瑟发抖地在站台上蹲了半个晚上，有谁会想到这就是咱们的火箭弹总设计师。

在简陋的办公室里，无数次的讨论分析，费尽心机地搜集旁证材料，繁琐枯燥的计算，一张又一张的白纸团，一次又一次的小样试验，一切都在紧张地进行着。

黎总和他的助手们没有节假日，他们的家就是办公室。

有一次为了一个数据，黎总辗转难眠，因为数据在他们的眼里就是型号产品的生命。夜深了，妻儿早已入睡，他却望着灯光出神，万籁俱寂中，只有时针在“嚓嚓”地走动，他索性拿出了笔和纸。

那“沙沙”演算的声音，就像田野里禾苗“吱吱”拔节时吮吸养分的声音，一个晚上没有停息。

当他终于豁然开朗时，山城的天已经蒙蒙亮了。他说，这才是个有意义的夜晚。

像这样的夜晚，黎总和他的伙伴们经历得实在太多了。也正是这一个又一个有意义的夜晚，才换取了最后的成功。

20世纪90年代初，“卫士一号”研制经费相当紧张，参与研制的一些年轻设计师面对现状，开始动摇，先后有部分同志离开了军品所。黎总看在眼里，痛在心里，他想，难道我们这支队伍就这样垮了吗？

如何稳定队伍？黎总夜不能寐。转变观念，立足军品，发展民品。以民养军这个大胆的思路应运而生了。他们调整了科研人员，一部分人开发民品，一部分争取预研课题，一部分人继续做好“卫士一号”的维护和技术完善。

黎总亲自跑市场、搞调研，为了推销自己的产品，不知受了多少凄风苦雨，愁白了多少根头发。那些日子、那些经历，黎总终生难忘。但他无怨无悔，因为“卫士一号”研制队伍稳定了，并且工作卓有成效，这让他感到欣慰。

在“卫士一号”的研制过程中，黎总始终站在攻关的最前列，精心指导攻关方案的制定，潜心指点研究实验的难点和关键。1988 年 5 月，“卫士一号”靶试受挫，在巨大的压力面前，黎总没有被击垮，他以他的人格魅力重新调动起设计师们的潜力。他一边向专家请教，一边同比他小二三十岁的小伙子一起埋进资料堆里，扎进机房，往返于配套厂家之间。他说辛苦那是肯定的，但是值得。

要说没有遗憾，那是假的，黎总说，作为父亲，他对不起自己的儿女；作为丈夫，他对不住妻子。4 个孩子，没一个考上大学，黎总作为父亲内疚得很。妻子为了家，数十年如一日，任劳任怨默默地奉献着她的生命年华，唯一一个想去一次北京的愿望都没有实现。这些年，黎总为了“卫士一号”无数次地去北京，但不可能带妻子去。他说这个遗憾一定要弥补，等到退休的那一天，一定陪妻子去一次首都北京。

“有所作为是人生最大的境界！”这是黎总的座右铭。他的人生也正是沿着这条轨迹，不断地前行。

镜头之二 1988 年 11 月，“卫士一号”零批火箭弹在靶场飞行试验中，取得了“六发六中”的好成绩。当人们奔走相告、欣喜万分的时候，又一大难题摆在了设计师们的面前。

发动机协作因价格问题，无数次商讨都没能达成协议。怎么办？

“丢掉拐杖，自己走路！”四川航天人决心走一条自己研制发动机的路。

李族安这位具有丰富经验的老同志毅然接受了发动机设计的艰巨任务。那年李族安 51 岁，可是看上去，他却显得那样年轻、充满活力。从接受任务起，他就带着杨光裕、王恒旭、王智军和另外两名年轻同事开始摸索。

时间紧，大家进入了忘我的境界，脑子里全是工作。

当资料、图纸全部设计出来后，李族安基本上就很少在家了，今天在 7304 厂生产现场，明天又要到江西经纬厂做实验。大禹治水三过家门而不入，老李有多少次过家门而不入连他自己也记不清楚。

老李主要负责发动机装药。每一个配方、每一次装药、每一道工序、每一项试验、每一个数据，他都要亲自过问。厂里的生产技术人员说，只要与药有关，就没有老李不在的时候。

然而，人的精力毕竟是有限的。连轴转使老李感到有些心力交瘁，当 1990 年元旦的钟声敲响时，他病倒了。

当他从手术台上下来时，心里惦记的仍是：发动机！

镜头之三 装填车是卫士一号武器系统中重要的地面设备之一。而在此之前，国内没有样板可以借鉴，装填车的研制难度可想而知。

1989 年，梁一兵、李善学、段方国、何明辉、刘清一等承担了这一艰巨任务。这些小伙子平常言语不多，善思干练却是他们的特点。

在没有任何经验可供直接借鉴的情况下，大家不畏艰难，深入研究，参阅了大量国内外资料，在看中学，在学中思，在思中创。他们足不出户，每天从早到晚伏案工作。从中，他们受益匪浅，在别人的启发下，并结合实际情况，在很短的时间里就研制出了适合“卫士一号”的装填车。

他们不仅仅是设计者，还是操作者、生产现场的跟踪者。他们轮流坚持在生产单位 7303 厂，吃住都在车间。没有任何条件可讲，再大的困难他们都要承受。

而今，装填车是搞出来了，但他们的脑子没有停歇，因为攻关之路漫长无尽。

镜头之四 射击指挥车是“卫士一号”多管火箭连机动作战指挥中心，接收上级下达的作战命令，指挥火箭连协同作战，将发射阵地的地面气象参数及主动段的风速、风向测量结果，通过计算机准确无误地进行火控计算，并输入发射车。射击诸元计算机及诸元显示器能否提供准确的发射指令是武器系统作战成功与否的关键所在。

李大文和他的伙伴石茂全、吴界益、周尚波承担了指挥车研发的重任。他们个个年富力强，不怕苦、不怕累，在软件开发上苦心经营。李大文这位 20 世纪 60 年代的大学生，学的专业是工业自动化仪表。在专业不对口、承担的任务又这样举足轻重的情况下，他自加压力，一头扎进了钻研的苦海。

功夫不负有心人，“卫士一号”终于有了自己的指挥车。在每一次参加靶试的过程中，指挥车就成了焦点。

记得“卫士一号”第一次打靶就要进行时，李大文发现有两组数据差异太大。高度的责任感促使他马上把这一情况报告给当时试验队负责人张成明。

关键时刻，李大文怀疑是靶场提供的气象数据出了错。

一番交涉之后，果然不出所料，高空气压错了，空气密度错了。一连串的错误让人瞠目结舌，要知道这些错误将直接影响火箭弹的射程，从而导致靶试失败。

前车之覆，后车之鉴。在以后的历次靶试之中，指挥车屡立战功。在某基地靶试时，他们又及时发现气象数据的错误，从而保证了射程精度，靶试获得圆满成功！

设计师们的故事实在太多，然而，“卫士一号”在 01 批抽检圆满成功之后，随着国际市场风云变幻，军品研制受到猛烈冲击，不仅没有研制经费的必要投入，就连吃饭的钱也得靠自己找。在这种严峻的形势下，他们将靠民品开发挣来的钱投入军品研制，并在基地的鼎力支持下，保住了这支研制队伍，保住了“卫士一号”！

11 年啊，设计师们就像一个个久锁深宅的居士，在含辛茹苦的钻研中，他们以毅力加勇气，叩开了科学之门。多少次起早贪黑、废寝忘食、夜以继日的苦苦追寻，在他们的脑海里永远无法抹去。那是一种精神，一种永不言败的精神。

机器轰鸣

研制工作一步步推进，基地也加快了与用户联系的开拓步伐。某军事技术代表团闻风前来基地考察、洽谈。

1996 年 4 月中旬，合同正式签订，基地旋即成立了“卫士一号”协调小组，正式下达了专题计划，使得 9601A 演试批任务得以全面启动。1996 年 10 月，演试取得圆满成功。

1997 年 1 月 10 日，大合同正式生效后，陈文龙总指挥及时签发了紧急调度令，基地机关详细分解了合同，编制了网络图，下达了专题计划，各单位进入了正式启动 9601B 任务的工作阶段。

于是，机器的轰鸣声又在四川航天基地的上空响起。

9601 任务是基地自创建以来承担的第一个大型军贸任务，是一项系统工程，承制单位就多达 10 家。

任务下达后，各单位严格遵守行政指挥线和技术指挥线的统一部署，精心组织，克服了时间紧、经费紧、设计未定型、工艺不稳定的重重困难，以大局为重，大力协同，无私奉献，团结奋斗，密切配合，保证了任务的圆满完成。

——7304 厂

1997 年元月，在新建的成都航天城工业区，一次庄严的誓师大会正在 7304 厂进行。“背水一战造出争气弹，团结奋斗重铸明江魂”的口号被响亮地喊了出来。

这无疑是一场严峻的考验。于是一个生气蓬勃、热火朝天的生产景象出现了。

于是，从厂长、书记到生产工人，加班加点是常事，几十人通宵达旦地工作亦是常事。他们表现出的爱国精神、奉献精神、吃苦精神及创造精神是前所未有的。

5月18日，当靶场受挫时，全厂上下笼罩在一种难以言状的阴影之中。在那些不平常的日子里，为了保证工作能顺利进行，该厂竭尽全力，倾其所有。要知道，当时厂里的资金状况相当困难，职工连续两个月的工资连影儿都没有，所有的资金都用在了生产急需、发货急需之中，但是干部职工给予了充分的理解和支持。

在产品验收日期一天天逼近的时候，他们没有了“睡觉”的概念，昼夜突击，困了喝杯浓茶，饿了吃袋方便面，实在坚持不住就和衣打个盹。

最让职工们欣慰的是，在他们干得最苦最累的时候，厂领导始终和他们在一起。领导们没有更多鼓励的言辞，他们的出现就是一种最好的鼓励。职工们焕发出了空前的劳动热情，真是心往一处想、劲往一处使啊！

镜头之一 7304厂军品车间机器飞转，轰鸣声震耳欲聋。已经是晚上8点多了，一台机床前，一名老师傅仍然聚精会神地忙碌着。

他叫邓其林，是一名镗工，基地劳动模范。在9601B任务中，他承担了燃烧室壳体螺纹底孔加工任务。

厂子里镗床少，生产线上只有他一名镗工，工作只有连轴转。领导问他有什么困难，他说：“干吧，再困难也要干！”

他常常是从清晨干到傍晚，从傍晚干到天亮。大伙儿看他累，就说：“邓师傅，歇会儿，回家吃口饭、喘口气。”他却说：“老伴儿一会儿就给我送饭来了。”

邓师傅不仅自己干，还把家里人都扯上了，他说没办法，尤其在产品即将交付的日子里，他尾椎骨疼得连走路都不行了，实在没办法，他才躺在医院输液。但是，他的心哪里能安歇，当他知道他的机床前又有活儿的时候，他再也顾不了家人和医生的劝阻，回到机床前，像钉子一样，一站就是十几个小时。

邓师傅说为了干出“争气弹”，不发点狠不行啦！

邓师傅这一“狠”，完成了壳体镗孔件251根，芯针8件，并且一次交检质量全部合格。

镜头之二 1998年5月的一天，坐在计算机前已经很久了的艾乘勇心情异常沉重。靶试失利的消息，使他坐卧不安。

这位年轻的工程师，在 9601B 任务中，承担了总装测试和工艺工作。这副担子对于艾乘勇来说太沉了点，压得他都喘不过气来。

尽管各方面都在认真分析、查找原因，但艾乘勇想得最多的是他负责范围内的每一个工作细节、每一个数据。

这期间，艾乘勇大部分时间都在总装线上，睡眠严重不足，双眼布满了血丝。但是只要在总装线上，他的精神就依然饱满。他说，脑子里全是数据，根本来不及打瞌睡。

与此同时，小艾还担任总装测试部分的培训工作。既要给用户讲课，又不能耽误生产，为此，他只有“一心二用”，白天坚守岗位，晚上备课，编了几万字的教材。

工作讲课两不误，但小艾却瘦多了。1999 年 5 月 4 日，基地授予他“首届四川航天十大杰出青年”称号。他的劳动和付出得到了领导和同志们的肯定。

从 1997 年 1 月到 1998 年 9 月，在为时 1 年零 8 个月的时间里，7304 厂圆满地完成了各项任务。回首 600 多个不平凡的日日夜夜，那真是写满艰辛、蘸满汗水，那些不同寻常的历程，将永驻在 7304 厂干部职工的心中。

——7303 厂

9601B 任务装填运输车的生产任务落在了 7303 厂。装填车技术涉及面广，工艺复杂，零件多，而且任务的成败关系着国家的政治影响和航天信誉。

众所周知，7303 厂是基地的特困企业，职工工资不能全额发放，靠什么才能凝聚人心？靠什么才能把广大干部职工的积极性调动起来接受这一次考验？

四川航天人的品质总是在关键时候体现，大力协同、无私奉献的航天精神在其中起到了决定性的作用。全厂上下做好了背水一战的准备，他们成立了“9601B”质量保证体系领导小组，制订了专题计划、作业大纲以及生产进度考核细则，对人、财、物、产、供诸方面进行量化考核。厂子里沸腾了。

镜头之一 1998 年 8 月的一天夜里，一个 5 岁的小女孩在 7303 厂军品车间门外哭泣。这是谁的孩子呢？

原来她是车间铣工高菊芳的女儿。高菊芳，基地“三八红旗手”，在 9601B

任务中承担了30余项零件加工任务，时间紧、任务重，她只有加班加点，每天工作13个小时以上。

此时的高菊芳身着蓝色工作服，在铣床前忙个不停，停车、测量、安装、启动有条不紊，专注的神情和娴熟的动作，透着一股子干练。这时，她全然忘记了时间，忘记了孩子就在车间外玩儿耍。

她的爱人远在达川工作，她一人带孩子，白天孩子上幼儿园倒好，晚上孩子就没人看管了。没办法，她只好把孩子带到车间外边，让她自由“行动”。

孩子的哭叫声让她清醒了，快11点了。这时，她才想起了孩子。愧疚感使她停下了手里的活儿，冲出车间抱着仅5岁的女儿一个劲儿地说：“对不起了，孩子!”

为此高菊芳挨了批评，但她的行动却感动了大伙儿。

高菊芳在9601B任务中共加工零件139项、1987件，完成工时4884小时，受到了车间领导和同志们的一致好评。

镜头之二 1998年4月14日，在7303厂9601B装填车评审会上，专家们认真对该厂技术处制作的装填车全套工艺文件进行审查，作产品实物供量检测。

姜培秋有些坐立不安，他忐忑的心情溢于言表。这位7303厂技术处处长曾经历过许多次评审，然而今天，他却是那样地局促不安。

在姜处长接到9601B装填运输车软件技术任务时，他就感到压力太大。他说时间太紧、任务太重，通常需要3年完成的任务，现在要在几个月之内完成。雪上加霜的是，处里的一些技术骨干纷纷“跳槽”，真正能独当一面工作的只有10人。怎么办?

不过他把压力变为动力，带领技术人员克服重重困难，战胜自我，甩开膀子，竟干出了不可思议的成绩。

工艺组仅用了5个月的时间就编成了2000多份工艺文件，人均33万字，相当于一人一部专著。成绩是否能够得到肯定，姜培秋没有把握，他当然提心吊胆。

“全套工艺通过鉴定！”

话音刚落，姜处长紧绷的脸上泛起了难得的微笑。他说：“我心里的石头终于落地了。”

镜头之三 1999年3月12日，这是一个周末。夜深了，远处却传来机器的轰鸣声。

这是7303厂军品车间的师傅正在为一项特殊的任务而奋战着。天亮之前，必须完成发射车内的来复管直线度的打磨处理。

这可是一块难啃的骨头。精度要求高，发射车内口径又小，人只能侧着身子在管内工作，而且管内灰砂弥漫，强烈的灯光，把眼睛刺得生疼生疼的。

从中午到深夜，兰加荣、张二平、刘忠、魏清顺等18名工人师傅个个累得腰酸背痛，手脚麻木，双眼红肿，但是他们没有叫苦叫累。

一直持续到3月13日凌晨4点左右，工作才全部结束。但他们还不能停歇，还要对修复后的来复管逐一进行试验检查，直到一切归零，他们才长长地舒了口气。

7303厂承担的装填车生产任务，应该说在全厂上上下下的共同努力下，战胜无数困难，终于如期完成了。对他们来说，这不仅仅是个量的完成，更是一种精神的超越、一种思考的延伸。

——7102厂

这里特别要提到的是我们的“老大哥”7102厂。该厂在9601任务中，不仅承担了9601A任务的××发演示弹的总装，还承担了9601B任务×××发尾段生产研制以及部分技术转让工作。

“卫士一号”最初的总装测试任务和尾段研制生产任务是7102厂承担的。1994年，基地领导站在整个基地发展的高度做出决定，把“卫士一号”的总装测试任务调整到7304厂，尾段研制生产依然由7102厂来完成。7102厂为支持基地的决策，在已经见成效并且有一定效益的情况下，毅然放弃本单位的局部利益，服从基地的大局，将总装任务转让给7304厂，给了7304厂一个打翻身仗的机会。当7304厂既无总装厂房又无技术人员时，他们又以

老大哥的姿态腾出厂房，并派出精兵强将，手把手地传授技术，使 7304 厂保质保量地按时完成了首批生产任务，用自身的行动弘扬了大力协同、无私奉献的航天精神。

与此同时，7102 厂又出色地完成了尾段研制生产和技术转让任务，为 9601 任务的全面完成作出了很大的贡献。

那是 1996 年初冬的夜里，万源火车站候车室内候车旅客寥寥无几，一个 40 岁开外的女同志拎着两个大箱子急急忙忙地走向售票处。她就是 7102 厂一车间主任、负责“卫士一号”生产研制工作的尤淑兰。

当时，该厂只有一车间干 9601 任务尾段，知悉范围极小，尤淑兰比较懂行，因此厂里把技术转让工作让她全权负责。在技术转让的最初阶段是以走文件的形式进行，尤淑兰成了“出差专业户”。一个星期至少跑两趟，常常是一个电话打过来，她就得拎着装满资料的大箱子说走就走。1996 年到 1997 年这段时间里，达成铁路还未开通，万源到成都的车次有限，她常常是夜里走、夜里回。为了“卫士一号”能够成功地进行技术转让，她没有顾过家，但家人的极大支持使她能够全身心地扑在工作上，为此她感到欣慰。而今 9601 任务已经暂告一个段落，她也该喘口气了。

——692厂

1998年8月29日，692厂接到基地紧急传真，要求该厂必须在9月3日前将9601B型号配套火工品送到指定地点交付。

军令如山倒。一场与时间赛跑的竞赛拉开了。

负责产品装箱的201车间的主任刘其坤，从接到通知那天起，就不分昼夜地在现场指挥。恰好他爱人钟文莉也是这次任务中负责产品外观试验的人员。儿子才3岁，临时被送到了外婆家。

201车间五班马湘、刘家贵等5位同志加班加点完成了数百个包装铁盒的焊接任务，15个小时不停歇。

调度员张清科，已年近不惑，不顾胃病的困扰把工作放在首位；还有与工人一起通宵达旦的江波、陈德富等……

正是他们的无私奉献，使得任务得以提前完成，为9601B任务交出了满意的答卷。

——动力厂

动力厂在9601B任务中承担火箭弹热表处理和包装箱的生产工作。

1998年的夏天，9601B某部段的表面处理工作正在动力厂紧张地进行着，所有工作必须在8月4日前完成。又是一个时间紧、任务重的硬任务。恰逢这时正是该厂面临机制的重大改革之时，但动力厂的干部职工顾全大局，以任务为重，个个像穿上了红舞鞋，围着9601B表面处理工作跳起来了。

厂领导率领一部分机关工作人员加入生产一线行列。生产车间里气温高达40℃，空气中烟雾弥漫，气味难闻，但是在这里工作的职工没人叫苦喊累，像喷漆工人吕勇、车间副主任向世跃、调度金萍、身怀六甲的余建平等等，没有一个不是兢兢业业地把全部热情投入到工作中，他们在分分秒秒中拼搏。

为了全面完成9601B任务，除7304厂、7303厂、7102厂、692厂、动力厂以外，我们也不会忘记620单位、经纬化工厂、5013厂、5137厂、5124

厂这些合作伙伴，他们大力协同，密切配合，确保了配套产品的按时交付，给予了我基地极大的支持和帮助，应该说军功章里也有他们的一半。

成就一项事业，结果往往令人赞誉有加，极尽褒扬，而过程却是艰难的、曲折的，但也是最让人回味的。也许正是有了这些回味无穷，才铸就了辉煌和永久。

押运途中

是的，一个型号产品的诞生，往往要经历研制、生产、靶试等一系列重要环节，然而在这里，我们却要把笔墨洒向那些肩负着艰苦押运任务的勇士，因为他们每一次启程都是任重道远。

据有关人员提供的数据，基地共有 1350 人参与过“卫士一号”的押运工作。这些人中，绝大部分是我们的公安干警，此外还有技安人员、军调人员和生产一线技工。

采访这些人的时候，他们大都不善言谈。他们说是应尽的责任，不值得写。然而笔者在走访方方面面的人以后，感到对他们不仅要写，而且要大写特写。

每一次押运，都是一段和谐的乐章，每一次押运，都有段鲜为人知的感人故事。像保卫处副处长王平，在妻子住进华西医院动手术的关头，毅然服从组织安排，带领押运队前往靶场；7306所保卫处谢德荣的独生女儿颅内出血，病危通知紧紧地握在他手中，他心里的痛是可想而知的，但他以大局为重，仍然参加押运。这样的故事确实让人肃然起敬。

这里笔者不可能一一道来，就让我们在1998年6月2日产品发往某基地，7月8日又从某基地转场到齐齐哈尔，7月15日又从齐齐哈尔转场到某基地，8月3日又从某基地转场某某基地这几个来回中，摘下一段，来体味一下押运人员的辛苦。

1998年5月26日，由10节车皮组成的9601B运弹车，自成都出发了。担任此趟押运任务队长的是保卫处副处长夏继波，副队长由机动技安处副处长冯定元担任。从专列启动的那一刻，8名押运人员就不敢有半点懈怠。

或许是对8名押运人员的考验，或许是好事多磨，一路的困难接二连三地摆在了他们的面前。

专列出师不利，原定走宝成线的计划搁置后又改道襄渝线。襄渝线的路况不如宝成线，而且路程更远，这是其一。

其二，此次装产品的车不是航天系统的专用车，产品无法固定，列车在行进的途中，产品移位非常严重，乃至到了达川时，根本无法正常行走。列车停了下来，心急如焚的押运人员一时乱了方寸。他们清楚，基地参加靶试的人员已经到达靶场，大家正翘首等待他们。

这时焦头烂额的夏队长急忙拨响了基地主任陈文龙的电话。陈主任在电话里果断地说："请立即请求地方及铁路部门的支援，在保证安全的情况下，你们要不惜一切代价往前赶，尽快到达靶场！"军令如山倒，于是8名押运队员分头行动起来，在达川货运站的协调下，决定继续用铁丝对产品加以固定。

闷罐车里气温在40℃以上，别说工作，就是站在里面，汗水马上就会湿透衣裳。然而8名队员齐上阵，他们钻到车厢夹缝处，半蹲在车厢里，用铁丝一圈一圈地捆绑，汗水顺着他们的脸庞往下淌，人往那儿一站，汗水就浸湿一地，有的人手被划破了，有的人脚受伤了，整整 4 个小时才结束工作。

“这下可以松口气了！”冯定元说着一屁股坐在了地上。但是问题没法彻底解决，移位现象随时可能发生。一路上，大家都是提心吊胆，只要车一停，不管天气有多热，都要跳下车去检查一番。

其三，运弹车常常是走走停停，滞留小货站，专列行至河南济源时，停留了一天一夜。队员们说那一天一夜漫长如一年。这里没有水，缺乏基本的生活条件，没法做饭，更谈不上洗脸洗脚，洗澡简直就是一种奢望。车下耀眼的太阳照着，车上闷得人受不了，但押运队员们两个小时轮流值班雷打不动。

而这时手机没了信号，电话又很远，与基地没法联系。

专列好不容易过了新乡，他们终于和北京办事处取得了联系，一时间队员们兴奋得犹如失散的孩子找到了母亲。

电话里原北京办事处主任徐保民关切地问：“你们现在需要什么？”

“水、蔬菜”，夏队长双手紧握着手机，声音有些颤抖。

刹那间，徐保民被感动了。他代表基地领导马不停蹄地赶到车站，不仅为大伙送去水、蔬菜、瓜果、猪肉，还有领导的关爱。

一顿午餐，8 条汉子就将十几斤猪肉干掉了。徐保民的眼里湿润了，他手中的筷子始终没有往桌上伸去。他说不忍心。

这一路最艰苦的还当数从齐齐哈尔去往酒泉的路上。这一路押运人员已从 8 名减少到 4 名：夏继波、冯定元、陈兵、郭孝河。

人少事多，装车都得亲自去干，就在往闷罐车里装产品时，冯定元的手被严重挤伤，当时手背又红又肿。

夏继波看到这种情况说：“冯定元，这趟你就不要去了。”可是，豁达的冯定元却说：“没关系，本来这次押运人手就少，我怎能不去呢？”

于是，4 人组成的押运队上路了。闷罐车里条件非常简陋，没床、没厕所，甚至连基本的生活条件都不具备；东北的蚊子，那堪称一绝，随手一摸几十个，嘴巴一张就会有一群蚊子飞进去；闷罐车里“咣当、咣当”的噪声，吵得人没法安歇，大家交流就只能靠打手势。气候无常害苦了我们的押运员，戈壁滩的清晨，寒风凛冽；中午，骄阳似火；晚上，气温骤降，盖两床被子都无济于事。这时，大漠孤烟，戈壁清泉，那些令人心驰神往的画卷，在他们心中早已荡然无存。

一路颠簸，原计划 6 天的行程推迟了整整 4 天。这时 4 个队员中包括身体最好的郭孝河也病倒了。他们辗转东西南北，克服了没有饭吃、没有水喝、蚊虫叮咬、酷暑严寒、噪声振动、连上厕所都没地儿的重重困难，辗转三个靶场，跨越 18 个省市，连续押运 50 多天。我们要说，如果没有恪尽职守、吃苦耐劳、勇于奉献的精神以及对航天事业高度的责任心和使命感，他们是不可能战胜这些困难的。

难怪，在一次基地职工大会上，在谈到押运人员的辛苦时，基地主任陈文龙眼里噙着激动的泪花，他说：“我为我们的事业有这样一支队伍感到骄傲。”

靶场风云

每一次靶试都是一次考验，一次对设计和生产全过程的考验，那么每一个参加靶试的人，他们心中的那份焦虑，那份提心吊胆，那份责任感、使命感，无不体现得淋漓尽致。

看看“卫士一号”的打靶成绩：

1989 年 11 月，第一次靶试，取得“6 发 6 中”的好成绩，从而验证了设计方案的正确性；

1990 年 5 月，第二次靶试，15 发飞行弹飞行试验圆满成功，系统射击精度达到了设计要求；

1996 年 10 月，在 0 批、01 批飞行试验的基础上，同时结合对外演示靶试，第三次靶试，25 发弹试验取得圆满成功，武器系统战技指标均达到了要求；

1998 年 5 月，第四次靶试，卫士一号多管火箭系统抽检靶试中 2 发火箭弹发生弹道早炸，致使抽检靶试受挫；

1998 年 7 月，第五次靶试，“故障复现”试验，达到预期目的；

1998年8月24日，第六次靶试，验收试验，获得成功；

1999年4月，第七次靶试，技术归零“措施有效”，试验飞行圆满成功。

从历次的靶试中，我们可以看到“卫士一号”能有今日的辉煌是走过了一条多么漫长、多么曲折、多么艰辛的道路，在这条道路上，留下了多少惊心动魄、感天动地、催人泪下的故事。

“卫士一号”所亲历的靶场不是在风沙漫卷、寸草不生的戈壁滩，就是在人迹罕至、野草漫长、蚊虫疯狂的黑土地。环境的恶劣、生活的诸多不便都是最基本的困难，每个参加靶试的人员都有足够的心理准备。

靶场就是战场，靶试就是挑战，每次靶试都牵动着无数人的心弦。国防科工委、航天工业总公司领导和机关的同志们始终给予关心、支持，他们多次亲临靶场指导协调工作；刘纪原总经理、王礼恒副总经理多次听取汇报；栾恩杰副总经理等领导亲赴某靶场指导工作，对“卫士一号”投以极大的关注，给了四川航天人极大的鼓舞。

每次靶试都是由基地领导亲自担任试验队长。陈文龙主任、张立东书记、陈治高副主任、杨智峰副书记多次亲自带队奔赴靶场，直接指挥试验队的工作，有时甚至不顾疲劳，和靶试人员一起参与卸车入库工作。他们的行动无疑给靶试人员以极大的鼓舞。

靶试人员不管在任何情况下，都紧密团结在试验队领导周围，恪尽职守，听从指挥，不计得失，兢兢业业、周到细致地投入工作，有的甚至承受着与亲人生离死别的痛苦，依然不下火线。7303厂总工程师宋伦汉的母亲病故前后，在家人的多次催促下，他仍然留在岗位上；设计院的王智军岳母病故也没向领导提出任何要求，依然坚守在岗位上。

试验队正是有了这种无私奉献、爱岗敬业、顾全大局的精神，才最终赢得了靶试的最终成功。

镜头之一 1996年10月，东北某发射基地，阳光朗照，所有的靶试人员各就各位，紧张肃穆的空气融进了各位队员严肃认真、周到细致的工作之中。

“5分钟准备。”

“1 分钟准备。”

“牵动。”

“开拍。”

“起飞。”

随着有序的口令，令到箭应，火箭弹呼啸腾空，刺破青天，伴随着震耳欲聋的轰鸣声，火箭弹拖着长长的火龙直奔天空。

紧接着第二发弹点火口令下达了，但是，人们却没有听到轰鸣声。焦灼的等待在一秒一秒地延伸，死一般的寂静，像个无形的巨石压在人们的心上。

总设计师黎玉贵异常严肃地说：“尽快与发射车取得联系！”

“发射车报告，已启动发射按钮，箭未发出，正在检查！”

“停止检查，保持状态！”黎总镇定自若地下了命令。

迅雷不及掩耳，他向发射车奔去了。这时设计院院长也紧跟其后。

“院长，你留下，不能去！”黎总给院长下了命令，而他却心急火燎地转身冲向了发射车。

可想而知，当时“点火”的命令已经发出，那枚火箭弹随时可能爆炸，很多人的生命危在旦夕。人们捏紧的拳头沁出了汗渍，所有的心都提到了嗓子眼儿。此时此刻，不知有多少人在祈求神灵，“不能有一丝闪失啊！”

就在难捱的分分秒秒间，听到了“发射车报告，故障已经排除！”的消息。

一块石头终于落了地，人们紧张的情绪得以放松，只见黎总健步如飞地回到指挥所，他的双眼依然是那样严肃：“做好第二发发射准备！”

指挥所下达了发射命令，随着一声巨大的轰鸣声，火箭弹腾空而起，群山为之震颤。

发射圆满成功！

镜头之二　1998 年 8 月 14 日，在连绵的雨天之后，老天爷终于露出了笑脸，一发战斗部喷防热涂层的火箭弹在东北某基地发射成功。

然而落区水草茂密，从观察点到落区进行实测十分困难，前去测量落点的车辆被陷达 5 辆之多，测量工作遇到了前所未有的困难。

8 月 15 日晚，发射基地草原楼三楼，基地主任、试验队队长陈文龙组织专门会议，决定次日派出突击队，进入落区搜寻弹着点和实施精度测量。

一支由 7 人组成的突击队迅速成立，在黎总的带领下于 8 月 16 日 7 点 20 分出发，奔向落区，开始了艰难的搜寻工作。

在距离落区 6 公里处，5 位队员下车携仪器步行进入落区。连绵的大雨，使原已水草茂密的落区更加寸步难行，队员们几乎都是在很深的沼泽丛中行进。

背着沉重的仪器走了两三个小时了，队员们都有一些疲惫。黎总说："大伙儿太累了，要不咱们歇一会儿!"

队员们说："只要黎总不叫累，我们决不喊累!"

想吃东西了，不是时间到了，而是肚子真正饿了，就边走边啃准备好的面包。他们就这样克服重重困难，"拖泥带水"地艰难行走了 7 个小时，行程 40 公里，终于发现了弹着点，随即他们开始精度测量、残骸收集和爆炸情况的考察工作。

下午 5 点 40 分，突击队圆满完成任务，回到驻地。这一晚，突击队员们香香地睡了一觉儿。

镜头之三　有人说失败是成功之母，而失败的滋味却是那么让人锥心刺骨、刻骨铭心。

1996 年 10 月，在靶试圆满成功之后不久，一个小批量的合同如期履行。基地原主任于瑞华立即主持召开常务会议，明确了以陈文龙为总指挥、黎玉贵为总设计师的两条指挥线，1997 年元月，陈总指挥及时签发了紧急调度令，9601B 任务正式启动。

1998 年 4 月，经过一年多的艰苦拼搏，"卫士一号"再入靶场。

为了保证 9601B 任务抽检靶试成功，顺利向用户交付，基地副主任、试验队副队长陈治高，基地党委副书记、试验队临时党委书记杨智峰带领试验队于 4 月底先后进入靶场。

5 月 2 日，基地主任陈文龙、基地党委书记张立东一行亲赴试验队，同时他们还带去了航天工业总公司副总经理王礼恒对全体人员的问候。他们要求大家细上加细，严上加严，精心组织，系统管理，确保靶试成功。

试验队各项工作进入状态，火箭弹、指挥车、装填车、发射车技术状态良好，阶段性质量评审宣告结束。

5 月 18 日，戈壁滩上晴空万里，微风吹过，靶场四周零零星星的小草在风中摇来晃去。靶试即将进行，箭在弦上。

随着命令的下达，人们看见四组齐射的火箭弹直穿云霄……

但是有 2 发火箭弹发生弹道早炸，靶试失利了。

天不遂人愿，残酷的现实摆在了全体参试人员的面前。

然而他们是没有退路的，是失败不起的，这不仅仅是经济上损失不起，更重要的是声誉损失不起呀！此时陈主任脸上表情异常严肃，人们的情绪降至零点，许多七尺男儿脸上淌着泪水，整个靶场笼罩在一片阴霾之中。

靶试失利同样牵扯着航天工业总公司领导的心。他们发来了慰问电，立即派出专家组到基地试验现场指挥分析和技术归零工作。“卫士一号”两总系统的领导更是全力以赴组织技术归零和管理归零工作。各归零组相继成立。

又一场攻坚战开始了！

镜头之四　1998 年 8 月 24 日，东北某试验基地，艳阳高照，草原的天空绚丽灿烂。参加靶试的同志们，起了个大早，因为今天又将是一个不平静的日子。

经过一段时间艰苦的归零工作，大家终于弄清了故障机理，复现了故障现象。

吃一堑，长一智。

乘着朝阳，除工作人员外，其余人员都集中在距发射车不远的地方，他们还没来得及看清如血的朝阳是怎样照耀着茵茵草原，就听到高音喇叭传来“5 分钟准备”的口令，发射场外一片寂静。

紧随着“牵动”“开拍”“起飞”的口令，火箭弹轰然点火启动。顷刻间，山鸣谷应，脚下的泥土轻颤，只见那橘红色的火焰急速向高空升腾，直刺青天！

蓝蓝的天上，仅仅留下一条缀满骄傲、缀满诗情画意、洁白如练、银光耀眼、久久不肯飘散、令人遐想无边的长飘带……

3 分钟后得到落区报告：“火箭弹已到达预定目标！”

测试工作正紧张进行，结果怎样？

陈文龙主任焦躁地来回走动着，他手里紧紧攥着那通往落区的手机，一句多余话都没有……

陈治高、杨智峰、黎玉贵脸上写满了焦急，神情十分严肃。

随着时针转动，所有靶试人员的心早已飞向落区。

这是一个分分秒秒似千年的等待啊！

“叮铃铃………”

手机响了，陈主任按捺住狂跳的心，镇定地接通了手机。

“落区报告，测试结果，靶试圆满成功！”

顿时，靶场沸腾了，欢呼声此起彼伏，人们相拥而泣，所有言语都显得苍白，他们在握手、在拥抱，相互祝福、抒发感慨！

终于，他们撇开阴影，走向阳光，与成功握手了，这可是他们十年苦心孤诣、艰苦卓绝、百折不挠结出的硕果啊！

顺利交付

有一位航天诗人曾这样写道：“假如耕耘 / 不是为了收获 / 汗水便成了一道悲歌。”

四川航天人十余年耕耘，终于有了收获，这是一首歌，一首圆圆满满的凯歌，一首慷慨激昂的壮歌。

1998 年 9 月 5 日清晨，一排装备整齐的大卡车，满载着 9601B 产品，正整装待发。

6 点 40 分，基地领导相继来到现场，他们内心的那份喜悦是不言而喻的。

不到 7 点，干过、苦干过 9601B 任务的工人师傅们，以及关心、关注着 9601B 任务的职工家属们，纷纷聚集在成都航天城工业区外大道两旁。

7 点 20 分，一辆辆载满自豪与喜悦的产品车鱼贯而出，浩浩荡荡地驶出了航天城。

9 月 6 日夜晚，皓月当空。那晚的月亮又圆又满又明又亮，这是一个多么美好的夜晚啊。基地领导一行行色匆匆地来到成都市郊某火车站。

一排着装整齐的成都航天公安分局的干警们在等待着他们的检阅。陈主任、张书记简洁且铿锵有力的话语久久地回荡在夜空，如壮行酒，温暖人心。领导们伸出有力的双手，一一同他们握手。这握手既是送行，更是信任与希望！

“呜——”

一声长鸣，划破了夜空的寂静，凝结着无数四川航天人十余年艰辛付出的“卫士一号”，终于和我们挥手告别了。

这是一个多么辉煌的起点，一个将载入四川航天人心中永恒的起点，一个希望的起点。

奋进者之歌

——“卫士一号”研制侧记

■ 刘世明

1990 年 8 月

1990 年 5 月 24 日凌晨。我国西北部某基地发射场。

碧空如洗，万籁俱寂。冉冉升起的朝阳，给威武地挺立在发射场中央、瞄准目标、炮管高抬的四管重型发射车，给胸有成竹、运筹帷幄、稳坐在前沿阵地上的射击指挥车，给坐落在茫茫戈壁上的试验基地，悄悄地披上了一层金色的盛装。

这是卫士一号无控火箭弹的试验现场。

准备工作正在紧张而有条不紊地进行着。阵地上的高音喇叭刚刚向人们通报过，“10 分钟准备”已经进行完毕。各岗位人员正聚精会神地等待着指挥所的新口令。

7 时 25 分，“叭、叭”几声枪响，打破了试验场上短暂的寂静，应声而起的绿色信号弹，在阵地上空划出了两道美丽的长虹。

“各号注意，”伴随着两道长虹，从广播喇叭里传出了阵地指挥长那声如洪钟的男高音，“现在进入 5 分钟准备！”

橘红色的太阳在蔚蓝色的天空中定了格，她似乎也在暗暗地积蓄力量，要协助“卫士一号”这位新朋友展翅飞上遥远的蓝天。

“1 号！”

“1 号 5 分钟准备完毕！”

“2 号！”

“2 号 5 分钟准备完毕！”

……

"各号注意，现在进入1分钟准备！"

试验场的空气凝固了。准备启动点火按钮的发射车操作手，待命开机跟踪、测量"卫士一号"飞行弹道参数的各测量站，诸位参试设备的岗位负责人，坐在南场坪、应邀前来观看"卫士一号"飞行试验的某外国军事代表团的将军、陪同以及担任翻译的女士们，都屏声静气地等待着那个庄严的时刻。

人们默默地进行着倒计数：15，14，13……7，6，5，4，3，……

"牵动—开拍—点火！"

"轰隆隆隆隆——""轰隆隆隆隆——""轰隆隆隆隆——""轰隆隆隆隆——"

四道闪电，四声巨响，四枚火箭弹冲上蓝天，沿着工程师们计算的弹道，向既定目标飞去。2分30秒之后，便在80公里外的落区内，升起了四道冲天的烟柱……

自4月8日进入试验基地，14日进行首发试射以来，卫士一号火箭弹共进行了3发单射、一组间射、两组齐射。至此为止，01批15发火箭弹的靶场飞行试验任务已全部按计划顺利完成。

根据两组齐射的落点数据计算，卫士一号火箭弹的密集度完全满足设计指标要求。按照试验大纲所规定的标准，这次卫士一号全武器系统的设计鉴定试验圆满成功！

发射场沸腾了！朝阳绽开了幸福的笑脸，清风跳起了欢乐的舞蹈，人们欢呼雀跃，外国军事代表团的将军竖起大拇指，连说“OK，OK！”随后又用生硬的汉语说：“好—得—很！”

是啊，好得很，的确是好得很。射程为 80 公里、密集度为 1% 的卫士一号火箭弹，不仅在国内处于领先地位，在国际上也具有一定的竞争优势。而这样的武器系统，出自我们地处大三线的 062 基地（四川航天工业总公司）。在此成功之际，回想起艰难的奋斗历程，人们怎能不激动万分、欣喜若狂呢！

从 1966 年春天，一批又一批来自天南海北的优秀儿女，作别繁华的城市，翻山越岭，神秘地消隐在川东北大巴山深处的一条条大山沟中。他们肩负着特殊的使命，风餐露宿、没日没夜地开山放炮、筑路搭桥，修造了一座又一座神秘的城堡。于是，沉睡的大山醒来了。明江河畔响起了机器的轰鸣，铜钵河边唱起了铸剑的战歌，装载着乳白色神剑的一列列火车，驶过横跨白沙河的铁路大桥，呼啸着冲出沸腾的群山……

十几年过去了，昔日荒凉的大山沟，已经变成了国防大三线的重要基地。当年在这里创业的年轻人，有的已经满头华发，有的则已经长眠在高山下的百花丛中。但他们所开创的事业却依然在新一代三线人的努力下继续着、发展着……

改革开放，使中国跨入了追赶世界先进水平的时代，也给新一代四川航天人提出了崭新的历史使命：他们必须把计划经济转为有计划的商品经济，上级给四川航天工业总公司军品指令性任务大幅度减少、经费大幅度削减的新形势下，重新开辟第二次艰苦创业的道路！

在改革开放的新形势下，四川航天人勇于探索、几经拼搏，闯过了一道又一道难关。总公司结合自身特点和三线实际，适时地确立了“小树成林”的开发战略，和“抓两头（开发、销售）带中间（生产）”的经营方针，有计划地进行布局调整，使总公司的内在潜力逐步得到了发挥。他们在保质保量完成指令性军品任务的同时，“不等、不靠”，勇闯商品市场。几年来，他们开发的天龙一号机器人已在二汽的流水线上大显身手，卫星天线广销十几个省市，录音磁带销量占全国总销量的七分之一……但他们并不满足于已取得的成绩，他们放眼全球，瞄准国际市场，积极参加世界经济大循环！

1987年年底的一个冬日。大巴山区，白沙河畔，铁路大桥桥头，四川航天工业总公司办公大楼3楼322号。

总公司的总经理、党委书记、副总经理、副书记、总工程师、总经济师、总工艺师、总质量师和机关有关部门的领导们，都聚集在这里，一次重要的会议正在这里严肃而热烈地进行着……

新年临近，楼外的爆竹声不时从窗户的缝隙中挤进室内，猛烈地敲击着人们的耳膜，但他们对此却毫无反应……

一年前，据有关部门提供的可靠信息，射程为80公里、密集度为1%的无控火箭弹，将在国际市场上大有可为。然而，当提出要搞这种武器系统的设想时，却立即遭到了种种的非议。

“我们地处三线，资金缺乏，技术力量分散，又没搞过火箭弹。能干得了那玩意儿吗？”一些持怀疑态度的同志这样说。

“某部是专门搞火箭弹的，人家搞了几十年才弄出来个40公里的。我们却一上就是80公里。这不明摆着吹牛皮、说大话吗？！”这些同志不太相信总公司有搞火箭弹的能力。

面对种种非议，总公司领导组织有关人员进行了认真的调研和分析。

——我们总公司有参加过卫星、导弹研制工作的高级科技人才和熟练技术工人，有组织大型科研生产任务的成功经验……

——虽然总公司各厂所没有搞过火箭弹全武器系统的研制生产，但289厂搞指挥车、692厂搞引信和导爆索、7303厂搞装填运输车、7102厂搞火箭弹总装等，都有着坚实的基础。各厂所不能单独承担“卫士一号”的总体设计任务，但将分散的技术力量相对集中，担此重任就绰绰有余。

——总公司内部没搞过弹头、发射车、空炸引信和固体火箭发动机，但我们没有必要事事“从零开始”。完全可以采用现代科技学术上的“积木组合式”研制思路，把5013厂、5137厂、5124厂等兄弟单位作为我们研制无控火箭弹的大协作伙伴……

——当然，我们搞无控弹也要冒很大的风险。经验丰富、实力雄厚的某部也正在组织力量，加紧研制这种火箭弹。如果落在竞争对手的后面，我们就会白白浪费掉数百万甚至上千万的宝贵资金，给经费不足的总公司带来严重的经济困难。

“怎么样?”袁连启总经理用有神的目光扫视着与会的大小头头们，“基本情况就是这些，现在就看我们敢不敢拍这个板了。”

“干!”人们的回答异口同声。

“干!”总经理一锤定音。

于是，一个重大的决策，就在这间普通的会议室里诞生了：总公司要开发代号为“卫士一号”的无控火箭弹，其射程为80公里，密集度为1%，并争取在一年之内进行方案性的靶场飞行试验!

四川航天工业总公司在资金严重不足的条件下，面对强有力的竞争对手，用数百万元的贷款上火箭弹，其所冒的巨大风险和承担的压力，也许只有亲自出面四处跑贷款的决策者们才能深切地体会到。

然而，历史和现实都无情地告诉我们，人类的进步无一不是和风险联系在一起的。要想前进，就无法回避风险；要回避风险，就休想前进一步!

为了组织一支强有力的设计队伍，当时的总公司副总工程师黎玉贵被任命为“卫士一号”总设计师，放在重庆设计院的“卫士一号”设计室，其人员组成，要在全公司范围内调兵遣将……

黎玉贵是北京航空学院运载火箭总体设计专业1960届毕业生。毕业后当过教师，参加过大三线的基础建设，当过战术导弹总装厂的总工程师，却没有接触过无控火箭弹。然而，这位出生在四川达县的共产党员、高级工程师，却有着一股子不怕邪的钻劲儿。在经过大量的调研和繁琐的分析、计算后，他勇敢地挑起了组织研制“卫士一号”的这副重担。

为了上水平、保精度、节省研制经费，黎总亲自查资料、做计算，反复组织技术方案论证，以科学家的胆识力排众议，把发动机壁厚降到“危险”的 × 毫米；把“先直筒发射、再导轨发射、最后才进行筒内预旋发射”的设计方案拍板为“直接上筒内预旋发射”……

设计院初创期间，设备缺乏，生活条件艰苦。“卫士一号”的设计师们就住单身宿舍、吃方便面，自己借计算机，自己找计算机房，冒着酷暑，在蒸笼似的陋室里埋头苦干……袁连启总经理亲临那些陋室去看望他们，并抱拳拱手，深情地说：“‘卫士一号’的事就拜托你们了！”

于是，奇迹出现了。在从未搞过火箭弹的四川航天工业总公司，在大巴山区的深山沟里，一群不怕邪的四川航天人，充分发挥总公司的集体优势，靠着严格的科学态度和大无畏的革命干劲，硬是搞出了 0 批火箭弹，并在 1988 年 11 月的靶场飞行试验中，一举取得“6 发 6 中”的好成绩！

“6 发 6 中”的成功喜讯，极大地鼓舞了总公司的广大职工。人们奔走相告，互相祝贺，连当初持怀疑态度的同志也公开赞扬“‘卫士一号’搞得漂亮”。

然后，就在“卫士一号”的研制者们马不停蹄、乘胜奔向新的目标时，却又遇到了新的难关：他们与原发动机协作单位发生重大分歧，虽经双方多次协商，但终因价格问题而未能取得一致意见。于是，一个很严重的问题，便又历史性地摆在了他们的面前：要么停止研制，让四川航天人已付出的心血毁于一旦；要么自己重新研制发动机，自力更生闯出一条崭新的道路！

停止研制？不甘心。自己研制发动机？如果发动机那么容易搞，原协作单位还能一再坚持他们所提的条件吗？！

“探讨自己研制发动机的路！”这就是四川航天人的响亮回答。

在袁总经理、陈总工程师、严副院长、徐副院长等总公司、设计院领导的组织指挥下，“卫士一号”的研制者们又开始了艰苦卓绝的技术论证工作。查资料、做计算、搞调研、提方案，面红耳赤地争辩，通宵达旦地论证……于是，一个鼓舞人心的结论出世了：我们完全可以在一年左右的时间内，搞出自己的发动机来！

“你们的根据是什么？”上级领导对此关系全局的大问题不敢掉以轻心。

——我们有研制战术导弹固体燃料助推器的成功经验；我们有研制固体火箭发动机的专业技术人才，我们的7304厂有生产固体火箭发动机壳体的加工能力；江西经纬厂、066基地江河厂愿意以合理的收费，为我们提供保质保量的发动机装药；通过一年多的实践，我们对固体火箭发动机的设计、生产、试验、检验和数据分析，已经具备了较全面的知识；还有……

黎总和设计师们的科学分析令人叹服。

“好，就这么定了！”设计院和总公司的领导先后果断地拍了板。

接下来是调兵遣将。具有丰富实践经验的李族安等同志，毅然承担了发动机设计的艰巨任务。

李族安是一位精力十分充沛的工程师。他长得矮小结实、两眼有神、满面红光，已经是五十来岁的人了，可走起路来却两脚生风。打眼望去，就像是一个三十岁左右的小伙子。从接受任务那天起，他就和他的伙伴们开始了紧张的研制工作。画图纸、出文件、跟生产、跑协调，几乎成了他们的家常便饭。他本人是主管发动机装药的，只要他在江西经纬厂，就一刻不停地从这个车间跑到那个车间。每一个配方、每一次装药、每一道工序、每一项试验、每一个数据，他都要亲自过问、严格把关。厂里的人都说："只要与发动机装药有关，没有他老李不去的地方，没有他老李不管的事。"1989 年年底，他因病住院，经纬厂的领导很动感情地说："老李完全是让'卫士一号'给累病的啊！"主管发动机全面工作、很能吃苦耐劳的王恒旭副总师没有被累倒，但由于既管设计，又管生产，今天跑 7304 厂跟生产，明天去江西经纬厂做试验，他也在一年之内平添了大半头白发！

为发动机呕心沥血的还有总公司领导和各生产厂家。

——1989 年 3 月 5 日，星期天。大巴山深处，明江河畔，7304 厂，厂部办公大楼会议室。

各车间、科室科研生产骨干 16 人参加的发动机壳体加工方案讨论会，正在热烈地进行着……

这是 2 月 27 号以来，由厂长亲自主持的第三次发动机壳体加工生产协调会。厂里把这一关系"卫士一号"全局的生产任务定名为"891"，决心调动全厂的科研生产骨干进行攻关。

当天下午，厂里决定由邓世权、戴兴泽等 5 名同志组成发动机壳体加工攻关组，并立即在 41 车间开始试验加工方案……攻关组日夜苦战，在经过多种试验加工方案之后，终于在 5 月 26 号试验成功了“三刀、导向、分段进刀”的加工方案。

在此期间，薄壁焊接方案攻关组、井式炉攻关组、芯子加工攻关组、长轴加工攻关组等，也在 41、32、12、31 等车间相继成立。一时间，马达飞转、机器轰鸣，全厂形成了群策群力、百花争艳的攻关热潮……

在整个攻关过程中，重庆设计院的发动机设计人员一直坚持在生产现场处理技术问题；卢厂长、刘总师等厂领导分成三班，连续在车间进行跟班；总公司物资、财务、质量、工艺、计划、宣传、资料、保卫等职能部门密切配合；袁总经理、周书记、于副总经理、陈总工程师、李总工艺师等总公司领导和机关各部门的同志多次到 7304 厂深入车间及时处理有关问题，给第一线的生产工人和科技人员增添了战胜困难的勇气和力量……

于是，欢跳的明江便不断地报告着振奋人心的好消息：第一台发动机壳体加工出来了；第二台发动机壳体加工出来了……薄壁焊接加工方案成功了；发动机壳体加工时间由原来第一发的一个多月，一举缩短为 5~7 天……

——1989 年 1 月 25 日，人们都在准备年货、燃放爆竹，阖家欢庆中华民族最重视的新春佳节。但在“十万工农下吉安”的一条深山沟里，经纬厂的厂长、副厂长和总师们却正与工人同志们一起，用平板车推着装好推进剂的固体火箭发动机，冒着蒙蒙细雨，迎着刺骨寒风，去试车台进行发动机的地面试车……大年初一，人们都在家里欢天喜地地吃着团圆饭，试车组的技术人员却在冷清的办公室里处理着发动机的地面试车数据……

在发动机的整个研制过程中，人们有过失误、有过失败、有过争吵、有过痛苦。但在 14 个月里所拿出的高质量固体火箭发动机，价格却仅仅为原协作单位索价的一半！

与此同时，其他有关厂家的工作也在紧张而有秩序地进行着：

重庆设计院进行全面动员，严副院长、徐副院长亲自抓“卫士一号”的研制任务；党委和各职能部门全力配合；“卫士一号”的总师、副总师、主任设计师、主管设计师和各有关设计人员，分头深入到各生产厂家……

692厂生产任务繁重，厂领导组织有关人员加班加点，赶制触发引信和导爆索……

289厂集中力量，加紧对射击指挥车进行精心调试……

7303厂抓紧时间，不断对运输装填车进行完善和改进……

外协单位066基地江河厂、兵器工业5013厂、兵器工业5124厂、江西经纬厂等也在为“卫士一号”大开绿灯。承担发射车研制生产任务的5137厂，为了确保产品的安全可靠，年逾花甲的洪总工程师亲自挂帅出征。承担“卫士一号”总装、测试的是7102厂55车间，这个车间在编人员32名，实际在岗人员只有30人。而他们的任务，却是要在20天内，总装测试完装有固体推进剂的15发火箭弹！

为了确保“卫士一号”按期出厂，于副总经理亲自召开了总公司的生产协调会，要求各有关厂家一定要如期向7102厂提供合格的分系统和零部件；7102厂卢副厂长和徐副总师主持召开了全厂的生产调度会，要求全厂各车间、部门都要积极支持、大力配合55车间的总装与测试；55车间闻风而动，组织全车间进行生产动员，“拼上老命也要完成任务！”

55车间原是一个静力实验室，有效使用面积不过1000平方米。在这样狭小的工作面上，既要存放装满火药的发动机和战斗部，又要进行全弹的总装与测试，安全问题十分重要。为此，车间专门请厂里的消防队、技安科和总公司技安处、保卫处的同志来给工人上技术安全课。厂技安科派专人来车间负责安全生产。为保证产品极转动惯量测试中的安全吊装，杨耀辉等同志勇挑重担、刻苦攻关，仅用一个多星期的时间，就研制成功了供测试用的翻转吊具……

针对人员少、时间紧、任务重的具体情况，车间在充分发挥干部、党员模范带头作用的基础上，按照需要和可能，打破工种界限，对有关人员进行了适当调整，并组织大家加班加点……

为了确保产品质量，检验人员也日夜跟班、严格把关……

1989年4月29日，01批火箭弹全武器系统通过了总公司组织的质量评审。5月2号，一列满载着“神剑”的专用列车，如期跨越白沙河，冲出巴山，一路呼啸着往祖国的大西北奔去。22天以后，便从某基地传来了“圆满成功”的好消息！

无畏的四川航天人，在第二次艰苦创业的征途上又英勇地跨出了成功的一步！

从1987年年底那个难忘的冬日开始，经过两年多披荆斩棘、呕心沥血的艰苦奋斗，人们终于迎来了01批卫士一号火箭弹全武器系统设计鉴定试验的圆满成功。在此期间，一支专业齐全、思想过硬的研制队伍也变得日渐成熟起来。

——1988年11月，火箭弹出厂靶试前夕，弹道计算出现发散：发射出去的火箭弹飞出不远就中途失稳坠落。在此紧急关头，黎总临阵不乱，沉着冷静地调兵遣将，组织力量查找故障，很快找到了发散的原因，保证了01批靶试产品的如期出厂。

第一次进行靶试，射前接通点火电缆非常危险。黎总、王副总争着自己上。年轻的石茂全工程师则以自己熟悉点火电缆为理由，争到了这个危险的任务……

——1989年12月，为提高“卫士一号”的竞争能力，由黎总和刘虎彦副总师决策，院领导拍板，果断地提出上无线电近炸引信。在刘副总的具体组织下，经设计院和5124厂有关同志的共同努力，仅用4个月就拿出了合格的近炸引信……

——1990年5月22日晨7时30分，“卫士一号”设计鉴定试验的第一组齐射进入半小时准备。坐在计算机前的弹道计算工程师周成平突然发现情况异常。通常，射程为80公里时，发射车定向器高低角应为50度左右，这次计算出来的高低角却只有42度！而根据经验，用42度角打出去，火箭弹射程将要减少10公里！因黎总出国而代理总师职务的张成明副总师闻讯赶到现场时，试验指挥所正在再次催问30分钟准备情况。为了确保试验万无一失，他当即要求推迟发射，又迅速组织有关工程师前来“会诊”。担任试验队正、副队长的赵副总经理和严副院长，也及时赶到现场，并果断决策：“查不出原因绝不发射！”根据青年工程师李大文同志提出的疑点，经过有关人员一个多小时的紧张工作，终于查出是一个原始数据有误。重新用正确的数据进行弹道计算。发射结果，四发弹全部落入预定的区域内……

在“卫士一号”的研制中，一批新的技术骨干也同步成长起来。由于老同志的传帮带和年轻一代的主动进取，在这支队伍中，已经有了年轻的运输装填车主管工程师、年轻的射击指挥车主管工程师、年轻的发射车主管工程师、年轻的副总设计师。运输装填车的设计任务，就是完全由一帮年轻人承担的……

他们在把卫士一号火箭弹成功地发射出去的同时，也把自己发射到了一个崭新的高度。

八台山山花烂漫，凤凰岭百鸟齐鸣。白沙水翩翩起舞，泗洲河放声高歌。太阳笑了，月亮笑了，四川航天人笑了，整个基地沸腾了！

卫士一号全武器系统设计鉴定试验圆满成功了！

激动的热泪挂满了大三线儿女幸福的脸颊，成功的喜悦感染了大巴山的山山水水……

然而，奋进中的四川航天人，并没有陶醉于所取得的成绩中。当庆功宴上的酒香还在四处飘散时，他们就已经大步踏上了新的征程。

1990 年 5 月 25 日 9 时，即“卫士一号”靶试取得圆满成功后的第二天上午，试验队的赵队长和严副队长，就在试验现场总结大会上明确指出，我们所取得的成功不过是“九牛一毛”……

6 月 8 号，袁总经理抱病主持了在重庆召开的“卫士一号”汇报会。总经理嗓子疼痛、说话艰难，但他还是借助于那有力的手势对后续工作提出了很精辟的决策性意见……

7 月 2 号，于副总经理带领总公司汇报小组赴京，向部里汇报“卫士一号”试验情况和新开发产品的研制方案……

于是，总公司外经处加快了对外贸市场的开拓步伐。

于是，重庆设计院热情接待了专程前来考察、洽谈的某外国军事技术代表团。

于是，明江河畔的 7304 厂、铜钵河畔的 7303 厂、白沙河畔的 7102 厂、山城重庆的 289 厂、酒城泸州的 692 厂……四川航天人又用机器的飞转和心中的琴弦，合力奏响了一支奋进者的新战歌……

自豪吧，英雄的四川航天人，你们既然已经谱写出了一页光辉的历史篇章，就一定能够创造出更加灿烂的明天和未来。

坚持创新不停歇　强力打造增长极

——七院七年来（2011—2017年）战术武器发展综述

■ 王　溯

2017年12月

朔风呼啸，12月凌晨的内蒙古被西伯利亚的寒潮凝成了一片雪白的世界。东方既白，高空中一个亮点由远及近快速飞来，遥测车成功捕获遥测信号，巡飞机传回视频画面：黑白分明的图像上，内蒙古高原呈现出一种苍凉和壮阔的模样，干涸的古河床、蜿蜒的沙丘，透过导引头呈现在大家的面前……

一辆辆越野车飞驰在沙丘和戈壁滩间，卷起滚滚沙尘。当看到沙丘上被从中心洞穿的靶布耷拉在半塌的铁架上，大家跳下车，一边跑、一边笑、一边欢呼“成功了，成功了！”

这只是7年来七院战术型号数十次成功画面中的一个小小片段。在中华大地上，北到齐齐哈尔，南到湛江，西到库尔勒，东到射阳，处处洋溢着七院参试人员成功的笑脸。

7年来，在集团公司的正确领导下，四川航天人励精图治，奋力拼搏，大力发展具有院自主知识产权的战术武器，推立项、抢市场，在夹缝中求发展，型号研发能力得到大幅提升，市场订单取得重大突破，实现了型号从“投入”到“产出”的标志性转变，撬动七院经济发展新的增长极。

坚持自主创新不动摇，奠定转型发展的强力支撑

自主创新是企业发展的第一引擎。近年来，七院将发展战术武器作为自主创新的主要载体，大力实施创新驱动发展战略，瞄准前沿和关键领域，增强自主创新能力，夯实七院转型发展的基础。

对于多年来一直从事国家重点型号批生产的七院来说，发展研制型号的基础比较薄弱。“只有大力发展研制型号，才可以形成七院自己的总体能力，才能谋求更长远的发展。”这是七院广大干部职工的共识，也是谋求快速发展的美好心声。

回首过往之路，充满艰辛与坎坷，但七院发展战术武器的决心未曾动摇，步履铿锵，一步一个脚印向前进。

全体参研人员更是撸起袖子，鼓起干劲，超常工作，集智攻关，不断向新技术、新领域发起挑战，抢占武器装备发展的制高点。天山、贺兰山、华山、兴隆山一次次见证了七院战术武器跨越极限的挑战。

7年来，七院战术武器突破了多项关键技术，其中以激光/红外/雷达末制导技术、目标自主识别技术、人在回路控制飞行技术、头体/级间分离及再入技术、弹道导弹与巡飞弹结合技术等为代表的众多关键技术，为院战术武器创新发展奠定了坚实的技术基础。

7年来，七院在高精度制导火箭弹、巡飞弹、精确制导弹药领域实现突破，形成了射程覆盖5km～450km，战斗部种类涵盖杀爆、云爆、碳纤维、子母、电子干扰等功能的火箭弹、战术导弹、巡飞武器系统、精确制导弹药等30余个战术武器型号产品发展格局，自主创新能力显著提升。其中，某高精度制导火箭弹还创造了“五弹一坑”的佳绩。

与此同时，七院实现了某型火箭弹的国内列装、批产，多个演示验证、背景预研项目的立项研究，为巩固和提升我国国防实力作出了应有贡献。

战术武器的发展也极大促进了七院经济效益的总体提升。从2010年收入仅有1.35亿元、占比全院军品收入的9.84%，到2015年收入首次占院军品收入的“半壁江山”，这都为七院“十二五”圆满收官、“十三五”完美开局交上了一份有分量的答卷。

提高发展站位，从单一产品供应商向系统供应商挺进

2016年5月，东北某试验基地。由七院抓总研制并指挥开展的集

“空、天、地”“侦、控、打、评”一体化的系统集成作战演示试验正在紧张准备中。

在此之前，如何将这种集“侦、控、打、评”于一体的新型作战体系由概念转变为实战，七院没有可以借鉴的经验。梦往大了做，事往实处干。七院想要占领发展制高点，谋求新突破，就必须要迈出这一步，而且还要迈踏实了。

近年来，七院举全院之力、聚万众之智，大力发展高精度、大威力、多用途、多平台发射的系统，培养体系化、信息化作战能力。而无人值守箱式发射、火箭弹共架发射、体系化作战效能评估等技术的掌握，为七院从单一型号向体系化作战升级奠定了基础。

功夫不负有心人！此次系统集成演示试验取得圆满成功。全程观摩本次试验的集团公司董事长雷凡培难掩激动的心情，指出该体系是集团公司技术升级换代的体现，具有现代化、标准化、集成化等特点。这是一次质的飞跃，充分展示了七院武器系统的精确打击能力、作战控制能力以及装备体系化集成化研制能力。

成绩来之不易，回首战术型号这 7 年来的发展，七院不仅仅实现了武器型号个体的突破，而且迎来了以集成演示为代表的武器装备体系建设的新局面。天空中不再是一个型号单独执行任务，目标侦察、火力打击、效果评估组成的系统开始出现在七院销售清单中。七院已实现了由型号研制向体系研制，由出售产品向出售系统的转变。

当前，七院正以改革创新为驱动，优化研制生产管理和经营模式，提升总体设计、总装测试、试验验证、系统集成等核心能力，缩短产品研发周期，提高项目履约能力，打赢未来发展攻坚战。

积极拓展国内外市场，打造经济发展新增长极

自 20 世纪 90 年代以来，七院自主研发了卫士系列军贸产品并成功推向国际市场，“卫士”作为七院军贸产品的代名词，在多年的沉淀后，终迎来了爆发

时刻。

在阿布扎比、比勒陀利亚、莫斯科、巴黎、伊斯坦布尔、里约热内卢、珠海等国内外大型航展上，卫士系列名动四方。来宾语言不同，肤色各异，但对卫士展台的产品，他们不约而同地竖起了大拇指。

7年来，七院先后有多个战术武器型号获国家军品出口立项批复，实现了多个战术武器型号军贸出口，为七院扩大国际影响力和军贸份额提供了有力支撑。特别是2017年某战术武器系统出口立项的批复，标志着七院成功进入大口径导弹武器系统领域；而某武器系统出口立项，标志着七院首次进入近程轻型战术武器系统领域，填补了航天军工企业在该领域的空白。

如今，七院已成为国内领先、国际知名的战术武器系统集成供应商，“卫士”已成为国际军贸领域的知名品牌。2017年，七院进一步加大市场拓展力度，成立了国际合作部，建立了一支专职化的军贸市场开发队伍，专门负责军贸市场开发、项目执行、出口立项的全要素归口管理，管理效率进一步提高。

随着七院军贸市场开拓取得重大进展，多个军贸项目合同实现签约，合同额得到持续扩大。据统计，这七年来院军贸型号对外合同生效金额达近10亿美元，约为之前历史总和的5倍，市场储备订单实现快速增长。

四川航天人在集团公司的正确指导下，在七院党政班子的坚强领导下，在“战术强院”的战略指引下，吹响了“工作精进，系统管控”的战斗号角，做一个拼搏向前的“弄潮儿”，向将七院建设成为国际知名、国内一流的防务装备供应商的目标奋勇前行！

提升能力，任尔风霜雨雪征途漫
战术强院，胸怀星辰大海斗志扬

——记陪伴我一起成长的那支型号队伍

■ 甘娥忠

2018 年 2 月

有这样一支型号队伍，完成了四川航天首个简易制导火箭武器型号的研制工作，并成功实现了军贸出口，既为企业创造了良好的经济效益，又取得了一系列研究成果，获得国家科学技术进步奖二等奖、三等奖各一项，为战术型号的长远发展提供了良好的技术支撑。

有这样一支型号队伍，在承担军贸型号研制工作、军贸合同履约的同时，也完成了七院第一个总装备部背景预先研究项目的研究工作，不但在七院首次突破了全程控制和 SINS+GNSS 组合导航技术，而且首飞 3 发火箭弹全部获得圆满成功，以火箭弹的成本实现了导弹的射击精度。

有这样一支型号队伍，合理利用七院现有的技术积淀，从用户提出明确指标需求到完成方案论证只用了 3 个月时间，从院立项开展研制工作到首飞只用了 10 个月，为七院签订数亿美金的军贸大单提供了坚实的技术保障。

有这样一支型号队伍，承担起七院第一个带导引头的超声速远程火箭弹的研制工作任务，在不到两年的时间内，突破了机动变轨和垂直打击技术，为七院战术武器事业的发展奋斗不息。

有这样一支型号队伍的成员，经过型号研制过程风风雨雨的历练，逐渐成长成熟，在不断补充新鲜力量、持续培养新人的同时，队伍的老成员们也分散到了四川航天的各个岗位上，既有到院本部各部门和各厂所担任领导职务从事管理工作的，也有在其他型号的两条指挥线中继续挥斥方遒的。但是不

管队伍的成员走到哪个岗位，回顾起为型号同甘共苦的日子，眼中燃烧的激情都永不褪去。

谦虚谨慎求学求教　严慎细实论证方案

2001 年，7146 所（航天科技七院第七总体设计部前身）在卫士一号无控火箭弹基础上开展了简易制导火箭弹的前期论证工作，由于当时技术基础比较薄弱，为尽快掌握制导火箭弹设计技术，在集团公司的支持下，安排 7146 所总体、弹道、结构、发动机等相关设计人员到一院一部向有关专家学习制导火箭弹设计相关知识，安排 7105 厂控制系统相关设计人员到一院 12 所学习控制系统相关知识。

由于学习时间比较长，学员们在一院附近临时租用了民房供住宿及学习使用。在 3 个多月的学习时间里，学员们经常利用晚上及周末时间请专家上课，条件非常艰苦。一日三餐也由学习小组的成员们轮班自己买菜做饭解决。卫士二号武器系统的研制历时八年，2009 年完成了军贸鉴定和军贸合同履约，标志着七院完成了从无控火箭弹领域向制导控制火箭武器领域的跨越式发展，是七院远程多管火箭武器发展的一个里程碑，取得的研究成果对七院型号的研制及后续发展具有重大意义。

在研制卫士三号全程制导火箭弹的过程中，型号队伍也多次到北京请教一院的专家们，不断对控制系统的方案进行调整、优化。2009 年首飞前，一位专家提出因为高空的空气稀薄，动压小，空气舵产生的控制力矩不能克服干扰力矩，在 40km 高空段火箭弹将不可控。型号队伍对专家的意见非常重视，又补充进行了模拟打靶仿真计算和在各种干扰组合下半实物仿真，虽然仿真结果都表明在高空段弹体姿态稳定可控，但是型号队伍还是本着“稳妥可靠、万无一失”的原则，对飞行试验方案进行了调整，将射程由 200km 调整为 190km，从而将弹道最大高度控制在 40km 以下。在后续研制工作中，型号队伍针对高空可控性问题展开了多轮次仿真计算和技术讨论，结合卫士三号火箭弹自身特性分析，得出了高空段滚转控制风险可控的结论，并通过飞行试验验证了方案的正确性。

至此，七院的火箭弹弹道高度突破了业内“40km”这个坎，为后续型号的增程设计提供了坚实的技术基础。

回顾这段艰难的“创业”之路，这支型号队伍，既刻苦学习钻研，攻克一项项技术难关，拿下型号研制任务，又善于听取、吸收专家意见、建议，用理论分析和试验结合的方式验证技术方案的可行性，但又不迷信权威，不妄自菲薄，在掌握自己型号特性的基础上稳步求索，对实现技术和性能的突破。

正所谓：

上级专家伸援手，七院队伍得助长。
技术积累无捷径，学习实践探索忙。
经验可贵记心间，型号特点亦不忘。
创新验证严慎实，拨开云雾天晴朗。

顶层策划把控全局　攻坚克难确保成功

火车跑得快，全靠车头带。两总系统就是型号队伍的火车头，也是一支队伍的灵魂。

孙治国先后担任“卫士二号”“卫士三号”“卫士三号甲”和“卫士三十二号”的总指挥，他具有丰富的型号管理经验，对质量工作要求极高。

2007 年，“弹箭一体化”项目立项，七院开展研制工作。在进行总体技术方案论证时，孙总明确提出，我们第一次研制组合导航火箭弹，必须选择行业内技术能力最强、质量保证能力可靠的合作单位为我们提供技术支撑。事实证明，孙总这一指导思想保障了型号工作的顺利推进，外协外包产品没有发生任何质量问题，使我们的队伍得以专心致志地开展总体设计、验证工作。

然而，型号研制工作总是会产生一些意想不到的问题。2009 年，“弹箭一体化”项目定于 9 月开展项目演示验证飞行试验。在型号即将进入产品齐套、开展联调联试工作的时候，无线电定位系统的配套单位和协航电公司突然提出终止合作，不再给七院供货。在请求二炮机关和集团公司出面协调后，和协航电公司仍然不愿意供货，孙总迅速拍板决定开展对其他单位的技术调研工作，在得知704所有类似成熟的产品后，他亲自协调资源，快速与704所签订了区域导航系统的技术协议和供货合同，与总师一起拿出设计更改、验证方案，最终确保了型号联调联试、总装测试工作按原定节点参加项目的演示验证飞行试验，并取得圆满成功。

作为型号总指挥，这期间的工作节奏也是惊人的紧凑。孙总最经典的一次出差过程是：周三下午尚在成都开会，晚上飞到北京；周四上午在惯组配套单位时代光电公司开会研究工作，下午到704所协调区域导航系统的技术问题和进度，晚上又飞到太原；周五上午协调弹载飞行参试测量系统的工作，下午立刻飞回成都，组织型号队伍周末加班解决问题。

孙总退休后，院党委将7105厂副厂长黄维波调来担任型号队伍的总指挥。其时，Q1-2军贸合同已经启动，合同约定的产品交付周期给了七院巨大的压力，而我们的型号还没有完成军贸设计鉴定，仍然处于“边研制、边交付、边鉴定”的阶段。

2015年5月，黄总走马上任。8月，在外方参与的验收试验中，发动机在低温地面试车时发生了爆炸，给合同执行带来了严重危机。才刚刚熟悉了型号工作的黄总没有对型号队伍说一句责备的话，而是从头学习发动机的工作原理和军贸型号的鉴定要求，陪着队伍分析讨论，咨询专家，研究改进方案，到试验现场协调工作，还要主持对外方用户的沟通安抚工作。经过4个月的艰苦攻关，型号队伍解决了低温下推进剂结构安全设计技术认识不足问题，完成了技术归零。黄总在组织队伍开展技术归零工作的同时，还精心组织地面装备的总装调试工作，制定了现场工作制度，每天晚上10点亲自到现场检查工作完成情况，在地面装备出厂前几天甚至现场督战到凌晨4点。在黄总的督促下，工厂终于抢回了进度，确保装备按时交付。

黄总以开阔的胸怀和眼光、强大的管理能力和坚韧的攻坚精神，在危机下凝聚起了队伍的战斗力，有效激发了队伍成员的潜能，达到了最佳的工作效果，以型号项目办为主线组织完成了 Q1-2 军贸合同的履约工作，以设计师队伍为主线完成了型号的军贸设计鉴定工作。

在总指挥夙兴夜寐、勤勉工作的表率下，队伍没有人叫苦叫累，自觉养成了主动作为、敢于担当、遇事不推诿不扯皮的工作风格，成为敢于迎难而上、坚韧不屈的型号突击队。

正所谓：

指挥红旗迎风展，队伍斗志熊熊燃。
坎坷崎岖难前行，披荆斩棘无忌惮。
运筹帷幄决千里，身先士卒总当先。
仗箭心中走天涯，万水千山只等闲。

凝心聚力突破技术　脚踏实地创新创效

2005 年，七院启动了其他型号的研制工作，抽走了“卫士二号”队伍中的部分骨干，这一支队伍补充了很多年轻同志。当时总指挥孙治国刚 50 岁出头，总设计师杜文不到 40 岁，副总指挥袁洪、副总设计师李权不到 50 岁，然后就是断崖式的年龄突降，基本上各个专业的设计师都是不到 30 岁的年轻人。两总

系统带着一支年轻的队伍在型号研制的道路上求索奋进，型号既是队伍施展才华的平台，也成为年轻人成长成才的孵化器。

总设计师杜文有着多个型号的总体设计经历，总是以系统思维思考问题、解决问题，经验丰富，办法多样。副总设计师李权多年从事控制系统研制工作，思维缜密，工作细致。两位总师都是儒雅的学者风范，在他们的领导下，队伍内具有良好的技术民主氛围。在型号的技术讨论会上，杜总和李总经常对大家说："有什么问题你们要大胆提出来，尤其是控制系统设计和软件专业的同志，你们的设计方案自己最清楚，不放心的地方拿出来大家一起讨论，研究决定的方案正确性由我负责。"

我加入"卫士二号"队伍时承担总体设计及技术协调工作，总体专业的设计师序列中没有主管设计师、副主任设计师和主任设计师。我至今仍然记得第一次出技术通知单时，是杜总亲手给我改了三稿才得以归档；第一次独立编制技术报告时，是杜总写出的目录和框架，指导我完成报告陈述问题、分析验证问题和问题解决情况的三步曲；第一次分析飞行试验的遥测数据时，是李总亲自教我怎么用 EXCEL 绘制火箭弹的姿态角曲线，数出火箭弹的频率。而每次型号出厂前，在准备专项评审报告、出厂报告阶段，两总系统都是带着计划部门和质量部门一起，与设计师们共同加班讨论、修改、完善，既有效地鼓舞了队伍的工作干劲儿，也借机对型号研制工作做阶段性总结和再次检查确认。

在两总系统的言传身教下，队伍里的年轻人迅速成长起来，从不懂如何填写三单的青涩毕业生，变成了能够独当一面的技术小能手，为队伍同时承担多个型号研制任务积蓄起能量。

王海荣参加工作后一直在这支队伍中。喜欢主动思考、工作认真细致的他先后在制导系统设计、弹道设计和总体设计岗位上工作，成长为型号设计的多面手。

杨筱倩在 2014 年同时承担了 T3 项目武器系统管理软件和 Q1-2 项目武器系统管理软件的设计工作。上半年的工作节奏通常是早上 8 点到办公室报到后就去发射车总装车间调试程序，常常在喧嚣嘈杂的车间里工作到晚上 10 点，特别是夏天也得穿着长袖长裤在闷热的厂房里工作，否则就会收获蚊子“赠送”的数十个“红包”。下半年，杨筱倩先后参与完成了T3项目和Q1-2项目的实操培训，思路清晰和英语口语颇佳的她成为用户们真心喜欢的小美女老师。

10年来，队伍持续发力，先后突破了远程火箭弹射程控制技术、鸭舵与旋转尾翼组合的滚转控制技术、高超声速火箭弹热防护技术、多联装武器系统的快速测试与发射控制技术、贮运发射箱技术、多联装快速定位锁紧共架发射平台技术、鸭式布局远程火箭弹全程控制技术、控制系统集成技术、火箭弹高空可控技术、一次连射多目标精确打击技术等多项关键技术，申请专利10余项。在不断超越自我、突破技术的同时，这支队伍研制的型号在国际军贸市场的角逐中屡有斩获，10年来创造了逾60亿元的军贸合同，为四川航天创造了良好的经济效益。

正所谓：

队伍年轻不慌张，两总系统领头羊。

指挥把好大方向，总师能力就是强。

关键技术敢攻关，急难险重竞登攀。

传承精神你我他，风流人物在航天。

快速构型　抢占先机　优质服务　巩固市场

七部的副总每天与设计师队伍并肩工作，朝夕相处，既是七部型号工作的第一责任人，承担型号科研的技术管理、技术把关工作，是引领七部队伍成长的领路人，塑造着七部队伍的工作作风。

型号副总指挥袁洪先后担任过引信厂的总工程师、七院研发中心弹体结构室主任、引信战斗部室主任、计划处处长等职务。扎实的技术功底和丰富的型号工作经验成就了袁总独特的行政指挥风格，那就是：先问技术难点，再谈性能指标；先讲设计质量，再说进度安排。型号副总设计师王祖彬，思路清晰，思维敏捷，善于在设计过程和试验现场中发现问题和快速解决问题。

2010年年初，杜总在A国向用户推介卫士三号武器系统时，用户提出射程不能满足其需要，要求增程至 270km，杜总立刻通过电话与袁总联系，请他在家主持增程的可行性论证工作。袁总和王总将总体设计师和发动机设计师叫到一起，研究确定增程技术途径。第一步，进行了全弹总体布局优化，把控制舱的长度从 878mm 缩短至 605mm，在保证全弹外形不变的前提下，把 273mm 的长度让给发动机，以增加推进剂装药空间。第二步，对着发动机零件图一张一张研究，从顶盖、前封头、燃烧室壳体、后封头，到喷管收敛段、扩张段，一点一点地抠出了发动机结构的冗余质量。在此基础上对推进剂药型进行优化，完成了发动机内弹道特性和质量特性计算。第三步，完成全弹质量特性计算，并进行弹道计算，分析是否满足射程要求。在第二步、第三步进行迭代的基础上，确定了初步的发动机方案和弹道方案。第四步，进行火箭弹可控性分析。这些工作在短短的两天时间里得以完成。初步的可行性论证结果表明，在保持气动外形不变的前提下，可以继承卫士二号、卫士三号火箭弹的气动、引信、战斗部和旋转的设计成果，大概需要一年的时间开展总体、弹道、防热、控制仪器舱、控制系统和发动机设计及试验验证工作，快速满足用户的增程需求。在后方团队的有力支持下，杜总在前方的谈判桌上郑重地向用户做出了“可以增程至 270km，一年以后可以向用户进行演示飞行试验”的承诺。在中方技术团队、商务团队前线后方密切配合下，终于提交出一份用户满意的合同文本，实现了武器装备的多连套采购、生产技术转让和设计技术转让。

2016 年 1 月，在国内研制工作紧锣密鼓、型号首飞进场在即，外方用户一再强烈要求中方专家到现场做技术咨询的情况下，杜总在短短四天时间里，完成了两万公里的国内 + 国际飞行。其间，杜总先后为外方技术人员做技术咨询，与外方将军交流我方装备的使用情况、与中间商就后续合作项目进行洽谈，日程安排相当紧凑。杜总到达外方的住宿点后，活动范围没有超过一平方公里，他的航班在夜幕中落地，两天的工作结束之后又在星辉下返航。

王祖彬副总在七部牵头组织的武器系统实操培训期间，带队蹲守培训场，带着培训团队为用户提供 24 小时伴随服务。从理论基础培训、单车单岗操作，到单车系统、三车协同演练，手把手地指导用户如何进行装备操作、测试、维护，及时为用户答疑解惑。

型号调度何平在实操培训的一个月时间内没有回过家，每天与用户沟通学习节奏是否适宜，组织现场安全保密工作，还要根据用户的生活习惯安排其衣食住行。培训结束后，同事们看到何平时发现他白头发多了不少。用户也对何平耐心细致的培训表示了十足的赞赏，对何平的保障工作给予了充分的肯定，纷纷热情地拉着何平合影。

在两总系统严谨细致、躬身亲为、抓实抓细的工作作风引领下，型号队伍各个岗位人员、设计师紧密配合、技术交底，努力做到论证充分、系统优化，形成型号队伍的快速构型能力。

正所谓：

副总责任不一般，承上启下两头担。
左膀右臂助两总，诲人不倦携青年。
深耕细作在一线，快速构型把关严。
求真务实做科研，更新换代启新篇。

结束语

在四川航天的战术武器事业蓬勃发展的15年中，这支型号队伍不断攻坚克难，突破了一项又一项关键技术；这支型号队伍坚持锐意创新，实现了四川航天从无控火箭武器，到简易控制火箭武器、全程控制组合导航火箭武器、末制导火箭武器的稳步拓展；这支型号队伍稳中求进，秉承武器系统平台化发展理念，低投入高产出地打造出七院在军贸市场中的拳头产品。15年来，这支队伍的成员们成长、奋进，成为各个型号的总设计师、副总指挥、副总设计师、主任设计师、副主任设计师，主持研制的战术武器也从地地火箭武器领域，进入了岸舰导弹武器领域。

阿拉善广袤的戈壁滩见证了这支队伍一路走来的风尘仆仆；葫芦岛宽阔的海洋目睹了这支队伍航天报国的不胜不休；烈日蓝天照耀着这支队伍的砥砺前行；明月星辰辉映着这支队伍的孜孜不倦。这就是四川航天的战术武器型号研制队伍，他们精诚团结，锲而不舍，求实创新，励志图强，在波涛汹涌的市场竞争中彰显出四川航天人逐浪的勇气，在风霜雨雪的漫漫征途中历练出四川航天人的能力，在欣欣向荣的新时代中谱写出四川航天人战术强院的新篇章。

韧

——重庆航天机电设计院军品所采访札记

■ 佚　名

1998 年 12 月

像一枚神奇的磁石，9601B（卫士系列某型号火箭弹代号）强烈地吸引着我们。1998 年 11 月 12 日，当它的几位设计师坐在我们面前娓娓道来的时候，这种感觉就更是越来越强烈了。

他们都已不再年轻，然而岁月似乎并没有在他们的脸庞上留下过多的痕迹，他们的果敢、坚毅、豁达给我们留下了更深的印象。

从 1988 年 1 月重庆航天机电设计院成立 M2 室到 1998 年 8 月 9601B 任务全面成功，经历了十余年的磨砺，几起几伏，坎坎坷坷，令人难忘，令人沉思。

在这里，我们不想在 9601B 任务的成功上做过多的停留。我们认为经历了艰苦、磨砺的这群人，也许更能反映事物的本质。

“韧”是这次采访中设计团队给我们留下的最深印象。1990 年至 1996 年，9601B 任务经过了近 6 年的痛苦煎熬。“胜利就在再坚持一下的努力之中。”9601B 任务总设计师黎玉贵就是这样苦口婆心、不厌其烦地告诫他的伙伴们，然而这是一个多么漫长而艰苦的“坚持”啊！外部环境的变化，致使这一产品研制经费的彻底断奶。他们要自己找饭吃，在对外找项目、搞课题、养活自己的同时，还要拿出有限的资金维持产品深入研制的必要经费。他们始终相信：产品大有前途。正是这种信念支撑着、艰难地维持着 9601B 的研制。每当黎总设计师说“要像爱护自己的儿子一样爱护 9601B”时，这种对事业的钟爱、孜孜追求、九死不悔的执着便深深地震撼着该所的同志们。

是的，任何事情要获得成功都需要这种“韧”劲儿。

1996 年下半年是 9601B 任务最关键的时期。随着合同的签订，沉寂 6 年的这一产品，终于开始启动了，从研制到靶试成功，只经过了短短几个月的时间，这不能不说是一个奇迹。回首研制 9601B 的漫长过程，我们想，成功固然令人振奋，经验也应该全面总结，但是人们都可能认同这样一个观点：成功绝非偶然！“机会固然重要，但机会是给有准备的人预备着的！”这的确是一个再简单不过而又深刻异常的道理。可以说，9601B 任务的成功凝聚着一批科技工作者多年来锲而不舍的追求，是他们多年坚持的结果。

采访机电设计院军品所的几位设计师，让我们了解到了在产品研制、生产、调试、靶试中的许多鲜为人知的故事，只是篇幅有限，不能一一道来。

道别设计院时，我们除了对该院科研人员怀有深深的敬意外，还有更多的祝福。

是的，任何事情要获得成功都需要这种“韧”劲儿。

激情燃烧的岁月

——谨以此文献给那些曾经共同战斗的老一代“卫士人”

■ 徐晓琴

2018 年 2 月

我的柜子里，有一个粉色的文件袋，里面装着一本手写的计算报告，封面用钢笔书写着“装填运输车强度及刚度校核”。历经 30 年，白色的纸张早已泛黄，可是里面的字迹却仍然是那么清晰，让我的思绪又飞回到了那段激情燃烧的岁月。

1988 年，随着国家三线政策的调整，一批科研人员率先从山沟里面搬迁到重庆，组建重庆航天机电设计院。而我，也被这个富有朝气的团队所吸引，一出校门就成为了其中一员，参与到卫士型号的研制工作中。

那时候，卫士型号刚刚起步，我所在的地面设备室承担着某型号装填运输车的研制工作，它称得上是卫士家族地面设备的“鼻祖”了。当时，部队装备的火箭弹还是采用人工装填的方式，而要把重达 500 多千克的火箭弹快速、准

确地装填到发射车的定向管内，就必须研制出一款可以自动对接、装填的新装备。这在当时的国内既没有同类的产品可以借鉴，也无任何资料可以参考，研制工作的难度可想而知。从最初的方案论证，再到真正意义上第一台样机的出厂，前后经历了 8 年时间。

那时还没有实现计算机办公，更没有 CAD 画图，在方案设计的过程中，为了计算各个分系统的刚度和强度，合理减重和优化布局，在师傅的带领下，我们用笔和计算器开始了装填运输车的刚强度计算和载荷分配计算。每计算一次，师傅就在图纸上修改一次，我们再按修改后的图纸重新计算，师傅再进行修改。就这样，不知经过了多少遍反复地计算和修改，才最终编写完成了这本计算报告。

装填运输车的结构十分复杂，零部件繁多，图纸量巨大。工作时大家都是伏在图板上做设计，使用的还是诸如铅笔、丁字尺、三角板、圆规这样简易的绘图工具。由于车的总图都是加长零号的图幅，因此师傅的桌上铺着一张长度近三米的特大号图板，厚度也比普通的图板要厚，用两张办公桌支撑，搬动时至少需要两三人帮忙才行，初次见识如此“霸气”的图板让我既吃惊又羡慕。重庆是有名的“火炉”，办公室没有空调，汗水有时会滴落在图纸上，稍不注意就会弄花图纸。

白图画好了，单位里没有专职的描图人员，我们就得自己充当描图员，铺着硫酸纸一笔一画地描起图来。描图是个细活儿，想快也快不了，非常锻炼人的耐心和细心。先描直线还是圆弧、先描粗实线还是细实线，这些都是有讲究的。前面描过的线条若未干透，稍不留神就会弄花硫酸纸，之后还得拿着一把双面刀片小心翼翼地刮干净。刚开始常常弄得双手沾满墨汁，描得多了，也就慢慢摸索出了一些经验来。

设计工作完成后，装填运输车的生产又遇到了难题。由于资金不足，找不到愿意承接生产任务的单位。经过多次联系，我们找到了仍在沟里的 7303 厂，当时厂里正在批量生产农用车，无暇顾及我们这样的单台试制品，不愿接手。好说歹说，最后还是该厂的一个工装车间，答应“友情帮忙”，这才解了燃眉之急。

图纸下厂后，为了赶进度，我和同事晚上都要到厂里的晒图室去帮忙，常常被刺鼻的氨水味儿熏得眼泪直流。不过，当最终看到上千张图纸经过一张张裁剪、折叠，被捆扎得整整齐齐的时候，那种心情可不单单是用“激动”二字就能形容的。

产品生产过程中，不时会出现一些技术问题，需要我们几个设计人员轮流驻厂进行现场跟产。那时的交通不太方便，从重庆到沟里，需要先坐火车，再转乘汽车，最后还要搭乘蹦蹦车（类似现在的三轮车）。到了沟里，每天上下班还得乘坐班车。

在装填运输车生产的最后一段时间，我们所有设计人员同时下厂，与车间的工人们一道开启了紧张的加班模式，共同奋斗在生产第一线。除了白天正常的 8 个小时，每天晚上 7 点到 11 点半是我们固定的加班时间，回到住处常常都已 12 点了。那时正值盛夏，晚上车间里又热又闷，蚊子还特别多，连续超负荷加班，人一不小心就会累倒。一天晚上加班结束后，突然下起了暴雨，我冒雨回去后，半夜开始发起烧来，折腾了一晚上也没能退下去，第二天等烧稍微退了些，又赶到车间里继续工作。

20 世纪 90 年代初期，由于国际国内大环境的变化，整个军品行业举步维艰，卫士产品的研制也因此停顿了下来。有一段时期，甚至员工的工资也不能足额发放，需要靠大家自谋出路寻找民品来补贴。单位里好些年轻人陆续离开，有的跳槽到了别的单位，有的加入“孔雀东南飞”，奔往广东沿海和深圳特区。即使这样，选择留下来的同志们也从来没有想过放弃，自始至终默默地坚守在自己的岗位上，互相鼓励。

1996 年，靶试成功，标志着装填运输车与火箭弹的研制终于获得了成功。卫士型号第一次跨出国门，成功掘到了第一桶金。短暂的兴奋和喜悦之后，卫士人继续埋头苦干，陆续研发出了多种地面设备，从单一型号研制到型谱化、系列化产品，卫士家族不断成长壮大，在国内外享有了较高的知名度。

合上手中的计算报告，我的脑海里依次浮现出一个个老前辈的身影，闪现着一幅幅共同战斗的画面，那么亲切、熟悉，仿佛一切都发生在昨天。他们中的大部分人都已退休，有的甚至已经离开了人世，但无论是老一辈设计人员，还是奋战在一线的师傅们，他们身上那种坚韧不拔、勇于担当、不计个人得失的精神始终影响着我，让我受用终生。我很庆幸，在我短暂的人生经历中，曾经与他们一起共同奋斗过，那一段激情燃烧的岁月将陪伴我继续前行。

牢记使命　做最好的自己

■ 王　辉

2016 年 2 月

前传

某巡飞弹是我国未来陆军战术兵团的骨干火力打击装备，七院作为发布单位之一开展了巡飞弹总体、巡飞弹动力、巡飞弹制导控制技术、网络化规划控制技术 4 项专题的研究工作，与兵科院、科工三院呈竞争状态。根据炮研所要求，三家发布单位要在 2014 年 3 月完成自控弹飞行试验。

七院于 2013 年 12 月 27 日进场，并在 2014 年 1 月 8 日进行了首发自控弹飞行试验，由于涡喷发动机工作异常，巡飞弹在起飞后 81.92s 着地，未能按预定航迹飞行，未到达预定目标点。随后，兵科院和科工三院均进行了自控弹飞行试验并取得了成功。形势空前严峻，试验队走到了失败不起、无路可退的境地，而春节将至，试验队只能临时撤场。

蓄势

首发自控弹飞行试验失利后，试验队按照“归零五原则”开展了一个多月艰苦卓绝的归零工作：为了模拟涡喷发动机在高空低温的边界条件，试验队员需要等到深夜，待气温到达 -10℃以下才能开展各项测试和试验工作；为了分析数据，试验队员和专家、领导经常讨论问题到深夜；为了抢归零进度，按照工作时间，试验队往往只能在凌晨过后下达当天的工作安排；为了验证归零改进措施，试验队用到了最原始的工装和方法。试验队于 2014 年 2 月 21 日再次进场，在进行了一系列的测试和补充试验后，一切准备就绪。

受挫

2014 年 2 月 27 日，6：30 的阿拉善还在沉睡中，试验队员已经踏上征程，他们满怀希冀，怀揣一颗激动的心，有些紧张也有些期待。很快到了试验阵地，试验队员根据各自岗位和职责按流程、按规程、按准则一丝不苟地开展各项准备工作。试验有条不紊地进入 60 分钟准备、10 分钟准备、5 分钟准备、1 分钟准备并进入发射流程。然而，就在试验现场指挥下达转电、激活操作后，数据链报告异常，根据试验预案，发射试验在点火前 18 秒终止，所有的人都沉默了，充满希望的心又一次跌落到了谷底，本来就不明朗的前景，更是蒙上了一层阴影。

涅槃

根据预案，试验队对已经转电、激活的巡飞弹进行了相应处理，对数据链异常问题进行了分析、定位，采取了相应的措施并经试验验证。

2014 年 3 月 7 日，为了获得较好的空域条件，试验队员起得更早。试验场上，所有人表情严肃、神情专注、操作认真、记录到位，生怕因为自己的一个小小失误，为飞行试验带来致命的影响。很快，试验进入发射流程，时间仿佛在此凝固了，随着现场指挥“……3、2、1、起飞”的指令，发射箱尾端喷出一条长长的火舌，巡飞弹顺利出箱，适配器分离正常，舵片和尾翼展开到位，助推发动机尾焰在天空划出了一道美妙的曲线。火焰的尽头，助推发动机分离正常，0.5 秒后，主翼展开正常，巡飞弹逐渐飞出视线范围之外。此时，大家能做的除了等待还是等待，时间仿佛再次凝固，50 秒后，雷测报告：捕获目标，巡飞弹高度 800m、速度 120m/s、发动机点火成功。压抑的人群中有人喃喃自语“点燃了，点燃了……”，憋了一个多月的气，终于长长地舒了一口。随着雷测不停地报告，试验队员的心情越发激动，1077.4 秒后，雷测报告：巡飞弹到达预定目标，落地。随着巡飞弹落地，大家悬着的心也落地了，不知谁喊了声“成

了”，整个阵地传来一片欢呼，大家相互握手、相互拥抱、相互祝贺，甚至有些同志流下了激动的泪水，两个月的辛苦，日日夜夜的守候，一切都值了。

定论

经对回收的残骸和记录仪数据分析后，郭凤美总指挥用三个“一致”向参试队员通报了试验结果，即：飞行速度与设计一致、飞行高度与设计一致、飞行轨迹与设计完全一致，达到了试验目的，飞行试验取得成功。

后记

本次飞行试验，二次进场，跨越两个新年（元旦、春节），历时 43 天，一路走来或许用“艰难”两个字都无法形容，其中滋味，只有身处实地才能真正体会。试验总结时，我想起了在首发飞行试验失利后，王万军副院长对全体试验队员的讲话，话不多、话不重，只有 16 个字：“坚定信心、正视差距、集智攻关、稳扎稳打”。正是这 16 字方针为第二发试验弹的飞行成功奠定了良好的基础，让我们绝地重生。

坚定信心——在首发飞行失利后，特别是兵科院和科工三院飞行试验成功的消息接踵而来，同时离炮研所要求的时间节点也越来越近，七院、七部、试验队均陷入了绝境，试验队员中存在一定的悲观情绪，正如某位试验队员在微博中感慨："我不怕千万人阻挡，只怕自己投降。"正是王万军副院长的"坚定信心"让试验队员重新振作，感受到了领导的期望之殷切、自己的责任之重大，同时也让大家静下心来，排除杂念，认真开展各项工作，最终取得了飞行试验的成功。本次成功或许只是小小的阶段成果，但是也可以算是一次大捷，一次关键性的胜利，因为我们在绝境中战胜了自己，坚定信心，我们无所畏惧。

正视差距——兵科院集兵器集团的全部力量来开展巡飞弹的研究工作，巡航导弹是科工三院的强项，而我们则是一个刚刚成立 5 年的设计部、一支平均年龄才 30 岁的设计师队伍。我们与之存在一次就把事情做好的差距、对分系统的把控能力的差距，最终体现出能力的差距、经验的差距。年轻让我们能力、经验有所欠缺，但年轻也赋予我们更多的激情、更多的空间，正视差距的同时，我们更应该奋起直追。

集智攻关——巡飞弹研制在国内尚属起步阶段，七院技术底子薄弱，无相关经验可以借鉴，若仅仅靠型号队伍自己摸索前行，举步维艰。在首发自控弹飞行试验失利后，试验队邀请了集团内外涉及涡喷、气动、控制等多个专业的专家对“涡喷发动机工作异常问题”归零工作进行指导，并根据院领导的安排，成立了多个专家组，为巡飞弹后续各项工作把关。二次进场，让我感受最深的是集团公司特聘专家韩厚健老先生，他冒着高原反应的危险与试验队在阿拉善度过了一周时间。正所谓“他山之石，可以攻玉”，此次飞行试验的成功与众多专家的指导和把关是密不可分的。我们要学习专家的经验和知识，更应该学习专家思考和解决问题的方法，在我们实际工作中加以融会贯通，使专家作用能够持续发挥。

稳扎稳打——面对失利、面对差距、面对压力，稳定的情绪和“严、慎、细、实”的工作作风是我们成功的法宝。试验队领导将这一要求落实到了每一个人、每一件事：所有系统有预案、所有检查有记录、所有操作有细则、所有岗位有 B 岗、所有动作按照流程……正是因为我们有平和的心态，我们才能将每一项工作做得更扎实，同样正因为我们能将每项工作做得更扎实，我们的心态才会更平和。

做最好的自己

与“木桶原理”一样，飞行试验的成败不是取决于表现最好的系统，而是受制于表现最差的系统，只有所有系统均正常工作，飞行试验才能取得成功，只要有一个系统不正常工作，飞行试验就会失败，所以成功很难，不成功很容易。由于分工不同，每个试验队员岗位和工作内容存在巨大的差别：有人拧螺钉、有人算弹道、有人做结构、有人编程序，但是对于飞行试验的成败，人人平等。“做最好的自己”是我参加此次飞行试验的最大感受之一，即使是拧一颗小小的螺钉，我们也应该把它拧到最好，不给试验队伍留遗憾，不给自己留遗憾。或许，我们目前一次就把事情做得好的能力还有所欠缺，但是，我们随时都可以做最好的自己——即使无意间犯下错误，也要迎接接下来更多、更难的工作，因此我只想说：让我们都牢记使命，做最好的自己吧！

宝剑锋从磨砺出　梅花香自苦寒来

——回顾某型号火箭武器系统 QY-88 装填运输车的研制历程

何明辉

2015 年 6 月

1996 年 9 月，巍峨雄伟的巴山深处，秋高气爽，鸟语花香，某型号火箭武器系统正在有条不紊地进行实操合练。中国航天工业总公司专家组成员、062 基地领导和型号研制人员，非常关注改进后 QY-88 装填运输车的性能情况，当看到 QY-88 装填运输车顺利、快速地将 4 发火箭弹装填进发射车后，大家情不自禁地露出了会心的微笑，报以了热烈的掌声。凝聚研制人员心血和汗水的 QY-88 装填运输车，终于迎来了光荣的时刻！

1988 年，四川航天开始进行某型号火箭武器系统的研制工作。该武器系统主要包含火箭弹、发射车、装填运输车和通信指挥车。除发射车外包给兵器厂研制外，其他装备均由四川航天自主研制。

1990年，四川航天完成了某型号火箭武器系统首次飞行试验。当时，该型号火箭武器系统射程和射击密集度等性能指标，在国内外无控火箭武器领域处于领先水平，在国际军贸市场上具备较强的竞争力。但是，此次飞行试验也暴露出了QY-88装填运输车可靠性低、操作繁琐、外观差等缺点。在后续几年向上级领导和国外军事代表团进行操作表演时，也多次出现了不能将火箭弹可靠装填进发射车的尴尬情况。因此，四川航天迫切需要对QY-88装填运输车进行较大的改进研制。

1990年至1996年，设计人员在无类似国内外成熟产品、无技术资料可借鉴的情况下，针对QY-88装填运输车初样产品存在的不足，坚持不懈地艰苦奋斗、攻坚克难，通过反复的分析、论证、设计、计算和试验，攻克了道道技术难关，终于完成了改进研制工作。改进后的QY-88装填运输车具有装填可靠性高、对接装填时间短、操作方便、外观较好等优点，在多次参加武器系统合练、飞行试验和操作表演中均表现良好，为后续武器系统多个军贸合同的签订提供了重要支撑，为后续类似装填运输装备的研制奠定了坚实基础。同时，设计人员通过QY-88装填运输车的改进研制，积累了较为丰富的研制经验，掌握了一些对接装填的核心技术，为国家、单位创造了较好的经济效益和社会效益，为四川航天地面武器装备研发队伍的成立、稳定、发展和壮大作出了重要贡献。

在1997年前，设计人员在图板上铺上白图，用铅笔、尺子、橡皮擦在上面进行一笔一划的绘图设计，需要经常站起埋头趴在图板上操作，需要经常削铅笔，需要经常擦拭错误或不成熟的设计笔画，显然这样的绘图设计工作既艰辛劳累，又效率低下，并且QY-88装填运输车改进设计图纸工作量很大。因此，设计人员经常被折腾得腰酸背痛。特别是当时的办公室根本没有空调，重庆的夏天又闷热难耐，最热的一段时间还经常停电，连办公室的吊扇也无法转动，设计人员常常热得心慌口干，汗水沾满了脸庞、浸透了衣衫。为了争取QY-88装填运输车改进设计工作早日完成，设计人员克服重重困难，坚持努力工作。

1996年夏天，设计人员舍小家顾大家，不怕艰苦，不怕寂寞，从重庆出差到地处偏僻山沟里的 7303 厂处理 QY-88 装填运输车生产技术问题、参加总装调试。他们与工厂相关人员一道，为按时完成任务，发扬了“特别能吃苦、特别能战斗、特别能攻关、特别能奉献”的精神，发挥了党员的先锋模范作用，连续一个多月克服酷暑和疲劳，每天工作十五小时左右。设计人员好多次在生产厂区工作到深夜两点后，由于厂区班车已经收班，又无其他交通工具乘坐，无法回到与生产厂区相隔十多公里的招待所洗漱睡觉，就只好和衣在车间长木条凳上将就睡上四五个小时，到早晨 8 点钟起来又继续投入到繁忙紧张的工作中。

1992—1995 年，是重庆航天机电设计院经济情况最为困难的时期。当时，就连从事军品设计的人员，为了自筹部分工资，都要经常到民品市场去争夺利润低、难度大、属于其他传统行业的开发项目。由于工资收入较低，重庆航天机电设计院初期招聘的一大批研究生和本科生，相继离开了单位。但是，从事 QY-88 装填运输车研制的全体设计人员，为了不使改进设计工作半途而废，硬是顶住了外部收入条件的诱惑，坚持留了下来。

“宝剑锋从磨砺出，梅花香自苦寒来。”QY-88 装填运输车的研制历程，是这一至理名言的生动写照。当今，我们作为七部的研究设计人员，背负着光荣和梦想，承载着未来与希望，让我们坚定信念、满怀激情、迎难而上，用智慧和汗水磨砺出更多更锋利的国防“宝剑”、培育出更多更幽香的航天“梅花”！

我们都是“卫士人”

■ 李岁虹

2017 年 11 月

2005 年，我加入七部（原研发中心），成为总体室的一名设计人员。近些年，我们的人数不仅由原来几十人壮大到 300 多人，我们的型号产品也从单一的卫士一号、二号，拓展到了现在大大小小数十个型号。

卫士系列的成长离不开大家的共同努力，那些常年奔波在战斗最前线，为工作加班加点、长期出差的同事是最值得我们学习的榜样。每每遇到振动试验、模态试验、温度试验，白天黑夜又白天地连轴转是再正常不过了。厂房里巨大的机器噪声让人说话都得靠吼，同时却又还得谨小慎微地检查产品状态、协调试验进程、判读试验数据、确认试验结果。稍有疏忽，代价就是价格不菲的试验费，大家心里清楚：绝不能因为自己的疏忽给型号造成损失。

还记得载荷环境组的张平平挺着大肚子爬上发射车的情形，冷冽的寒冬，略显臃肿的身躯配着发射车成为冬日里最特别的风景。还记得某年冬天，李晓波在北京进行某型号舵面的气动加热试验，连续作战，中间唯一一次回来是除夕前一天。2017 年，载荷组终于实现了新进同事零突破，一下子来了三位新同事，载荷组人员壮大了，这也忙坏了组长张莉，找师傅，结对子，派活，把“新鲜血液”们好好调动起来。在组长的督促努力下，新同事积极、主动、干劲大、头脑活，老同事也不示弱，传经验，给方法，共同讨论，一起进步，这不，才转正，三位新同事就已经在各自型号中担起重任了。

要说什么是卫士精神，我觉得就是将加班当作日常，无怨无悔地出差在外所体现出来的奉献精神；是无论自己有什么保留想法，都会先将领导交办的事项踏实做好的大局意识；是每个人都各尽所能，由小集大、团结一致向前看的集体信念！“卫士”这个型号见证了我们的成长，我们也被深深地打上了卫士的烙印，成为了一名“卫士人”。

坊间流传着对人之成熟的说法，说人成熟有三个境界：第一种境界，知道自己不能，却只知抱怨、无动于衷；第二种境界，知道自己不能，却毫不抱怨、坦然接受；第三种境界，知道自己不能，却发奋努力、积极争取。真心希望，随着时间推移，在“卫士精神”的指引下，七部和七部所有的“卫士人”都能够越来越成熟，让“卫士”的明天越来越好。

创造自己的未来

■ 刘　帅 / 雷廷川

2018 年 5 月

这是一个简单的奋斗故事，这是一支勇敢的坚强队伍。当你秉承初心不懈前行的时候，就能像一个勇敢的卫士，创造自己的未来。

“拼凑”队伍　从零开始

2001 年，“卫士二号”研制工作拉开序幕。当时国际主流的是无控火箭弹，精度差、射程短。无控火箭弹难以突破的自身瓶颈让我们嗅到了市场先机，能不能抢在明确的市场需求前，自主研发一款有控火箭弹？我们自己给自己找了一个难题。研发还是不研发？若是研发，无论是当时的总体单位，还是承担控制系统设计的 7105 厂，都没有哪怕一点点的技术储备，所有的一切都只能从零开始；若是不研发，无控火箭弹无需几年可能就会退出历史舞台，掌握不了有控火箭弹核心技术的我们又将何去何从？

面对这样一个可能关系到未来十年的战略方向选择问题，异常艰难的论证过后，大家最终选择了破釜沉舟、背水一战！研制队伍组建时，没有了解控制原理的专业设计人员，厂里只好从当时的军品设计所和工艺技术处抽调了一些“非相关”的“骨干”人员，就这样，只有五六个人的微型队伍，“拼凑”着，成立了。

北漂一族　自起炉灶

没有明确的客户和市场，所有的科研投入只能自备干粮。当时的研制队伍没有任何技术储备，为了能向相关院所的退休老专家请教问题，科研人员们选择了常驻北京。

因为经费严重短缺，他们不得不住在某单位招待所不见天日的地下室里。每个房间仅房顶处有一条小缝勉强可以和地面通气。夏天闷、冬天冷、常年潮湿的地下室里，常常响起不同频率、此起彼伏的鼾声，工作辛苦且休息不好的同志们虽经常调侃搭档们的“特有声线”，但却没有丝毫怨言。

学习、讨论、计算、论证、仿真、出图、制版、编程、装配、调试、测试、总结、修正，所有的工作环节都在地下室里“一气呵成”，连做饭都是自己置办锅具、采买食材。回忆起那近三年的地下室时光，型号元老们都开玩笑地说自己才是真正的“北漂”族，不会做饭的他们当时居然齐心协力地解决了伙食问题。各种“黑料理”层出不穷、别有风味，却带来了型号研制的希望和曙光。

历经艰辛　首试告捷

2003 年，某总体单位研制队伍的首次姿态控制系统半实物仿真试验遇到了通道翻滚、高精度转台失控、试验曲线呈松树形的异常现象。试验中，转台 2 次失控后快速旋转并撞击到限位挡块上，发出“铛、铛、铛”的声响。为保护设备，仿真室试验人员中止了试验并告知我方如不能确切定位故障，便不容许产品再上转台。

面对严峻形势，研制队伍把试验装订参数、飞控程序、状态设置、外部电器干扰等一系列可能的原因翻了个底朝天，所有环节一遍遍地复核复算却没有发现任何异常——年轻的队伍一下子陷入了迷茫中。长时间的沉默后，有设计师提出会不会是试验院所的转台操作环节出了问题？首都的深夜，对方试验人员早已离场。面对这样一个大胆的疑问，为抓紧时间，研制队伍只好自己研究转台操作记录。一条条地分析比对后，大家发现故障只在某特定操作者执行转台“加电”口令时出现，追着这一点可能的蛛丝马迹，研制队伍最终确定故障原因为该新手操作员不熟悉指令所以执行速度偏慢，此时转台已翻转起竖，而导航系统初值不归零，因此产生了松树形的控制量积累异常。

问题定位后试验圆满成功。面对第一次成功，研制队伍里的每一个人都流下了激动和喜悦的泪水。

上下一心　力保成功

2005年，姿态控制系统的半实物仿真试验正如火如荼地开展，而连续加班多日的主管设计师却因急性阑尾炎，不得不住院手术。术后，时任院长贺东风、院党委书记黄亮，还有研制队伍的各位领导都亲临探视，嘱咐该同志放下手中工作，保重身体，等身体康复后再恢复工作。但他深知两个月后即是首次飞行试验，眼前的半实物仿真正是关键！

他无论如何都放不下型号——面对凝结了自己多年心血的仿真程序，如果交给别的设计师，熟悉尚需时间、调试更待时日。如何不耽误本就紧张的研制进度？为说服型号总师，该同志想方设法列举了多条理由要求恢复工作，总师实在拗不过，表示必须由自己亲自接送他上下班，且随时能了解他的身体健康情况，才能同意他回岗位工作。就这样，术后四天，该同志便返回工作现场，总师也开始了自己按点接送的“专职”工作。

皇天不负苦心人。两个月后，“卫士二号”用自己的首飞成功向这支上下一心、力保成功的研制队伍献上了最真诚的贺礼。

攻坚克难　再创佳绩

2006年，为进一步提高命中精度，马不停蹄的研制队伍又开始了“卫士三号”控制系统的论证工作。经各方调研和分析计算，研制队伍拟采用三段控制的设计方案。方案中，前段飞行沿用原“卫士二号”已验证的可靠方案；后段采用动压控制方案，过渡时间段采用平滑方案。

三段控制尤其是动压控制的设计方案是在没有任何资料可参考的“特殊”背景下首次提出，当时参与论证的专家们都对高空段滚动通道能否维持稳定提出了不少质疑。为充分释放技术风险、确保方案万无一失，研制队伍针对“通道高空段失控”等可能风险点一一进行了仿真和半实物验证。一轮又一轮的测试验证中，研制队伍发现了模拟弹道末段偶尔会失控的异常现象。本着不能放过任何一个可能风险点的原则，研制队伍通过不断地调整参数和试验，保证了通道的安全可控。

三段控制方案，将设计效率提高到 90% 以上，控制参数设计人员由原先所需 10 人减为只需 2 人，切实保证了首发弹飞行成功，并为卫士后续各型火箭弹控制系统的成功研制提供了通用化的技术平台。

不忘初心　方得始终

数年艰辛，随着卫士二号、三号的相继成功，卫士系列火箭弹以“射程第一”等领先优势快速地打开了国际市场，先后出口到多个国家和地区，卫士各型号也陆续开始了研发，卫士家族越发壮大。控制系统研制队伍里，一些型号元老因其他任务依依不舍地离开了，一些刚毕业的毛头小伙子和青涩小姑娘又带着满满的激情加入！队伍在不断变化，但团结一致、砥砺奋进的卫士精神却从未改变。

队伍里依然不断上演着各种各样催人泪下的故事：有的同志头一天结婚，第二天便匆匆赶赴试验外场；有的同志强忍着自己骨裂的疼痛，硬是在病床上完成了参数修正；有的同志从没想过去度蜜月；有的同志产假都没休完就直接投入仿真工作；有的同志没参加过一次孩子的家长会；有的同志等到设备热死机了才休息……文中型号队伍所有的同志都没有使用姓名——正是这一个个“有的同志”，使研制队伍配合总体，在短时间内创造了从弹到车、由陆及海的“卫士奇迹”，取得了良好的市场效应，建立了广泛的国际影响，并获得了集团公司的高度肯定。

回首 2001 到 2018 的 17 年奋斗时光，一代代前赴后继的科研工作者们用自己的宝贵青春谱写了参与卫士系列型号研制的绚烂篇章，用持之以恒的不懈奋斗和辛勤汗水践行着保成功、保交付、保增长的铮铮誓言。17 年，形势风起云涌，卫士披荆斩棘。作为卫士背后默默付出的科研工作者，我们的目标不仅仅是跟上形势，更多的，我们要以坚定的初心、不懈的奋斗，创造属于四川航天自己的未来。

我的卫士记忆

■ 雍 蓉

2018 年 7 月

职业生涯中的第一份计划工作

1989 年 7 月，我大学毕业后被分配到重庆航天机电设计院科技处从事计划工作。恰逢设计院蓬勃发展时期，设计院下设九个研究室，分别是 XX 武器室、雷达室、无控火箭弹室、自动化室、机器人室、精密机械室、汽车电器室、计算机室、工艺室等，研究的领域、项目、课题众多。对于学管理的我而言，迫切希望能参与到任何一个项目、课题之中，让自己学以致用。可是，困难也是显著的，我对院里每一个项目、课题都一无所知，要想开展工作几乎无法下手。

面对这种情况，处领导交给我的任务是每天奔走于一个又一个会议室，写会议纪录，整理纪要，再汇总处里各位主管提供的信息，编制每周一期的《科研生产快讯》。这是一个枯燥无味，又令人精神紧张的工作。对于不懂产品、不懂技术的新毕业大学生来讲，刚开始在会议中有点像听天书的感觉，常常不知所云，仅能依靠我的速记本领，做个“录音机”把听到的尽量先记下来，会后再向处里的同事们分别请教，再整理。这是一份与我向往的计划工作毫无关联的工作，却使我在以后的职业生涯中形成了一种习惯——凡事喜欢记录和整理。日复一日，我发现自己对全院各个研究室以及人员和他们所从事的研究、项目课题逐渐有了认知，终于明白了领导对我工作安排的良苦用心。

终于有一天，处长樊贵荣交给我一个任务，编制卫士一号 01 批无控火箭弹研制网络计划。终于可以让我的专业知识有用武之处，这令我雀跃不已。

可当真正要动手时才发现我对这个项目的了解仍是不够的。为此，张文强成为我的指导老师，拿着图纸给我讲解火箭弹的组成、配套关系、研制生产流程，已完成和待完成的验证试验，还需要进行哪些复核复算……为了增加我对产品的感性认识，又带我到当时还地处达县石板的7303厂实地看了模样弹、运输装填车、发射车和对接装填演练，这也是我工作后的第一次出差，使我对武器系统、产品和技术有了更深层次的了解，对这个项目的研制成功有了热切的期盼，也与沟里的人们有了第一次亲切接触。

在了解了研制目标、研制流程、研制各环节工作内容和资源、工作项目之间的配合关系、各工作项目所需要的时间后，经过不断细化、优化，确定了卫士一号01批无控火箭弹研制关键节点和关键控制线路，完成了卫士一号01批无控火箭弹网络计划图，再制定成计划表下发执行。1990年4月29日，01批火箭弹产品通过出厂评审，5月下旬，从某试验基地传来喜讯，01批火箭弹飞行试验获得圆满成功，这标志着武器系统已达到军贸出口技术状态的要求，我自己也备感兴奋和喜悦，这份成功里面也有我微不足道的努力！

在我29年的职业生涯中，我先后为雷达研制、卫士一号火箭弹K项目、D项目、某发动机机载控制台研制批产、电调系统产品的研制批产等许多型号项目和民品项目制订过计划，但卫士一号01批无控火箭弹研制计划是我从事计划工作的起点，对我具有特殊的意义，老领导、老同事给予我的无私关怀、帮助和指导，也令我受益和感佩终生。

第一次接待外宾

卫士一号01批研制成功后，预想中的军贸订单却迟迟未来。

1991年夏天，终于得到消息，某国代表团将前来设计院考察、洽谈。这是设计院军贸史上第一次接待外宾，消息令全院职工欢欣鼓舞，院领导高度重视这次外宾访问，提前在全院进行动员部署，并安排我和田砚等四名女工负责会议期间的饮料、茶点供应服务。时任院长严堃林亲自给我们讲解外宾的禁忌、接待注意事项、礼仪规范等。经过杯盘碗盏、服装、饮料、茶点、果品的选购、训练、清扫等一系列的准备，那天，天气晴好，终于迎来了外宾为期一天的访问。时隔 20 多年，那天的具体细节已不记得，记忆里留下的唯有当时领导、全院职工的重视和热切期盼，自己在准备过程中的忐忑、紧张、认真和完成任务后的轻松欣慰。

困境中的坚持

1992 年，设计院向某国成功转让某型号射表编译技术，虽然合同仅 35 万美元，但终于让我们看到了军贸出口这条道路的一丝曙光。此后，直到 1996 年 4 月，虽然陆续有一些外方代表团前来考察、洽谈，但“卫士一号”走向国际市场的大门一直未能敞开。而 1992 年以后，随着 062 基地战略调迁目的地转移到成都，随着型号任务的紧缩，随着重庆市国企改革的深化，设计院处境逐渐艰难。课题、项目锐减，研究成果无法推向市场，科研经费不足，人员工资拖欠。设计院面临着前所未有的生存压力，院里向各研究室（所）下达了经营指标，除了自己养活自己，还要上缴相应的管理费。许多研究人员无奈之下或调离，或选择停薪留职、自谋出路。

由于国际形势发生变化，拿到军贸订单希望渺茫，又因为资金紧张，062 基地明确“卫士一号”后续凡需投入资金的工作暂停。1993 年，基地下达的型号研制、装备批生产计划中，除某重点型号、雷达和电调外，“卫士一号”榜上无名，这使设计院领导班子和以黎玉贵为首的军品所科研队伍都面临艰难选择，是放弃“卫士一号”，还是继续坚守？面对困境，领导们凭着对梦想的坚持，勇敢地选择迎难而上：一方面继续做好型号的设计完善，配合军贸公司加强产品推销，另一方面组织部分精锐队伍开发“短平快”的民品项目。翻开设计院 1993 年新产品研制计划，军品所承揽了 10 个民品项目、2 个型号项目，就是这样，通过“以民养军”，在养活自己、稳定核心队伍的同时，设计院、军品所自筹经费，继续进行卫士一号火箭弹完善和地面装备维护工作。

1993 年至 1996 年，设计院员工人数从高峰时的 900 余人缩减到 680 余人，其中研发人员流失近 160 人，幸运的是无控火箭弹研制这支队伍基本被完整地保存下来。

1996 年，是对卫士型号、对设计院、对我个人有着特殊意义的一年。这一年，设计院与 K 国签订了卫士一号多管火箭武器系统技术转让合同，除此之外，设计院启动了 951 项目——摩托车发动机制造销售；这一年，我儿子出生了。随着生产日期的临近，我不得不思虑家庭生活的困境，没房、缺钱、事业前途难料，未来是去是留？尤记得产假未完，领导、同事几次催促我：休息好没？快回来吧，我们的“卫士一号”卖出去了，摩托车也卖出去了，快回来吧，回来一起大干一场！那催促声中，有急切、有激动、有欢欣，令人振奋。休假结束，我准时回到单位，为适应新的发展形势，设计院对原计划处人员进行了拆分，由军品所苏凡带队，我、方绍禹、周红涛、任荣才加入，建立新的科技处，全力专注型号研制生产计划和销售管理，而“卫士一号”终于成为设计院翻身立命的重要型号。

协同发展

“卫士一号”研制之初，用总设计师黎玉贵的说法，采用的是“积木组合式”研制思路：即充分利用基地各厂和国内同行已有民用工业的技术基础和成果，采取集成创新的方式完成研制任务。

在我个人建立的通讯录中，至今仍留有 7102 厂、7303 厂、7304 厂、692 厂、5103 厂、5124 厂、江西 620 厂等许多单位人员当时的联系电话。当时的科技处，就是计划的制定中心和调度组织中心，内部的、外部的，一项项指令和要求从这里发到各个处室、各个配套生产工厂，最终从各个处室、工厂变成图纸、文件资料、物资，形成技术转让文件、设备、产品出口交付到用户手中，再在异国他乡变成生产线，进而制造出合格的武器系统产品。可以说，没有内部的齐心协力，没有众多厂家的众志成城，就难以成就“卫士一号”。而“卫士一号”研制和技术转让的成功，也成就了各参研单位、参研人员。

卫士不了情

2002年，为了做大做强军品，设计院实施军民品分离，将以军品所、雷达室、东五室为核心的型号研制队伍剥离出来，组建了四川航天系统工程研究所（7146所），下设六个研究室（总体室、弹体室、控制室、地面室、雷达室、卫士武器室）。继“卫士一号”后，研制队伍又开发了“卫士一号B”、靶弹系统、破障弹等武器系统，卫士从单一型号走向了多型号并举，实现了从无控到有控的突破；为国家某重点武器型号配套研制的电调、发动机机载控制台等系列产品也即将定型批产；型号市场形成了军贸、列装并举的格局。

2004年，062基地再次做出重大决策，将研发核心向成都地区转移。首先是将7146所雷达室并入7306所；将卫士武器研制队伍迁移到成都，组建了研发中心，余下的电调系列产品研制生产人员不久并入了重庆航天机电设计院。

共同奋斗多年的战友从此相隔两地，重庆航天从此与卫士再也无缘了吗？以老军品所副所长为代表的老卫士人坚定地表示：“主角不能干，我们争当配角，总体干不了，我们做单机。”时任院长廖祖君提出了做好研发中心“研发补充、生产保障”、紧跟型号发展的思路。分离多年，设计院和七部（研发中心）始终保持着昔日共同奋斗的战斗情谊，密切联系，共谋发展。

2006年以来，设计院陆续参与了10余个卫士型号的研制工作，提供了发射控制盒、数据记录仪、自动驾驶仪、弹载控制器、控制电缆、小型控制舱、弹上配电器、电子引信、发火系统、地面测发控系统等一系列配套产品。

今天，卫士型号已从无控扩展到简控、精确制导、智能弹药等方向，成为七院“战术强院”的根基。我们相信七院卫士型号的明天一定会更加美好，也一定会带动设计院更好地发展。在张明星院长的带领下，重庆航天将与七部更加紧密地联系在一起，续写更加绚丽动人的卫士不了情。

初心不变　信念永恒

■ 赵丽霞 / 杨琢钧

2018 年 6 月

随着卫士系列 X 项目通过设计鉴定并成功推向国外市场，红宇公司（5013 厂）再一次圆满完成了总体单位交付的研制任务。

开拓奋进　敢于创新

20 世纪 80 年代，应总体单位的邀请，红宇公司积极自筹资金加入了第一型产品——“卫士一号”的研制。红宇公司科技人员在研制过程中发扬了“苦干实干更要巧干”的优良作风，以“一次性设计成功”为目标，在成熟技术基础上大胆创新，开发了多段卷焊胀形成型等技术。通过红宇公司和总体单位的不懈努力，“卫士一号”产品在国际市场上一举成功，紧接着“卫士二号”系列产品研制工作接踵而至，直至卫士系列 X 项目通过设计鉴定，卫士系列产品在国际市场上的地位进一步得到巩固。

精心组织　攻坚克难

X 项目涉及领域多，时间紧，任务重。在接到研制任务后，红宇公司高度重视，立即整合相关资源，挑选思想、业务素质特别过硬的同志组成项目组，迅速开展了多轮次的方案设计，对不同方案进行了多次仿真分析，并在技术上大胆创新（如分瓣式内衬、可调式动平衡结构等）。为赶上研制进度，项目组采取了超常规的方法开展技术攻关。他们常常是上午还在试验场做产品性能摸底试验，下午就赶往生产车间结合试验情况对产品进行优化。无论是在方案的优化设计过程中，还是在车间为生产提供技术支持时，他们都秉承严谨务实的态度，主动作为，敢于担当。项目组在公司统筹谋划和相关部门的密切配合下，

在总体单位的大力支持下，按时完成了 X 项目全部研制工作，顺利通过了设计鉴定审查。

“宝剑锋从磨砺出，梅花香自苦寒来。” X 项目的成功研制，得到了总体单位和用户的高度评价。研制期间，该项目获得国防发明专利 10 多项，获得部级科技进步奖多项。

拼搏奉献　卫士远行

在进行产品整装出口和技术转让过程中，X 项目组成员多次进行技术支持，每次一去就是半年甚至一年以上。他们不仅要忍受酷热难耐的气候引发的身体不适，还要直面高标准、高强度、高要求的工作挑战。在异国他乡，他们工作一丝不苟，但内心却要忍受对家人无尽的牵挂——家里老人生病了，不能寻医问药伺候床前；媳妇生产了，不能陪伴在身边，只能偶尔通过电话得知孩子又长高了、长壮了……

援外期间，X 项目组成员将千丝万缕的牵挂化为无尽的工作动力。无论白

天工作多繁重，项目组仍坚持晚上召开工作例会，对当天工作进行总结，并规划好第二天的工作内容，明确急需解决的问题。在任务特别紧张时，项目组更是发扬连续作战、不怕苦、不怕累的精神，奋战在生产第一线。由于工作岗位的不可替代性，项目组成员往往在自己体力不支或是身体不舒服的时候，仍然咬牙坚持，直至工作顺利结束。

保障有力　卫士筑基

前方似战场，后方支前忙。红宇公司领导高度重视，抽调精干力量成立了X 项目后方保障团队，为前方项目的顺利开展提供了强有力的支撑。在后方，有着这样一批幕后英雄，他们克服时差与空间距离上的不便，对前方传回的每条信息都高度重视、认真讨论分析，力争在最短的时间内给予前方最可靠、最准确的反馈。不管是实物交付、外方现场验收，还是培训外方人员、接待来访团组等，他们都在各项工作中保障有力、精益求精、任劳任怨，甘当幕后的无名英雄。

“坚韧不拔、甘于奉献、勇攀高峰、为国争光”是卫士人的座右铭。他们怀着报效祖国的强烈责任感和使命感，将“特别能吃苦、特别能战斗、特别能攻关、特别能奉献”的载人航天精神作为行为准则，同甘共苦、坚持不懈、迎难而上、攻坚克难，圆满完成各项工作任务。这就是卫士精神的真实写照，亦是卫士人不变的初心和永恒的信念。

第二章 卫士攻坚

本章生动地讲述了卫士人集智攻关、永不言苦，坚持不懈克服重重困难与挑战，创造卫士事业一个又一个辉煌成就的感人故事。

腊八夜里的坚守

■ 刘向龙

2018 年 2 月 5 日

2018 年 1 月 24 日，下午 6 点，正值下班高峰。在工业区的南门口，一辆辆小汽车、自行车、电动车鱼贯而出。

此时，在南门口内侧的草地上，一个临时搭建的简易雨棚下，一群人在灯光下冒着凛冽的寒风一遍遍地对着口令，这是七部某型号试验队在开展全流程工作地面试验前的演练。

俗话说，“腊七腊八，冻掉下巴”，1 月 24 日这一天正是农历的腊八节，也是成都近期最为寒冷的一天。

院长卓超闻讯来到现场看望慰问型号试验队伍，与参试人员亲切交谈，询问型号进度和试验进展情况，为大家加油鼓劲。

七部主任李丹，副主任王强、甘娥忠紧密配合型号两总进行现场指挥协调，各岗位准备工作有条不紊地进行着。

“测发控系统启动、自检。”

“测发控自检正常。”

……

自从接到某演示项目的任务后，该型号队伍开展了“决战六十天、打赢生死仗”誓师活动，大家都清楚型号成功对于七部和七院的意义。“人人都绷着一根弦，憋着一股气，争取把自己的工作做到最好。”总设计师助理李应波动情地说道。

本次合练是去靶场之前的最后一次系统综合演练，验证各电气系统之间接口的协调性和匹配性，是一次最接近实际发射状况的大合练，对型号产品出厂和靶试飞行试验具有重要意义。

随着总体设计师的演练流程口令，各分系统地面设备启动，一声“发射”口令之后，弹上产品在试验工装上高速旋转起来。在大家紧张的关注下，控制舱里突然冒出一缕青烟，发出刺鼻的焦味，试验出现故障——被迫中止！

卓超在现场鼓励大家要头脑冷静，戒急戒躁，要求试验队伍严格按照相关程序，迅速查找并解决问题。院长的话让大家仿佛吃了一颗定心丸，型号两总系统迅速拿出方案，紧急安排相关设计师连夜加班开展故障排查。

时间一分一秒地过去了，直到第二天凌晨，大家仍然坚守在实验室，没人愿意离开。“不把问题弄清楚，今天晚上恐怕没人能睡着觉！”型号总设计师黎帮友说道。

故障排查如抽丝剥茧，要将原来已经装配好甚至已经涂上胶的产品重新再分解。在大家的共同努力下，最后终于找到了故障原因，初步完成了故障排查，这时大家才松了一口气，紧接着又立即投入到故障分析之中……

凌晨时分，窗外又飘起了小雨，楼门口“第七设计部”几个大字在聚光灯的照射下格外鲜艳，鼓舞着寒夜里继续坚守任务、不畏艰难的人们！

“现在不拼哪来机会!”

——某型号队伍全力以赴开展研制工作侧记

■ 仝先刚

2017 年 6 月

2017 年大年初一,七部的一间会议室里，某项目行政总负责人谢仕良正组织人员召开研制生产碰头会，协调产品进度，解决瓶颈难题；距离成都 300 多公里外的重庆，在设计院电装部，装接组组长蔡贤英正和同事抓紧一切时间，为该型号控制器的生产抢进度、赶节点。

这样的加班场景还一同发生在 7111 厂和 7140 站。

时间回到 2016 年 12 月 28 日，距离鸡年春节不到一个月时间，我院接到了军方的某项目竞标邀请通知，要求在 2017 年 1 月 20 日 5 点前递交标书，2 月 28 日 5 点前交付 30 余发不同技术状态的产品。

尽管此前，我院已经开展该项目预研有两年多时间，关键技术攻关取得了阶段性成果，但这次竞标技术要求更高。技术状态需要调整和验证，元器件需要重新采购，指定的新型发射药和新型火炮我院尚未涉及，不但技术难度大、生产周期短，从行业外协调新型发射药和火炮也极其困难，需要半年左右时间的工作如何能在两个月时间内完成？况且中间还有几天春节大假。

“这是个难得的机会，现在不拼哪来机会!”谢总这样激励着自己，也激励着队伍。在院和七部的决策部署下，立即消化标书、制定方案，技术状态调整、采购器件、组织生产和协调协作配套等各方面工作全面展开。

1 月 20 日和 2 月 28 日下午 5 点，这两个时间节点自然成为整个工作不能突破的最后防线。

1 月 20 日提交标书的期限说到就到。提起送标书的过程，七部总体设计人员王昂现在仍心有余悸，“真是紧赶慢赶，提前半个小时送到。”王昂心里仍庆幸着，幸亏飞机没晚点、路上没堵车。

大家心里清楚，交付标书只是提交了参与竞标的投名状，提供符合要求的产品才是关键。真正的考验正在等着他们。

这次型号研制工作，7111 厂、重庆设计院、7140 站也都发挥各自优势，兵分多路，全面铺开、协同进行。院研究发展部也时刻关注着研制进展情况，全力做好协调工作。

时间转瞬即逝，鸡年新春扑面而来。处处张灯结彩喜人心，声声炮竹炸响催人归。对型号队伍来说，时间紧迫，形势逼人，注定是舍小家为大家，一心在岗为工作。

寒冬腊月，总师助理周剑冰率领试验队，一岗多能，坚守靶场开展炮射验证试验；结构室设计师王志光同其他提前订好机票准备回家过节的同事一样选择退掉机票，让新婚妻子独自回河北老家探亲；电气设计人员童凯出生一个多月的宝宝生病手术，他加班至深夜没有时间陪护；刘川博士中午在资阳老家办完婚礼后迅即赶回单位突击任务……还有设计院的蔡贤英、7111 厂的张元均、7140 站的龙文，以及他们的同事们……

“真心为了工作，为了在一个新的领域争口气、立住足。”谈起这些，谢总压抑不住自己的感情，眼眶湿润了。不只为了任务的不易，更为了同事们的努力、付出、执着和坚守。“只要哪个岗位有活，不管白天、深夜，还是春节，即使生病了，大家也不会离开现场，所有人都铆足了劲儿。”

对大家来说，春节期间，能吃上盒饭都是一种奢侈，大家在单位更多是泡面应对。这样的场景注定让人心生酸楚。

2 月 15 日，记者来到七部六楼的一间实验室，看到蔡贤英和同事也从重庆设计院赶来支援。由于人手不够用，七部年轻设计师主动搭把手，协助开展装配工作。看得出，很多人虽然经历了许多个不眠之夜，眼睛和身体都充满倦意，但对待手中的工作依然一丝不苟，动作敏捷有力。

没有周末和春节之说、没有白天和黑夜之别，大家恨不得时间走慢点，恨不得一个人当两个人、三个人用。

2月28日，从产品交付地传来好消息，竞标产品终于赶在最后期限送到了指定地点。

忙碌了一冬未曾停歇的研制生产人员虽然可以稍微松上一口气，但由于后续工作的需要，又马不停蹄地投入到艰巨的任务中去了。

决战六十天　打赢生死仗

■ 李　畅

2018 年 1 月

2018 年新年前夕，国家主席习近平发表的 2018 年新年贺词被各大媒体广为转载，“幸福都是奋斗出来的”在元旦期间更是成为热议话题引爆朋友圈，激发了国人在各行各业实现美丽幸福中国梦的“奋斗”激情。这个元旦，七部某型号研制队伍为按期完成某国演示项目工作任务，通宵达旦，连续加班，用实际行动诠释和证明了“幸福都是奋斗出来的”！

2017 年 12 月 29 日，召开完项目推进动员会后，“决战六十天，打赢生死仗”成为了该型号队伍经常挂在口中、时刻记在心上的铮铮誓言。为了啃下这块硬骨头，拿下这个足以影响七部乃至七院战略发展目标的军贸大单，他们已经做好了“拼命”的准备。

时间宝贵，虽然 12 月 30 日工业区停电，但型号队伍仍然聚在一起，仔细回想前期工作中暴露的问题，讨论后续工作中是否还有潜在隐患，并一一寻求解决方法。同一时间，一些队员已经“在路上”了，他们赶往西安、贵州等地，抓紧时间验收协作单位的配套产品。

12 月 31 日，攻坚战集结号正式吹响，主战场热火朝天——仿真实验室，队伍集中力量对几十套控制器轮番开展常温、高温仿真筛选试验“轰炸”，把好产品质量关；会议室里，总体、分系统、单机设计师“短兵相接”，热烈地讨论电气系统匹配、系统合练、热电池放电、控制舱高温振动等地面试验大纲及后续试验安排；工业区南门，临时开辟的露天试验场，控制器旋转收星试验的工装、仪器、设备陆续安装调试到位……

2018 年 1 月 1 日，队伍用通宵加班这种特殊的方式迎来了新年的第一天。这一天，GPS 故障排查和归零、接收机故障定位和更改验证、各类地面试验大纲和风险分析报告的编写……多项工作同时开展，强势推进，战役持续到 1 月 2 日凌晨 5 点多才告一段落。

迎着清晨初升的太阳，型号队伍已经“亮剑”，相信他们一定能够夺取最后的胜利！

奋进的精神源泉

■ 席滔滔

2017 年 10 月

誓师

“7 分钟，只有 7 分钟。”老总双手交叉紧握，斩钉截铁地说，急切的目光扫过我们 4 人。

“从待机阵地出发到完成火箭弹发射，野战行军、车辆展开、寻北、解算、装订、操瞄……这一系列动作要严格控制在 7 分钟内……”

老总说到这儿，咬了咬嘴唇，“并且外方要求我们进行车内发射。”

坐在会议桌对面的我们，不约而同地长吁一口气，看来这次任务要求我们不仅仅要娴熟操作、万无一失，更是对我们勇气的一次重大考验。

“卫士武器系统是我们多年来精耕细作的产品，具有很高的发射可靠性。我们既然来了，就对它有充足的信心。车内发射就车内发射！咱们做好安全预案，各负其责，保证完成好任务！”还没来得及多想，梁一兵的一番话就如定心丸一样，让我们几个年轻人还有些忐忑的心平静了下来。

“保证完成任务！”大伙儿目光如炬，字字铿锵。

于是，2015 年的那个初秋，在遥远的异域，车内发射四人小分队完成了简单的誓师。梁总任队长，坤明负责火控，傅哥负责地面，我负责诸元。我们将完成模拟实战的单车发射流程，并第一次体验真人车内实弹发射。

赛跑

“我们要做的，是跟时间赛跑。”挤在驾驶舱里，梁总掰着手指，再次对任务的各个环节进行了分解。

待机阵地距离发射点有约 1.2km 的距离，即使按照 80km/h 的速度行进，也需要大概 1 分半钟才能到达。沙漠看似平静，实际险象环生，发射车重心较高，跑起来是对驾驶员的巨大考验。

“到达时就只剩下不到 6 分钟了！停车、支撑、锁紧和寻北、解算要同步进行，诸元复核也要同步开展！”我拿出本来，把每个步骤都详细记录下来，把每个动作都在脑海里预演几遍。

终于等到指令下达的一刻，说时迟、那时快，梁总发动发射车，如离弦之箭一般冲出，我们牢牢抓紧车内把手，却依然被颠得东倒西歪，这是真正的沙漠越野，这是真正的实战演习！转弯、冲刺、急刹！车窗外黄沙漫起阵阵浓烟，等回过神来，梁总已经把车停好到位了。

“快快！下车，展开！”不知谁高喊了一句，我们立即各司其职，按预定步骤开展各自工作。完成了一系列操作后，通过后视镜，我看到炮管已经抬起到位，抬表一看，只用了 6 分 15 秒！跟时间赛跑，我们做到了！

勇气

就快要发射了，那一刻，说不紧张，是假的。以往国内试验的点火方式均为在至少 50 米以外的掩体后遥控发射，这是为了保证人员的安全。有单位曾经发生过发射失利甚至炸膛等事故。这次卫士型号的演示试验根据用户要求，需要在车内点火发射，因为这样才是对实战的真正模拟，是对我们产品可靠性最直接的检验。

对方通过对讲机传来发射指令，只见坤明冷静地扭动钥匙，按下黑色的发射按钮，只听到一声巨大的轰鸣从头顶传来，伴着车体的轻微晃动，我分明看到一条巨大的黑色“绸带”铺开在挡风玻璃前的沙漠上，这条黑色“绸带”在一瞬间缓缓飘向一侧。我才意识到，那是发射出去的火箭弹的尾烟在烈日下投射到沙漠上的阴影。随着风的吹动，阴影也向一侧飘去，就像一条黑色巨龙。刚反应过来想看看弹时，却哪里还看得到弹了？天空中除了飘散的白色尾烟，什么也没有了。由于忘了关窗，阵阵烟尘瞬间冲进来，包围了驾驶室，阳光下，能清晰地看到烟尘的分子在空中乱飞，吸入鼻腔的是浓浓的硝烟味儿。

2 分钟后，弹到达落区，对讲机传来消息，“10 米以内！Excellent!”。试验结果获得对方高度肯定，那一刻，车内都是我们的欢呼声。

车内发射的感受是震撼与刺激并存，但我们心中没有任何一丝恐惧，对于自己设计和生产的卫士武器，都充满了信心。

当前，七部正在大力挖掘卫士精神。在我看来，自信和勇气是卫士精神中不可或缺的重要组成部分，这种自信自励、不惧危险、迎难而上的精神是激励我们不断奋进的精神源泉！

一生坚守的卫士精神

■ 李秀英

2017 年 10 月

暑假里，同学邀约去敦煌青海湖大环线自驾游，整个行程需要 15 天，我摆摆手拒绝了，调侃说："我们单位经常可以在西北腾格里沙漠里和骆驼来个长久的约会，基本不稀罕沙漠。"一年 10 天的年休假，我们大部分卫士人几乎是从来没有能够休完的，甚至双休日的加班都早已成为常态。没有谁是天生的工作狂，我们不是不愿意休假，将我们留在单位的，仅仅是心中那一份对卫士产品沉甸甸的牵挂。

刚参加工作的时候，一位叫杨俊杰的老师指导我计算弹道。有一次，我请教他关于计算动态特性的相关知识，他对我说："书上和我这里都有现成的公式，我可以直接给你，但是我还是希望你自己用弹道方程推导出来，这样你才能对这些特性参数有更深入的理解。"我按照老师的要求，把动力系数老老实实地推导了一次，受益匪浅。老师做的飞行力学重要知识点的记录本，字迹清晰，推导明确，透露着他们那一代人独有的严谨和细致，让人肃然起敬。卫士精神就存在于这些认真的字里行间里。

和朋友聊天时，她说好多次下班前 5 分钟，她就会收到老公发来的短信，每次都是那句："你先走，不用等我吃饭了。"久而久之，也就习惯了，睡觉前女儿问："爸爸呢?"她就告诉她："你睡吧，睡着了爸爸就回来了，明天早上你就可以看到他啦。"这个场景不是个例，而是大部分卫士人家庭生活的常态。卫士精神就在这些简短的留言里。

在这里，一群人怀揣梦想、努力钻研。在这里，有为了一份文件的严谨，来来回回推翻重写，修改数十遍的坚持；有披星戴月的荒漠守候；有从早开到晚的超长会议；有退休师父语重心长的千叮咛万嘱咐；有随叫随到的 24 小时不关机；有不忘初心、重新再来的痛定思痛；有不眠不休的集体攻关。卫士精神就在这些锲而不舍的坚持里。

没时间自驾游，对孕期的妻子疏忽，没时间照顾生病的孩子，错过了孩子的寒暑假……生活里许许多多的遗憾全部化成型号成功时眼眶里闪闪的泪水，那一刻，在为型号的成功喜极而泣的同时，也会为自己曾经的那些无法弥补的遗憾而备感心酸吧。不是不痛，只是不说。

是什么让我们毫不犹豫地从生活的烟火气中无怨无悔地走出来，无条件地保证岗位工作的顺利进行？是怎样的努力最后硬是把不可能变成了可能？又是什么样的信念让我们义无反顾地热爱这个岗位？我想这就是卫士精神，是由卫士人点点滴滴日常生活凝聚起来的，锲而不舍、无怨无悔，永远把型号任务圆满成功作为一生追求的卫士精神！

日拱一卒无有尽　功不唐捐终有成

彭蓓雷

2017 年 10 月

“一枚精确制导弹，两总领头，三两时日不止，四处奔波，五体通勤，为射程超过六十，远大于七次改进设计，八年求索，久（九）经验证，十分成功”。谈笑间有所感悟，这首蹩脚的自制打油诗，数出我心中的卫士三十三精确弹成功的征程漫漫，道出玉汝于成。

曾记否，在加入七部大团队之初，领我入门的便是“卫士三十三”型号队伍，这也是数据链系统首次应用在我院型号研制中，以配合导引头实现“人在回路”精确打击。其间，我跟随这个型号一同成长。曾记否，从预研时探索各种末制导匹配方法、70 公里的数据链系统实际静态拉距试验、振奋人心的末制导挂飞试验、多次的飞行验证，到一年多以前的发动机技术、导引头技术、结构外形等多方面改进，项目由此得到飞跃提升。一路走来，终于，在研制的第八年，我们见证了项目的结题成功。

心中的卫士精神是锲而不舍、严肃认真。还记得，为了组织开展数据链系统实际静态拉距试验，这是第一次为了“眼见为实”地验证 70 公里通信距离而开展的试验。在前期模拟拉距试验计算可行的理论基础上，型号和科室组织开展了多轮技术交流、实地调研、试验具体选址、大纲和细则评审。拉距试验大纲被专业组长、专业老前辈、室领导一遍遍修改，到最终版定型时已然和初稿截然不同。这个试验前后策划组织了有约半年时长，最后在试验当天，数据链地面设备布设在龙泉山顶，数据链弹载设备布设在邛崃市某栋高楼上，试验竟然一举成功，我深深发出了“台上一分钟，台下十年功”的感慨。此次试验充分验证了前期模拟拉距试验结论的正确性，为以后试验不必再通过实际拉距的可靠性理论提供支撑，是数据链系统在研制过程中不断探索、不断精进技术和积累经验的典范。我被卫士团队对待每一个细节“严慎细实”的作风和孜孜不倦上下求索的精神所打动。

心中的卫士精神是集智攻关、团结拼搏。还记得，末制导系统首次组织开展挂飞试验，这是为了验证动态环境下各系统的工作情况。疑难杂症不断涌现，为什么某些频段在某些状态下链路受干扰？为什么某些状态下通路中断？为什么目标处于搜索视场的边缘？“十万个为什么”在一次次的技术讨论交流和多方咨询问详中才逐渐有如迷雾拨开，团队集智攻关、团结拼搏后的笑容在每个人脸上洋溢开来。队伍勤勉奋进的态度也给我留下了深刻的印象。

“收到图像，链路正常，弹上运行正常，允许发射正常，弹上运行正常……精确命中靶标!”每一次飞行中伴随着数据链岗位汇报靶场口令的递进，伴随着飞行试验答案的揭晓，一张张笑脸逐渐绽放。发射时捏一把汗的紧张，高落速下“人在回路”捕控阶段的沉着，命中靶标时的激动，在每一次飞行试验中挥洒得淋漓尽致。

到现在精确弹研制已有九年多的时间，其中，有六月骄阳阻挠不了队伍奔波、腾格里风沙吹不散队伍热情的经历。为了圆满完成任务，大家一个个被晒脱了一层皮，吹成德拉诺人亦觉无妨。也有一月的极地冷涡冻结不了队伍的激情，躲在大巴车里都觉四肢冰冻的环境下，队伍还在室外迎风开展各项试验，一个个身影像极了一座座雕塑的剪影。半夜两三点的早起，凌晨五六点才入睡，甚至通宵达旦地工作都完全不是稀罕事。林林总总，数不胜数，无数镜头在脑中闪过。有句话大致意思是当你开始追忆往事的时候，你就开始步入老年阶段了。虽然到不了如此阶段，但那确实是因为卫士队伍带给我太多记忆犹新的感动了。为了确保工作细致到位、万无一失，在两总的指挥领导下，队伍每次都会在前期开展十分周全的筹备和策划工作。为了排除意外干扰，队伍甚至会用频谱仪密切观察在 GPS 接收带宽内有无干扰信号；为了增加制导的把握，一遍遍在各种环境下测试末制导的工作情况。

日拱一卒无有尽，功不唐捐终有成。卫士精确制导团队的连续付出，赋予了卫士精神充实的内涵，锲而不舍、严肃认真、集智攻关、勤勉奋进，指引着七院航天人向着更高的目标奋进。

倾心仿真　只为型号成功

——七部某型号外协开展仿真试验小记

■ 胡　洲 / 乔培玉

2018 年 6 月

某型号火箭弹是七院针对市场需求重点研发的拳头产品，是七院首个采用雷达末制导的研制型号。该型号整体技术水平高，非常考验七部的技术抓总能力，组织实施仿真试验是整个研制过程中的关键一环。

望眼欲穿　盼来宝贵战机

当前，七院的暗室只能满足雷达导引头基本测试需求，不具备半实物仿真能力，因此该试验必须进行外部协作。外协试验首先要确定的就是协作单位和试验时间，这个看似简单的问题却成了制约型号研制进度的瓶颈。

虽然型号队伍早有心理准备，但没想到协调过程竟会如此艰难。为了保证试验顺利进行，副总设计师张华前期带队奔赴多家具备试验条件的单位考察协调，对方给出的答复都是：可以为试验提供帮助，但试验设备必须以满足自家型号需求为前提，不能确保安排合适的进度和充足的时间。

这样的答复让型号队伍有些措手不及，唯一能做的就是在家里做好充分准备，尽量缩短在外协现场的调试时间，充分利用宝贵的试验机会验证制导回路的关键参数和导引头的性能指标。

万事俱备，只欠东风。尽管项目办与各家外协单位时刻保持沟通，打探消息，但队伍一等就是大半年，终于在 2018 年 4 月 22 日争取到了在一院十二所进行试验的机会。

一波三折　突发意外情况

得知可以试验的消息后，试验队员个个摩拳擦掌，都按捺不住自己激动兴奋的心情，他们实在是等得太久了。

此次需要对三套产品进行完整的测试和试验，时间更加紧迫，而且十二所为了保证自己型号的试验任务，七部的试验随时有被打断的可能。

试验进行到第四天时，突然出现了一个试验队从未遇到过的问题，导引头并入制导回路后，火箭弹在某时刻出现剧烈抖动。问题的出现完全出乎预料，经过一番排查，也没找到原因，试验突然被卡住了。

试验费用按小时结算，非常昂贵，所有参试人员都面临着巨大压力，如果不能及时解决问题，不但影响后续飞行试验进度，还会耗费大量的试验经费。

接下来几天，实验室气氛变得凝重了许多，制导控制岗胡洲、导引头岗乔培玉、仿真岗黄厚丰、软件岗王诗利都眼睛向内仔细检查自己所负责的环节是否出了差错，针对问题提出各种可能的设想，然后逐一排除。型号领导一直蹲守现场对试验方案进行指导，鼓励大家团结协作，仔细分析试验数据，寻找问题背后的机理，大胆设想，小心求证。经过队伍连续四天的日夜奋战，终于准确定位了故障原因，并采取有效措施，解决了难题。

执着坚持　迎来胜利曙光

还来不及体验欢喜的心情，大家就争分夺秒地投入到了试验工作中。此时正值五一假期临近，为了抢回时间进度，大家主动和十二所外协主管沟通节日期间加班事宜，可能被队伍的敬业精神所感动，对方竟然同意过节期间协助大家继续进行试验。

就这样，试验持续到 5 月 4 日，十二所告知队伍，他们自己的型号需要使用试验设备，七部试验暂停！试验刚进行一半就被迫中止，大家尽管着急但也只能坦然接受，正好利用试验中断的这几天好好分析一番前期测试的数据，查找还有无潜在的问题。

5 月 9 日，又等到重新开始试验的机会。试验队伍都憋着一股劲，连续鏖战 8 天，一气呵成，终于在 5 月 16 日完成了试验大纲规定的全部试验内容。

历时 25 天，队伍终于完成了半实物仿真试验的所有试验项目，获取了大量的试验数据，对产品状态和控制参数进行了充分验证，提升了队伍控制设计及仿真能力，为后续验证飞行试验奠定了坚实的基础。

“今天，你通宵了吗?”

■ 蒋　窍

2018 年 1 月

12 月的成都并不像赵雷歌中所唱的那般温柔美好，阴冷的空气让人禁不住打起寒战。就在此时，七部某项目吹响了“决战六十天，打赢生死仗”的冲锋号角。“今天，你通宵了吗?”悄然成为了该部电气室同事们相互问候的一种方式。

镜头之一

2017 年 12 月 31 日凌晨 3 点，工业园区里静悄悄、黑漆漆，唯独南门草坪上还发出一缕灯光，那是李江和他的战友们正在奋斗的地方。

这个时刻，本该与亲朋好友团聚在一起迎新跨年，他们却以一种独特的方式度过了。旋转转台、启动设备、记录数据……小伙伴们分工合作，打起十二分精神，不断重复着相同的操作，生怕一眨眼会错过试验过程中的任何细节。

已经连续工作 30 多个小时的李江回忆起去年这个时候，也是跨年夜，也是在做试验，不过是在重庆的平顶山。特殊的经历，特别的回忆，低调的李江总是洒脱地淡淡一笑。这个参加工作还未满两年的小伙子，始终坚守在工作岗位上，来回奔波于仿真实验室和外场收星试验现场。

镜头之二

由于型号任务时间紧迫，电气室制订了专项计划，所有人不分小组、不分型号，全力配合完成各项试验和故障排查。李艳萍作为单机组的一员，被安排配合完成某单机收星试验。2018 年 1 月 1 日，刚好是她和郭东结婚一周年的纪念日，凑巧的是，郭东也是该型号工作中的一员，今天也同样在加班。

下午 1 点，当大家围坐到一起吃加班餐时，才得知今天是他们小两口的结婚纪念日。

没有丰盛的美食，没有华丽的衣服，只有一桌战友们最诚挚的祝福。小两口表示：“很幸福，很满足。”一起工作、一起生活、一起加班，相互支持、相互宽容、相互鼓励，这就是四川航天夫妻正确的打开方式。

镜头之三

“黄楠，你昨晚通宵了？”

“凌晨 3 点回的。”

“王文浩，你呢？”

“凌晨 5 点回的。”

……

在日常的问候中，黄楠、王文浩、李航和李柏垚这批 2017 年刚入职的新员工，已经又一次忙开了。

型号关键时期，小伙子们挺身而出，主动承担起高温振动试验、系统仿真试验、控制综合试验等各项试验任务。瑞莱试验中心、一楼仿真试验室、二楼电气试验室、六楼电气试验室……哪里有需要，哪里就可以看到他们年轻的身影。

谁是最可爱的人？正是这群“与时间赛跑，与寒风作战，与低温对抗”的四川航天人！制心一处谋成功，撸起袖子加油干！凝神聚力铸卫士，精心雕琢报航天！

不抛弃　不放弃

■ 曹建华

2017 年 11 月

2009 年初冬，我参加某卫士型号靶试，和另外一名试验队员被型号两总选中派往落区，并接受一项艰巨任务，去落区“必须把黑匣子找回来”。

落区是一个方圆几百公里、天寒地冻、荒无人烟的地方，气温有零下二十几摄氏度，条件特别艰苦，没水没电没信号，除危险性外，像我们这种亚健康身体也很难扛得住。

找黑匣子是件不容易的事情，在落区没有任何高技术寻找手段，只能靠人眼和手机械性地寻找。如果找不到黑匣子，即使靶试获得圆满成功，但没有弹在空中的飞行数据，就无法进行飞行分析，也不能对后续靶试装订飞行参数提供改进依据。因此，型号两总对派我们去找黑匣子这件事寄托了很大的期望。

次日下午，我们带着洗漱用品和一件棉大衣出发，傍晚时分，到达嘉峪关宾馆，与勤务站部队官兵会合。第三天中午，我和同事、2 名士兵、司机共 5 人乘军用吉普车向落区出发，过检查站后再向北走，就看不到公路了。眼前白皑皑的一片雪海，只有汽车在白雪上碾压形成的路一直伸向远方。望着窗外的皑皑白雪，听着草原歌曲，我们在一路颠簸中享受着平常少有的快乐。

雪天路滑，天快黑时，可能是司机踩急了刹车的缘故，吉普车突然失去控制，摇晃着冲出车道，向左边侧翻过去……等我回过神来，只感觉脖子和腰部受到了猛烈的撞击。我活动了一下，感觉无大碍，再下意识地看看四周，此时右边的窗户已变成了天窗，吉普车侧躺在雪地里，车里浓烟滚滚。想到电视里汽车翻车后燃烧爆炸的场面，我大叫一声“要爆炸！”同时以最快的速度扒开窗户，做了一个平时很难做到的高难度动作，一下子就翻站到了车顶，很想赶紧跳开躲远点，但想到车里还有 4 人，责任心战胜了恐惧感，我迅速将他们陆续拉了出来，大家一起躲到了几十米开外。

天渐渐黑了，车熄了火，浓烟也渐渐消散，应该不会发生爆炸了。此时大家想到的是先把车翻过来，可费了九牛二虎之力，吉普车却纹丝不动。野外温度已接近 -30℃，并刮着寒风，手机没有一点信号，而到达驻地还有 1 个小时的车程，如果今天得不到救援，结局可能是被冻死在野外。大家聚在一起，靠在吉普车的背后避寒，万分焦急，却束手无策，不时拿出手机翻看，期待出现奇迹。

山寨手机有它的害处，功率大，对人体辐射大，但关键时刻它起到了关键性的作用。在我们 4 个人的行货名牌手机均没有一格信号的情况下，另一名队员的山寨手机出现了若隐若现、时有时无的一格信号，他赶紧给负责此次任务的副团长发了一个求救短信，一小时后，驻地部队派来了牵引车将吉普车拖回了驻地。

晚上 9 点多，到达目的地，一个接近中蒙边境的四合院平房，挂牌边防派出所便民服务站。每次靶试时部队才来临时借用，派出所里只有所长、民警和厨师 3 人，服务站里除了一个屋有 1 个可供 4 人睡觉的光板通铺（无被褥）外，其余两个屋什么都没有，我和另一名队员到派出所借来了被褥，并被安排到了光板通铺上，其他人自带被褥分睡在两个屋的地板上。

第 4 天上午，我们到达落点安插靶心，并进行合练。

次日进行火箭弹发射。上午七点半出发，同时雇用了一辆大型挖掘机，为了安全，我们和勤务站官兵 20 多人在离靶心左边 5 公里外的小山坡上铺开检测设备，调试正常后等待发射。

11 点 20 分，火箭弹准时发射，大家紧张地盯着 5 公里外的靶心方向，还在奢望能亲眼看到弹飞过来扎中靶心的时候，靶心方向升起了一团黑色浓烟，隔了一会儿传来了弹体触地的爆炸声，不用测量，远观这发弹就已经成功了。大家高兴地赶往落点，大蓝旗子靶心仍在，在靶心前面 10 米远的地方炸开了一个直径 1 米多的深坑，现场火药味特浓，残骸在雪地里特别显眼，散落得到处都是。

在部队完成落点位置测量并进行拍照后，大型挖掘机开始对弹坑进行挖掘，每挖一翻斗，司机就将翻斗内的泥土慢慢地撒落。我和同伴用铁锹扒拉着寻找黑匣子，其余的部队官兵则在方圆 1 公里的范围内来回搜寻。一个半小时后，直径 1 米多的弹坑已经被挖成了直径 3 米多的深坑，仔细扒拉了两三遍也没找到黑匣子，20 多名勤务站官兵在以弹坑为圆心、500 米为半径的范围内找了无数遍也没找到。下午我和另一名队员放弃了弹坑，在弹坑周边寻找起来，因为每片残骸在雪地里均清晰可见，我们在想，巴掌大鹅蛋形的的黑匣子在雪地里藏不住啊！又找了一会儿后，大家失去了信心，在前一发弹也没找到黑匣子的情况下，我们都认为这一发弹的黑匣子也找不到了，大部分的士兵已经回到了车里，就等副团长发出撤退的号令。

不甘心哪！两总的重托没有完成怎么能空着手回去呢？此时想起了一句话“不抛弃、不放弃”。于是我又和另一名队员沿着弹坑螺旋式地跑着寻找起来，我在内圈，他在外围，一遍又一遍。总觉得在下一圈就能找到，渐渐地，在 -28℃度的气温下，身上已渗出了汗水。此时副团长他们已经在车旁等着我们撤退了，我们仍然不抛弃、不放弃，每次都在想再跑一圈找不到我们就撤，如此反复，又继续坚持找下去。

又一路找了很多圈，一看时间，已经接近下午 3 点，我也觉得找不到了，也许黑匣子不结实被炸烂了呢，撤就撤吧！但不能空着手回去，带点残骸回去也有点交代，我一边想，一边捡着残骸往回返，边返边不甘心地继续四处搜寻，慢慢地残骸越捡越多，在离弹坑 180 米的地方已经快抱不动了。继续坚持着往前走，刚走两步，一个残骸掉了下来，就在我弯腰去捡的时候，余光发现身后枯枝色的骆驼草中间有一个东西，只露出了一点点圆圆的铁头，与骆驼草颜色差不多，我的心一阵狂跳，这应该就是黑匣子！我一下子扔掉了手上所有的残骸，扑上去用手掏了起来，“啊啊！黑匣子找到了！”

所有的人只是听说过黑匣子，但都不知道黑匣子是什么样子，大家一下子全部围了上来，争相去看黑匣子的模样。黑匣子在大家手中传阅着，大家相互拥抱着，欢呼着。

成功与失败，很多时候与我们就只有一步之遥。每一次的气馁，都可能会与成功擦肩而过，而坚持不懈则是你成功路上的基石。正是这种不抛弃、不放弃的精神，让我们收获了成功与喜悦；正是这种不抛弃、不放弃的精神，让我铭记我是一名航天人。

攻坚“铁兵”

——记 692 厂突击 9601B 配套火工品任务的人们

■ 罗咏梅

1998 年 9 月 17 日

1998 年 8 月 29 日，692 厂收到 062 基地紧急传真，要求该厂在 9 月 3 日前将 9601B（卫士系列某型号任务代号）型号配套火工品送到指定地点交付。在 5 天多时间内，有数百发产品要装箱并焊封气密。“军令如山”，一场与时间赛跑的战役拉开了序幕。

负责产品装箱的 201 车间主任刘其坤从 8 月 29 日接到通知后，不分白天黑夜地在现场指挥。他的爱人钟文莉是这次任务中负责产品外观的试验站人员。夫妇俩因工作需要都要加班，3 岁多的儿子便交给了外婆照顾。还不懂事的孩子每晚都拉着外婆到爸爸妈妈下班必经的路口等候，一直等到夜深，可每次都是失望而归。

201 车间五班，马湘、刘宗贵等 5 位同志加班加点，耗时两天两夜，按时完成了数百个包装铁盒的焊接任务。他们每天要连续站 15 个小时，焊接，焊接，还是焊接，单调而重复的动作，背心湿了，手酸了，眼花了，他们咬牙坚持干。“产品是工厂的生命，完成任务是我们的责任。”马湘同志这样告诉笔者。

201、204 车间，计划调度处、检验处、供应处、三产办各部门联合各车间协调，为突击 9601B 配套火工品任务，战斗在一线。

计划调度员张科清，年已不惑，本身还有胃病。谁能想到，这样的身躯中却蕴藏着那么巨大的工作热情。突击任务的几天中，除了睡觉便是工作，饭也不能好好吃。家中还有需要照顾的老父亲，他只抽得出片刻时间为他擦澡，剩下的工作便落到他妻子身上。当忠孝不能两全时，他把工作放到了首位。

还有被孩子关在门外的母亲周津莲，与工人一起熬通宵的试验站站长江波，和工人一起动手干的技术员陈德富以及忙碌地下料、焊接、运产品、装箱、转运的人们，正是他们的无私奉献，使这次突击任务的完成时间又提前了两天。

这次突击任务，是对川南航天人的又一次检验，692 厂的干部职工，用他们辛勤的汗水，交出了一份满意的答卷。

成绩在困难中创造

——7303厂9601B装填运输车生产侧记

■ 尹世发

1998年5月

1998年4月14日，在7303厂9601B（卫士系列某型号任务代号）装填运输车工艺评审会上，来自基地机关、设计院的专家们经过对7303厂技术处制作的装填运输车全套工艺文件的审查和产品实物的供量检测及主要性能测试后，一致同意通过审查鉴定。此时，坐在评审会上的7303厂技术处处长姜培秋同志悬着的一颗心，如同一块石头终于落了地。一年时间过去了，再回首走过的路，他感到既饱含辛酸又充满快乐。

1997年4月，姜培秋处长接到9601B装填运输车生产任务时，感到担子十分沉重，他一脸严肃。因为要完成这项任务，按过去的常规来说起码需要三年时间，而处里已有18名技术骨干下了“海”，剩下的27名技术人员，只有10余名能独当一面。要在短短几个月时间内完成这项任务，几乎是不可能的事。一时间，姜处长感到一筹莫展。

但是退却是不行的。7303厂技术处的全体同志，将沉甸甸的压力变成了生产的动力，激发出前所未有的工作热情。大家按人员进行了分工协作，以老带新，将任务落实到人头，并响亮地提出了“质量达标，按期完成”的口号。于是，一场攻坚战在这里打响了。

工艺组要编制2000多份工艺文件，一份文件少则三五百字，多则上万字，全凭12名工艺人员用手一格一格地“爬”出来，人均33万字，只用了5个月时间就完成了。有的工艺技术人员白天忙于生产、处理技术问题，根据生产实际修改、完善工艺，编制工艺文件的任务大都在晚上加班完成。

编写和绘制的上千份技术文件和图纸，要输入计算机编排打印出中英文纸质文件，拷贝成磁盘。可处里只有几个同志有计算机基础知识，并且对计算机缺乏熟练的操作使用技能。工装设计室主任杨工程师，主动挑起重担，除主持完成工装设计任务外，还带领7名新手边干边学，在短时间内熟练掌握了计算机操作使用技能，攻克了一道又一道技术难关。

工厂经济十分困难，职工的工资难以发放，但为了保证9601B任务的完成，厂领导决定给技术处开“小灶”，想尽办法保证技术人员工资。技术处的同志们把心扑在了任务上，对生活中的困难只字不提，为的是能按期完成任务。

“人的意志和劳动，将创造奇迹般的奇迹。”紧张而艰难的一年过去了，7303厂技术处制作的技术软件，已通过设计院审查后交到了外国客户手中。接受这份技术转让的商家们都点头表示了满意，经过拼搏与锤炼的7303厂工程技术人员终于露出了自信的笑容。

难忘那段岁月

——奋战“9601A”任务纪实

■ 傅 玲

2018 年 4 月

在 7304 厂的发展历程中，1992 年至 1996 年是较为困难的时期，某涡喷发动机处于型号研制期间，真空助力器、剑杆织布机等民用产品没有稳定的市场，交通不便，信息不灵，资金紧张，职工工资不能按时发放，调离、辞职的员工越来越多，企业凝聚力不强，经营举步维艰。

在 062 基地自主研发的卫士一号无控火箭弹任务中，工厂一直承担着未装药发动机系统的试制任务。1995 年年初，考虑到工厂经营形势严峻，062 基地下文，将卫士一号无控火箭弹的总装、测试任务由 7102 厂调整到 7304 厂。

1996 年 5 月初，卫士一号火箭弹 02 批任务正式启动，任务当量为 XX 套未装药发动机系统的生产，XX 发火箭弹的总装、测试，062 基地将该批任务定为“9601A”。9601A 任务是后续军贸任务的性能试验批，要求在 1996 年 10 月份前完成靶试任务。该任务能否按质按时顺利完成，关系到后续任务合同能否生效。要在 4 个月内完成 9601A 任务，特别是首次承担 XX 发火箭弹的总装测试任务，在当时工厂的环境下，难度可想而知。为了鼓舞员工士气，不辜负基地领导对我厂的关心和支持，5 月中旬，厂党委以 9601A 任务为契机，响亮地提出“背水一战，造出争气弹；团结奋进，重铸明江魂”（工厂改制前的对外厂名为明江机械厂）的行动口号，决心掉几斤肉，脱几层皮，确保任务按时完成。

随即工厂成立了该型号两总系统，制订了产品详细的生产技术准备计划、生产作业计划，各主管业务部门紧锣密鼓地展开了各项工作。由于当时未装药发动机壳体的尺寸、精度要求较上批次发生了较大变化，近 3 米长的发动机壳体热处理强度、壳体的壁厚公差能否保证是加工过程中的难题。

发动机壳体淬火需要井式炉，工厂不具备条件，如果寻找协作厂家完成该工序，一是路途远，二是该批任务生产周期不允许，怎么办？工厂没有被困难吓倒，抽调有经验的工艺技术人员、设备技术人员、工人师傅成立专门的攻关组，自己动手建造井式炉，做方案，挖坑，砌砖，焊炉体，加班加点，大家没有任何怨言。当第一件发动机壳体在工厂自己建造的井式炉里热处理后，拉力试验的强度满足产品技术要求时，攻关组的同志们欢呼、拥抱，流下了激动的泪水，身体的疲惫瞬间被自己劳动成果的喜悦所替代。

为了保证壳体的加工及壁厚公差，当时承担发动机壳体加工的 13 车间（机修车间）的师傅们，克服了设备长度不够、没有专用加工设备、没有资金支持等一系列困难，积极动脑筋、想办法，对工厂现有设备进行改造，将两台设备对接成一台，自制加长镗刀杆、专用软爪等工装，保证了发动机壳体的加工精度。

由于工厂第一次承担火箭弹的总装测试任务且不具备总装测试条件，经 062 基地主管业务部门协调，该批火箭弹的总装测试借用 7102 厂 55 车间进行。为此，工厂抽调由计划生产管理、工艺技术、质量安全管理、检验、操作工、驾驶员等岗位人员组成的 20 余人的队伍，开赴 7102 厂 55 车间，进行产品装配前的各项准备工作，在基地主管业务部门和 7102 厂的支持帮助下，在很短的时间里就完成了熟悉产品装配技术要求、制定现场各项总装管理制度、清理装配现场和装配必备的工装设备等工作；在产品装配过程中，由于尾翼为有色金属，加工后的零件变形量大，之前 7102 厂在进行尾翼与发动机对接装配时多是采取挫修的方式进行，我厂人员积极动脑筋、想办法，对 7102 厂提供的工装进行了局部改造，增加了一个螺杆顶进装置，大大提高了尾翼与发动机对接装配效率，得到了 7102 厂指导师傅的称赞，确保了产品的总装进度。

在奋战9601A任务中，忘不了基地领导及相关业务处室对我厂的关心帮助；忘不了重庆航天机电设计院、7102厂的无私支持和指导；忘不了工厂员工为了保证生产必需资金需求而每月只拿基本生活费但仍然加班加点工作的场景；忘不了凌晨3点多，设计、工艺、质量、生产、承制单位的人员还在进行发动机壳体的水压爆破试验及试验成功后大家疲惫的笑容；忘不了第一批未装药发动机系统出厂时，全厂员工排在工厂大门两边夹道欢送运输产品车辆出发时的目光；忘不了在7102厂55车间进行产品装配近两个月的时间里，同志们远离家人，在招待所与装配现场之间往返20多公里，没有周末，加班加点的艰辛；忘不了在白沙火车站，同志们在寒风细雨中，浑身湿透仍坚持将总装完成的火箭弹装上专列时的情景，忘不了该批产品靶试成功后全厂员工奔走相告的喜悦；更忘不了直接、间接参与过奋战9601A任务的那群人……

9601A任务按时保质的完成，不仅给工厂全体员工树立了信心，更得到了062基地领导、基地主管业务部门和各协作配套厂家对我厂的高度赞赏和认可。正是有了按时完成9601A任务的基础，才有后来接踵而至的

“9601B”（K 项目）、D 项目等任务，也为工厂步入今天经营的良性循环打下了坚实的基础。

曾经一起奋战 9601A 任务的那群人，虽然有的已永远地离开我们，有的已退休在家享受天伦之乐，有的仍继续为该型号的拓宽发展而努力地工作着，但那段经历和过程却深深地烙印在了每个人的心里。

难忘那段岁月……

地面装备总装人　“卫士”的卫士！

■ 李九江

2018 年 5 月

在成都航天万欣科技有限公司，有这样一群人，他们见证了“卫士”家族的历史变迁和发展壮大。从研发到试制，从改装到外贸，他们亲手铸就了每一个卫士型号的地面发射装备、装填装备。每一颗螺丝钉、每一个钣金件、每一次装配，都经过他们的手；每一次靶试任务、押运任务、交装任务，他们都参与了保障；每一项产品，都留下他们抚摩、怀抱、攀爬留下的痕迹。他们是“卫士”的卫士，他们有个统一的名字——地面装备总装人！

2009 年，我加入了这个团队，成为地面装备总装人，开始跟着漆贵云师父学习基础装配，学习一些零件制作。师父经常说，只有把基础打牢，才能做好总装。后期，我开始跟着师父参与卫士型号发射车的试制，几个型号项目，我都有参与。随着地面装备总装任务不断增加，总装队伍也不断壮大，但巨大的工作量、紧张的工期，仅靠正常上班时间远不能完成，但从来没有一次任务因为总装的原因延误。加班是航天人的常事，加班到晚上 10 点以后，是地面装备总装人的常事，航天城凌晨两三点的风景，总装人也曾看过。如期完成总装任务节点，就意味着，总装需要把前期各个环节耽误的时间全部争取回来。怎么做到，是什么样的意志支撑着总装人能够做到？是总装人的奋斗精神！总装调试是产品交付前最后一道工序，是守住交付时间节点的最后一道防线，是后墙，后墙不能倒！

不怕吃苦不怕累，一入总装不后退！

亲手造的产品，要是能看到它用起来，动起来，那是多么自豪，多么幸福啊！就像写了文章就有发表欲，造了产品就想试验……从成为地面装备总装人的那天起，这个小小的梦想，就在我心底萌芽。

终于等到2015年7月，我有机会跟随师父押车前往靶场。随车颠簸7日，带着首进靶场的新鲜感和兴奋感，我来了！

到达目的地之后，不等休息，马上进行货物装备卸载。提前抵达的其他各部门人员也一起加入了进来，会合之后，我们成了一个大的团队，协同作业，不分你我。这边卸载摆放完毕，已是晌午，把行李放到住处，就直接去食堂吃午餐。午餐刚吃一半，见一男子站在中间说："车到外面了！吃完饭，地面组的，直接上阵地；弹组，进厂房测试！"我悄悄问师父说："都不休息吗？"师父说："明天就要打，哪有时间休息！"

阵地在草原上，我们把发射车开到阵地之后，迅速进行定点停车，展开液压支腿，调平后进入操瞄程序。卸下移动校炮靶板，按照校炮基本流程，测量并记录角度、偏移、远近距离等各项数据，再把各项实测数据与原来测量的数据进行对比。师父读数，我来回配合，一刻不得清闲。这时候的草原，就不再是风吹草低见牛羊了，而是风吹靶板根本扶不住。这一系列测试做下来，收完车已接近晚上8点，早先的新鲜感和兴奋感已化为疲惫。晚饭之后，继续召开调度会，各部门汇报当前状态，汇总过程中发现的问题，并进行协调处理。调度长开始安排第二天的任务，他强调了安全控制的要点，并要求各部门必须协同配合，保证此次靶试任务圆满完成。我知道，我期待的时刻快要来了。

第二天，6点起床，7点进入阵地。地面组、弹组、测控、飞控、落点等各就各位，做好准备。我们也按预定程序定点停车、调平、架设仪器、车辆防护……快速准备到位，只等装填和发射口令。此时，蓄势待发感油然而生！15分钟后，运弹车、吊车到位；开始装弹，我戴上了防静电手环，站在车上，负责检查挡弹器是否有效挡弹。确认完毕后，其余人员撤除。操瞄数据和指令发出，我配合我师父开始进行射角射向操瞄，操瞄完毕，组长和靶场人员确认后，人员全部撤离阵地，操作人员躲进地堡。

突然，静默许久的无线电开始传出指令，我知道，来了！……3、2、1，点火！！！点火后发出巨大的爆响声，火药剧烈燃烧撕裂着空气，浓烟四起，飞弹拖着火焰，呼啸着直刺苍穹。我终于按捺不住内心的激动，呐喊出来——

“啊！！！”虽然被师父喝止，但依然难以压制激动之情。数秒之间，弹体已消失在云层之间，只剩下一道白烟，标示着弹道的痕迹。

这一刻，感觉圆梦了，圆满了！一切付出都那么值得、那么美好。那一刻，五味杂陈，其中一味当然是地面装备总装人的自豪和感动。本次试验共进行 5 次发射，均达到了验证目的，该次靶试任务取得了圆满成功！

返回的路上，师父一路讲述着他们经历的靶场往事，不是每一次靶试都能如此顺利和圆满，他们无数次地遇到困难和障碍，也无数次地解决和战胜它们。在故事中经历，在经历中体味。万欣公司老一辈地面装备总装人的代表人物赵国庆、蹇明政、傅章渝、漆贵云等，承担着“卫士”项目的各项任务，护卫着“卫士”项目的一次次试验，他们扛起了他们的责任，完成了时代赋予他们的使命，是所有地面装备总装人的榜样；而我，我们，地面装备总装新一代，当如何接棒？当致敬榜样，学习榜样，超越榜样！

卫士，卫国之士，卫家之士！锲而不舍，牢记使命，精益求精；开拓进取，不断创新，不断奉献！——这就是我从地面装备老总装人身上学习到、从自己的亲身经历中领悟出的我心中的卫士精神。

七战七捷

——七院战术武器飞行试验成功频次创纪录

■ 王　溯

2019 年

2018 年 8 月 24 日，贺兰山下的戈壁滩地表温度突破了 50℃，阵地上战车轰鸣、天线飞旋，产品蓄势待发。一声“落区报告，目标已到位！试验成功！”的呼喊，标志着不到 20 天、4 个型号、7 次飞行试验全部成功，创造了七院战术武器飞行试验单月成功频次的最高纪录！

把纪律永远挺在前面

成绩来之不易！回想一年前，院在战术型号研制、演示飞行试验、军贸项目履约等方面陆续出现质量问题，导致型号研制、项目推介及履约全线被动。如何破局，走出困境，重振四川航天？集团公司党组书记、董事长吴燕生两次莅临七院，明确指出：“严明的纪律是七院参与竞争的真正优势，一定要把纪律挺在前面，严肃纪律、严肃作风，确保型号高质量的成功，才能扭转当前的不利局面。”集团领导的亲自把脉，为战术武器破局指明了方向。

2018 年的新年钟声即将敲响之际，院办公楼七楼的灯光依旧耀眼，战术武器型号制度和内控流程建设工作正在争分夺秒地展开。

困了在桌上趴一趴，饿了就着开水扒几口早已冷却的盒饭，办公室不分日夜烟雾缭绕，烟灰缸随时都处于“爆缸”状态，平常一周两桶矿泉水，现在三天就两桶矿泉水，连送水小哥都纳闷这帮人怎么瞬间成了“水桶”。

奉献不仅仅在“一线”！在这看不见硝烟却又“烟雾弥漫”、听不到机器轰鸣却又“振聋发聩”的“二线”战场，虽没有挥汗如雨，却有着同样的奉献。

短短3个月，14个管理制度和25项内控流程出台。至此，院战术武器型号终于有了“量身定做”的管理制度。这些制度一改过去参照国家重点型号偏重“批产”的管理特点，转变为“研制批产一体化”的保障管理体系，从源头规范了战术武器型号研制及科研管理活动。

在这些制度的指导下，作为设计源头的七部，将战术型号设计流程精细化再造工作与岗位夯实工程有机融合、系统推进，形成了“面向组织的质量管理体系、面向型号的精细化设计流程、面向岗位的设计作业指导书”于一体的精细化管理架构，梳理完成设计流程及配套控制表单1000余份，制定岗位作业指导书近60份。

正是这一条条具体要求、一张张规范表格，将战术型号质量管控从“定性”转变为“定量”，从“依赖人工经验判断是与否”转变为“一切以数据说话”，彻底将“新28条”有关要求细化分解，明确在制度中，使“把纪律挺在前面”这句要求有了“有法可依、有章可循”的落地条件，为后续连续成功打下了坚实基础。

成功永远是硬道理

时任院长卓超要求全院上下“制心一处保成功，用诚心、决心、恒心持续改进和提升质量能力和水平，不断提升满足用户和实战化要求的高性价比产品和服务这一核心竞争力。”时任院党委书记李占文也表示，“针对严峻的质量形势，再认识、再提高，通过复查、归零，真正对型号风险和质量状况做到心中有数，确保成功。”

为此，院开展了多次形势任务教育，将这些理念传递到每个角落，也实实在在地落实到每一项质量工作中。

2018年8月9日至8月24日，短短十多天，进行了4种型号、数十枚战术武器型号的高密度飞行试验，这在院历史上是前所未有的。为了把好质量关，院内组织人员详细比对了12个型号历次飞行试验结果，为不同型号分

别“定制”措施，为每个型号固定一名技控委责任专家，从技术源头上把好质量第一关。

高密度发射带来的资源紧缺是质量控制的第二关。为确保发射阵地、技术阵地、落区、外测设备、空域在高密度发射中不掉链子，战术武器部事无巨细一一协调，通过周密的组织、严谨的时序、清晰的界面、细致的内容，使试验的“资源、信息、行动、指挥、保障”要素从空间、时间两个维度紧密结合在一起，形成系统合力，有力地确保了试验的最终成功。

由于部分试验队员在多个试验任务都有兼职，由此带来的疲劳成为误操作的关键因素之一，人作为质量管理中最大的不确定因素，凸显成为试验质量控制第三关。“越是在任务密集的时刻，越是要沉着冷静，越要通过周密的组织、严谨的作风，杜绝可能出现的人为问题。”“二线”管理人员从工作任务安排、精神状态、生活保障三方面积极为一线人员“减负、加油”，使操作人员以饱满的精神和热情投入到工作中去，从而极大降低了操作失误带来的质量隐患。

“5、4、3、2、1，点火!”靶场上，随着发射指令的下达，一道火焰撕裂空气，数千摄氏度的高温燃气以激波的形式传出巨大的轰鸣，此时，从光电、雷达、遥测返回的一组组数据，最终都与设计值完美吻合。完美正是源于细节，对于高风险的航天系统工程而言，许多看起来“鸡毛蒜皮”的细节，都可能会成为“木桶”短板。把工作做细，把工作做实，永远是确保成功的重要手段。

初心不改　坚持就是胜利

在距离首区300多公里外的塔木素地区，天空中的星星还在眨着眼睛，从戈壁滩背风处转出了几个哆哆嗦嗦的身影。他们穿着薄薄的单衣，冻得乌青的鼻尖上挂着一丝清涕，手上的动作却没有因为突降的气温而有所延缓。

这是落区组的5位试验队员，他们正按部就班地把便携站设置在预定点位上。昨天这里还是艳阳高照、地表气温能达到50℃的火炉，一场大风就把戈壁滩的热情硬生生拽成13℃的冷酷。“早穿棉袄午穿纱，围着火炉吃西瓜”，戈壁滩的招牌场景可苦了5位试验队员，只一夜便有3位发起烧来。

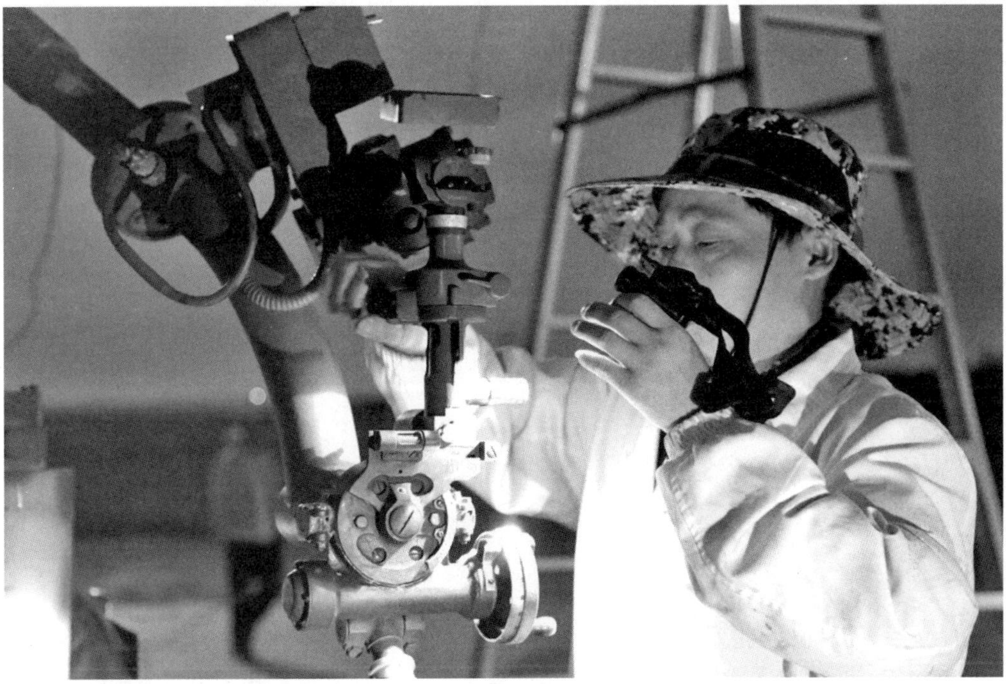

“加油啊！7 点钟的窗口，挺一挺就过去了。”他们谁都没有向首区报告感冒发烧的情况，大喊着“坚持就是胜利”，互相鼓励着。面对寒冷，他们像弹簧人一样不停跳着、抖着的身影，这不就是活生生的对“不忘初心”的生动演绎吗?

关键时刻，“坚持就是胜利”绝对不是简单的作秀宣誓。试验关键时刻，时任院长助理杨宇彬来到试验队，技术讨论能见到他，试验现场能见到他，与用户沟通也能见到他，以至于很多人开玩笑他有“分身大法”。然而他也有“分身乏术”的时候：女儿高考见不到他，爱人生病见不到他，甚至庆功宴也见不到他。在他以身作则的带领下，队伍勠力同心、共同奋斗。据不完全统计，试验期间，仅推迟休年假的人数就达 25 人次，其中姚锡刚等 5 名同志在休假机票已经预订的情况下，主动退票并自行承担高额退票费。试验期间，带病坚持工作的就达 30 余人，有错过孩子出生的，有错过父母生日的……每多一份坚持，就多一份胜利的希望，每一个型号人都在为胜利坚持着。

七战七捷，是院战术型号发展史上又一个里程碑式的节点。七院战术型号队伍一定会在“战术强院”战略方针指引下，不忘初心，牢记使命，创造一个又一个里程碑式“新纪录”。

千里奔赴试验场　决战决胜在路上

——七部 2020 年首次异地型号试验侧记

■ 赵　学

2020 年 4 月

3 月 30 日，七部某型号队伍在江西试验场完成试验大纲规定的试验任务后，带着试验数据安全返回龙泉，稍作休整，又转战彭山，投入到了紧张的下一阶段工作中……

10 多天以前，在型号副总师张华的带领下，10 余名试验队员千里奔赴江西试验场开展地面试验，全体参试队员以“不等待、主动做”的心态和状态，往前走、往前推，率先开启异地试验模式，打响了后疫情时代决战决胜的第一枪！

这是一次不寻常的长途跋涉

因该型号涉及的试验地均在外地，疫情对研制进度造成了一定影响。但型号队伍并没有守株待兔，节后复工以来，他们主动出击，重新梳理工作计划，积极准备试验大纲和评审报告，经过精心组织与策划，各项重点参试产品与设备均具备试验条件。

然而，此时正值新冠疫情肆虐时期，且成都到江西试验场单程达 1500 多公里，途中需经过重庆、贵州、湖南、江西等多个省份，对于试验队来说，这无疑是一个重大考验。为保障试验顺利进行和人员健康安全，型号调度从路途防护、衣食住行、试验开展过程等各个方面，提前制定详细的试验工作方案。经由部级、院级多轮研讨决定，试验工作方案最终敲定。针对途中不必要的人员接触问题，前期七部在与江西经纬厂充分沟通的基础上，确认了进场、健康、隔离等有关要求，也针对性地制定了疫情防控应急预案，对出发前、路途中、试验后全过程、全周期的疫情防控进行了周密部署，行前还对每位参试队员进行了安全、保密、防疫教育。

经过再三沟通确认，七部决定采取“点对点”方式，指派专车护送队员前往试验场，并规划好行车路线，确保所经过地区均属于疫情低风险地区。就这样，参试队伍统一乘坐大巴如期出发。车上配足了消毒液、口罩、食品、矿泉水等，可保障每名队员路上的基本生活需要。途中严格按照防疫要求，全程戴好口罩，保持间隔而坐，饿了就以方便面充饥，困了便斜靠着座椅而憩。结构总体朱志红患有腰间盘突出症，长期的久坐，对他来说无疑是一个更加严峻的考验，但他咬牙坚持，没有任何怨言。按照行程安排，本来两天就可以到达江西，但是天公不作美，路上竟时不时地下起了大雨，局部地区甚至降下冰雹，严重影响了正常的行进计划。在历经两天一夜的舟车劳顿后，队伍终于安全抵达终点，为试验的正常进行奠定了基础。

这又是一次例行的地面试验

这次大型地面试验，涉及的分系统多，试验准备工作复杂，由于精减了参试人员，每个人的工作任务变得更加繁重，容不得有半点差错，因此途中队员们并没有闲着。为了缩短试验时间，每位队员积极思考并细化自己岗位所需要完成的工作，包括试验前的准备工作、试验过程的具体实施、试验后的现场清理以及与外协单位的具体协调工作等等，对于梳理过程中可能遗漏或忽略的问题，队员们在车上进行“双想”，互相提醒，确保试验任务能正常开展。

到达试验场后，试验队详细听取了该场疫情防护与安全要求，对作业过程中的人员数量控制要求、着装要求、进入厂房前信息登记、测量体温等进行了具体确认。由于在途中已经详细梳理了工作内容，和试验场的工作交接也比较简单，队员们便迅速进入试验前的准备工作状态。这其中，由于试验场连绵阴雨，湿度较大，影响了某测量传感器粘接固化，产品安装过程中出现了传感器脱落的现象，时间紧迫，不解决将会严重影响试验进度，7140 厂设计师凭借着丰富的经验，经过无数次的现场试验，改进了粘接工艺，顺利解决了该问题。

经过短短 1 天的紧张布置和认真调试，试验队提前完成了试验前的所有准备工作，2 日后顺利地完成了试验，试验结果取得圆满成功，为后续出筒点火及飞行试验奠定了坚实基础。

这时，试验队伍悬着的心终于可以放下了，但他们还来不及欢庆，就又马不停蹄地踏上了返程的路，又是一番舟车劳顿、风餐露饮……

“这次试验经历格外特殊，让人感受最深的是，试验队伍上下展现出的那种尽心尽力、齐心协力的精神状态，无论是司机对车辆的细心消毒，或是型号调度人员对生活物资的精心保障，还是参试队员对工作任务的小心梳理，这些点点滴滴汇聚在一起，就是一股强大的力量，而这股力量必将为打赢重点型号攻坚战役奔腾不息、奋斗不止。”回想起这次试验，一名队员仍然有些激动。

第三章 卫士创新

本章集中展现了卫士人求实创新、永不言败，制心一处专注于竞争性战术武器研制，在残酷的市场竞争中求生存、谋发展的精神风貌。

创新是“卫士”持续发展的不竭动力

■ 张银洪

2018 年 5 月

从事卫士型号研制距今已经整整 30 年了，30 年来，卫士型号的研制取得了巨大的发展，特别是七院总体部成立后的十年时间里，卫士型号更是突飞猛进，卫士品牌在国际上越来越响亮，多项军贸合同的实施，创造了较好的社会效益和较大的经济效益。不仅如此，七院研制的卫士产品首次进入国内陆军装备序列，大大提高了七院在国内外的影响力。

在总结提炼“卫士精神”的活动中，回过头来研究卫士型号发展的轨迹，其中，对发展起核心作用的应该是创新精神，因为创新是卫士型号发展的源动力，同样，也因为创新，才有了如今卫士型号持续发展的大好局面。因此可以说，创新是“卫士精神”的灵魂所在，是卫士型号持续发展的不竭动力。

卫士一号火箭弹从 1988 年开始立项研制，当年即取得了方案飞行试验成功的佳绩，对一个从来没有进行过型号研制的集体而言，不能不说是一个奇迹。研制当初，设计人员只有 18 人（号称十八勇士），仅靠这 18 人完成火箭弹和火箭弹发射车的研制显然是不可能的。因此，摆在研制队伍面前的任务是如何创新研制体制或研制方案，尽快出成果。面对难题，他们没有退缩，通过开展广泛的调研分析，最终确定利用航天系统内的总体设计优势，充分利用兵器系统各专业生产厂家的火箭弹分系统技术优势和现有技术成果，采取“积木组合式”的专业协作研制模式开展卫士型号的工程研制。即总体设计人员重点承担武器系统的总体设计和接口设计，有所为有所不为，利用兵器系统传统技术优势和技术成果，尽快开发出适用于卫士型号的合格分系统产品。而首先需要解决的是火箭弹及其弹上分系统的设计研制和火箭弹发射车的研制生产。

对卫士一号火箭弹所属分系统而言，兵器系统 5124 厂有较好的火箭弹引信研制基础，兵器装备集团 5013 厂有较强的战斗部研制基础，因此，七院分别与 5124 厂和 5013 厂开展引信和战斗部的研制合作；航天科技四院固体火箭发动机研制基础较好，因此，首先与四院开展了发动机的研制合作；兵器系统 5137 厂是发射车研制生产单位，对于发射车的研制有较好的技术基础，是合作的重点单位，由该厂根据总体要求研制火箭弹发射车，可以解决卫士一号火箭弹的发射难题；其他地面装备的研制根据型号进展情况适时开展设计研制。正是通过采用这种“积木组合式”的研制模式，加上精心策划，团队在短短 10 个月的时间内完成了卫士一号火箭弹总体设计、分系统弹上产品和火箭弹发射车的研制及其相关地面试验，首批研制生产的 6 发火箭弹全部飞行正常，初战告捷。

在卫士一号火箭弹的研制中，研制团队首先创新性地解决了两个重要的技术难题，一个是大口径火箭弹旋转斜发射难题，一个是计算机射表难题。

对无控火箭弹而言，让火箭弹发射后旋转飞行是减小火箭弹主动段推力偏心和被动段气动偏心的主要手段，也是提高无控火箭弹射击精度的关键措施。卫士一号火箭弹最大射程 80km，是当时射程最远的无控火箭弹，如果没有一定的射击精度，也就不能成为一种有效的武器。另一方面，为了提高射击精度，火箭弹发动机初始最大推力达到 200kN 以上，其目的是为了提高火箭弹抗初始扰动的能力。因此，面对如此大的初始推力，采用何种发射方式在当时确实是重大难题。苏联研制的一款无控火箭弹（简称蛙 7）是采用专门的旋转火箭发动机起旋，其缺点是结构质量大大增加，转速不好控制。通过方案比较，最终选用螺旋导轨发射方式，由螺旋导轨赋予火箭弹初始转速，经过试验验证，较好解决了火箭弹旋转斜发射难题，并确保了火箭弹射击精度。

常规的火箭弹发射必须有射表，而射表的编制需要发射大量的火箭弹，通过对落点精度的统计分析，在此基础上编制出初始射表，并再次发射大量火箭弹对射表进行验证。这种方式需花费大量人力物力，对“卫士一号”这种大口径的火箭弹而言，这种方式是不可能做到的，必须寻找新的途径。为此，有人提出了通过计算机射表模式，完成射击诸元的计算。这种方式是通过建立火箭弹飞行的六自由度弹道模型，同时考虑火箭弹飞行过程中的各种干扰，采用火箭弹的各项真实测量参数，如发动机推力特性参数、气动参数、弹体结构参数、气象参数（实测）以及各项参数的偏差范围，完成火箭弹干扰弹道计算，在此基础上，完成射击诸元的计算，再通过少量火箭弹靶试予以验证，从而形成正式的计算机射表。这种射表的优点是快速、正确、精度高。目前，该技术已得到广泛应用。

在卫士型号的研制过程中，不能不说卫士一号 D 浅滩火箭破障弹的研制历程，不仅是因为这是我院第一个列装的自研型号产品，也是首款用于浅滩破障领域的火箭弹产品，更因为这是将一个技术难度极高且几乎不可能完成的项目最终圆满完成。

在该项目论证初期，为了能获得该项目的研制权，团队在论证及申报战标时将指标作了理想化处理。工程研制工作开展后，在火箭弹密集度得到验证的情况下，在海边按照实际作战环境对子弹威力进行考核，发现子弹在空气中威力可达到指标要求，但子弹在水中威力与要求的指标相差甚远。这意味着破障弹水中的综合破障率不能达到要求。经理论计算，水中的综合破障率与要求的指标相差巨大（仅为要求的 1/2）。面对这种情况，研制工作陷入极大困境。在获知确实无法提高子弹水中威力的情况下，为保证项目的最终完成，团队在提高火箭弹精度方面提出了一系列应对措施。经过不断摸索，掌握了规律，最终确保了武器系统鉴定试验和定型试验的圆满成功，随后实现了连续多年的批产交付。上述措施的落实，保证了每次批产抽检飞行试验产品射击精度都远高于战技指标的要求，说明在提高无控火箭弹射击精度方面所采取的措施是十分有效的。

“卫士二号”的研制是无控火箭弹到有控火箭弹研制的历史性跨越，创造性地将导弹控制技术应用于制导火箭弹的制导与控制上，使火箭弹具有导弹的射击精度，极大地提高了火箭弹的作战使用性能，全面拓展了火箭弹的应用领域。卫士二号火箭弹最早在论证阶段取名为“卫士一号 C”。1999 年，基地与北京航空航天大学开展技术合作，委托北航开展火箭弹控制系统方案与制导方式的论证，2000 年 3 月，北航向当时的 062 基地提交了《卫士一号 C 多管制导火箭控制系统方案可行性论证报告》。4 月 13 日在北京通过由基地组织的可行性论证评审。随后，重庆航天机电设计院开展了卫士一号 C 多管制导火箭武器系统方案的可行性论证工作。2002 年 10 月将论证报告上报基地，基地于 10 月 13 日组织进行了评审，卫士二号多管制导火箭武器系统的方案论证工作正式启动。2003 年 1 月 27 日，卫士二号武器系统方案论证评审会在成都航天城召开，集团公司武器部和上海航天技术研究院八部、801 所等单位的领导、专家等 40 多人参会，方案论证评审获得通过，研制工作正式拉开帷幕。在随后的研制工作中，团队将导弹控制系统应用于火箭弹上，较好地解决了导航控制器初始对准问题，缩短了作战反应时间，使制导火箭弹在配套控制系统后仍具有火箭弹快速反应的特色和能力。

导弹控制技术在卫士二号火箭弹上的成功应用（该项目获得国防科技成果奖二等奖），为火箭弹的研制闯出了一条道路，在市场需求的牵引下，各种型号如雨后春笋般成长，先后有“卫士三号”“卫士三号 A”“卫士三十二”“卫士三十三”“卫士六十三”“卫士六百 L”等，火箭弹射程由卫士二号火箭弹的 200km，通过采用滑翔增程技术，拓展到 450km，而且具备垂直发射实现末段垂直攻击能力。随着末制导技术在火箭弹上的应用，可以说将火箭弹技术发挥到了极致，随着激光制导技术、红外末制导技术和雷达末制导技术在火箭弹上的应用，火箭弹具备了打击陆上和海上移动目标的能力，其应用的领域得到进一步拓展。一系列新技术的应用，不仅提高了制导火箭弹的技术水平，也在一定程度上挤压了战术导弹的生存空间。

在多管火箭武器系统地面装备的研制中，七院建立了完整的设计与研制生产体系，除了不同用途和规格的多型火箭弹发射车外，还有装填运输车（运弹车）、通信指挥车、维修车等，为武器系统的配套完善，实现作战任务作出了应有的贡献。特别是火箭弹发射车的研制，从无到有，从仿制、跟跑到目前的并跑，无一不是创新的成果。从前，只在论证中提出的自动定位定向技术、自动复位技术、自动操瞄技术、射前对准技术都得到了普遍应用，新概念无人值守发射车、集装箱式发射车也展现在军贸用户的面前，有力地推动了多管火箭武器系统技术的全面、协调发展。

但是，七院型号发展任务十分艰巨，所面临的困难也很大，特别是国内列装的火箭弹产品少，要想不停歇地持续发展下去，需要不断传承“卫士精神”，需要不断地创新。只有创新，才能满足用户新的需求；只有创新，才能不断补齐自身短板，将竞争对手抛在后面；只有创新，我们的事业才能不断发展壮大，我们的卫士产品才能遍布大江南北。

以创新赢得发展新空间

——记七院某型号研制团队

■ 仝先刚

2015 年 9 月

在七院，有这么一支型号队伍，他们曾多次创造“两弹一坑”甚至是“五弹一坑”的佳绩，他们执着于创新，肩负多个型号研制重任，每次发射成功的背后都凝聚着他们的痴心付出；他们以弹道为笔、汗水为墨、疆场为纸，用一次次美妙的弧线书写着百炼成钢的精彩篇章。

有一种力量叫信仰——坚韧执着
以奔跑的姿态迎接市场挑战

“从 2010 年 5 月开始研制，3 个月完成方案设计，9 个月就实现了首飞成功，可谓是以火箭般的速度在成长。”回顾这些年试验队走过的历程，快节奏是总设计师杜文和参研人员的共同感受。

发展研制型号是我院未来发展的重要支撑，也是走创新发展路径的必然选择。对研制团队而言，飞行试验的成功固然可喜，但这只是迈出的第一步，能否获得市场认可才是最终衡量成败的标尺。

当前，市场机遇稍纵即逝，市场需求瞬息万变。如何紧跟市场的节奏，把准市场的脉搏、用户的需求？这就需要研制团队要有更敏锐的神经，更迅捷的行动，更严谨的作风，围绕用户需求，不断创新创造，完成“私人定制”。

在研制当中，该研制团队严格按照航天型号管理要求，开展了近百项地面试验，对技术方案的正确性、各系统接口的匹配性及指标实现情况进行了验证。

成功属于不断追梦的人，执着努力之下必会结出丰硕的果实。产品得到了很多用户的青睐，同时，用户的需求又刺激着型号研制向着更高的领域延伸和拓展。进入2012年，该型号进入了“三边状态”，一边研制、一边生产、一边批产，好不热闹。

“从事了多年的型号研制，去年的任务最重、最难。”副总指挥袁洪坦言。如今队伍同时承担了多个型号的研制或批产，仅2014年，他就5次前往靶场开展相关飞行试验。

据统计，该型号自首飞以来，已经进行了20多次不同状态的飞行试验，表现一直良好，一直被型号队伍视为比较放心的产品。尤其在今年3月份的批抽检飞行试验中一举创造了“五弹一坑”的佳绩，再次刷新我院研制型号飞行试验新纪录。

“前些年研制任务的压力很大，如今批产交付的压力更是让人喘不过气。”总指挥黄维波指出，激增的任务已成为幸福的“烦恼”。

2014年8月，正当型号批产进行得顺风顺水之时，给用户演示的产品发动机低温试车试验失败。

当时，试验现场死一般沉寂，感觉空气都在颤抖。“合同已签订，交付时间已临近，若不能按期交付，后果将不堪设想。”杜文的内心五味杂陈。这一切犹如晴天霹雳，所有研制人员面临着有史以来最严重的一次危机。

众所周知，发动机技术状态无法确定，后续产品就无法投产，产品无法齐套，项目交付节点就难以保证。归零的压力和临近交付的压力犹如无形的巨石压得型号队伍透不过气来。

面对这一突发事故，怎么办？杜文和他的研制团队根本没有选择的余地，尽管内心很沉痛，但必须要马上振作起来，迎难而上。

时间不等人，那就争分夺秒抢时间，把休息的时间用上，把能用的时间都用上。

院领导、科技委领导在第一时间动员各种力量，联系各方面专家，为型号归零提供了强大的帮助和指导。

两总组织凌晨从外地赶到的配套协作人员，没有休整就直接赶赴现场，通宵达旦查找问题；七部发动机室研发人员全部放弃假期，翻资料，忙攻关，仅是整改方案就制定了 7 个。

按常规来说，生产一个批次的发动机需要半年时间。在大家的齐心努力下，仅用 1 个半月就生产出了改进后的发动机用于归零验证试验，3 个多月时间内就基本完成了归零，并保住了年底客户验收产品和批抽检飞行试验顺利通过的重大节点。短短时间内，型号两总黄维波、杜文以及这支年轻的研制队伍经受住了考验。

有压力，才有动力。我们不怕跌倒，爬起来再上一个台阶。改进后的发动机在随后的飞行试验中，性能优良，这也一扫积压在大家胸中的阴霾。

“尽管取得了成功，但还是反映出我们经验不足，未吃透技术，前期验证不充分。”副总设计师甘娥忠颇为感慨，相比于成功，失败的记忆更为深刻。那段时间的经历，将永远铭刻在全体研制人员心中。

其实，从事型号研制工作，每一次试验都充满压力，不管是研制期间的飞行摸底试验、演示飞行试验，还是批抽检飞行试验，压力如同无形的网，始终笼罩着整支队伍。

面对激增的型号批生产任务，技术能力和型号经验的不足为整个研制队伍敲响了警钟，一次成功不代表次次成功，成熟并不代表可靠。

在今年 2 月份的院研制型号工作会上，副院长王万军对该研制队伍给予了十足的肯定，“我们及时解决了问题，让问题变成了我们的宝贵财富，进一步锻炼了和磨砺了型号队伍，进一步增强了我们完成后续型号任务的能力和信心。”

有时，从事的事业就像漂流瓶，看似随波逐流，磕磕碰碰，但只要坚持，梦想终究会靠岸。这就是坚持的力量。

有一种精神叫创新——追求卓越
大力开展集成优化提升竞争力

创新是引领发展的第一动力。这些年我院各研制型号队伍在各自领域纷纷取得关键技术的突破和飞行试验的成功，在研制的道路上迈出了坚实的脚步。

但随之而来的很多现实问题又摆在了我院研制型号发展面前。就该研制队伍而言，此前两型产品采用的控制系统不同、飞行软件不同、地面发射控制系统也不同。这无形中造成了很大的人力、物力、财力浪费。

如何从各自为政转向融合发展？该研制队伍大力开展集成优化，提倡低成本一体化设计，遵循一体化、通用化、系列化、模块化设计的原则，将多个单机进行集成创新设计，并在多个型号中通用一型单机，极大地缩短了研制周期，提升了产品可靠性和成熟度，并大幅度降低了研制成本。

通过总体优化设计技术，火控系统发射准备时间大幅降低，发射流程自动化，实现了“一键式”操作，反应速度更快。同时，发射车可以用于多型号发射，降低了研制周期和武器系统的使用维护成本。

瞬间定格历史。2014 年，在大幅降低产品成本的同时，两个型号取得了飞行试验“五发五中”的成绩。这一优异成绩更坚定了我院研制型号走集成创新道路的信心。

杜文坦言，相比于以往型号的试验，这次飞行试验更让人紧张。“因为这两个型号都是成熟项目，不能因为低成本而影响战技指标，某种程度上比首飞型号的压力还大。”

在当前激烈的市场竞争中，强有力的成本控制能力日益成为总体单位的核心竞争力之一。“这就要求我们设计师不仅要设计出产品来，而且要清楚了解整个产品的工艺流程、加工生产和材料选取，只有这样，才能不断优化流程。”有着十多年研制经验的设计员感叹道。

当前，七部正在整个设计师队伍里积极倡导“为一分钱而设计”，强化“商品”概念。原型号副总设计师王祖彬很欣慰这种变化正在他周围一点点地改变和发生。

王祖彬表示，面向用户开展设计，就要设身处地地考虑用户需求，如电脑文档出问题后，会弹出一个对话框，给使用人提示和选择。我们就是要这样做，站在用户的需求上考虑，那设计出来的东西应该是很受欢迎的。

在大力开展集成创新、降低成本的同时，该研制团队积极优化流程，提高效率。通过开展储运发射箱一体化设计，将准备工作提前，实现了发射车和型号产品的一同运输、一同测试。这一创新举措将发射周期由原来的 15 天左右缩短至现在的 3 至 5 天，参试队员由 40 多人缩减至 20 余人。

成本下来了，产品才能更有竞争力。近年来，该型号成功签约多家客户，并为我院带来了可观的经济效益。

设计是控制成本的源头，而管理、工艺和各配套单位的大力协同是推行型号低成本化研制的保障。成本控制在我院大有文章可做。

有一种责任叫担当——激情奉献
以改革思维寻求发展新突破

在院召开的研制型号工作推进会上，院长龚波、党委书记李占文明确指出，发展研制型号是我院实施创新战略的主要载体，要通过研制型号带动我院的转型升级，促进我院的大发展。

面对型号批产任务激增的新形势，如何保质按期交付就成了摆在我院研制型号任务面前最严峻的挑战。这是我院当前面临的新常态。

唯有把握新常态，才能赢得新希望。这就需要我们创新思维，围绕新常态的重点任务，从市场经济的要求出发，思考问题、解决问题。

“通过成立型号项目办，将计划、调度、财务纳入小组，形成项目管理小组，由传统的行政职能式管理模式转为面向型号产品的项目管理模式，进一步优化机制体制、释放活力、提升效率。”型号副总指挥黄行斌体会很深。

当前，项目办以问题为导向，建立了项目例会机制、信息沟通机制、进度预警机制和进度考核机制，将组织保障、责任落实、资源统筹、风险控制和过程监控等落实到位。

“这是一场只能赢不能输的攻坚战，我们比任何时候都充满期待和需要改变，要有等不起的紧迫感、慢不得的危机感、坐不住的责任感。我们要思想上同心，目标上同向，行动上同行。”

“只有确保关键环节和产品不出问题，才能有效地保证产品质量并降低风险。因此抓关键环节一定不能手软，要通过各种手段掌控产品质量。”黄维波指出。

在去年底的合练前夕，发射车的某部件出现故障。型号两总与研制人员连续通宵加班，终于在凌晨 5 点多找到并解决了故障。

正如汪国真的诗句：“既然选择了远方，便只顾风雨兼程。”为了完成任务，项目团队也是蛮拼的。

在同一支研制队伍、多个研制项目、订单大、交付期限已确定的背景下，总体设计师苏中伟的工作一直处于“多头并行”的状态。试验大纲编制、靶场测试细则制定、出厂报告撰写、飞行试验总结等等，任务最紧张时，他一天要出几份报告。“催缴”的电话急促地、不停地响起，他着急、焦躁、想发火。遇到电话听筒那边“催缴”人也发火，他觉得委屈。他冷静下来，激励自己：“你是总体，情况只有你最清楚，只有你才能完成，你必须完成！”

杨筱倩作为软件设计师，不仅要负责系统设计，还要对车、弹和软件进行磨合、调试。在万欣厂房内，偌大的发射车，她要爬上爬下进行各种软件的操作，还要忍受周边冲床的撞击声、钣金的敲打声、喷漆的刺鼻味。从夏天到冬天，连续数月的调试工作，她记得周末最早回家的时候都在晚上10点之后。她为此默默哭了好多次，但第二天，她仍会精神饱满地准时赶到工作现场，照样连轴转。

作为计划、调度，何平被大家形象地称呼为“大管家”，客户的衣食住行都要他来安排。有一次，忙了一天的他拖着疲惫的身体回到家中，躺在沙发上脑子里还在想着白天的工作。当他翻开白天的通话记录时，他自己都惊呆了：当天竟有130多个工作通话记录。

型号主管吴京萍被公认为是“女汉子”，她经常“发脾气”，只因急任务之所急。为了协调产品进度，她长期深入生产一线，掌握生产过程的实际情况，超前预想可能出现的问题。

杜京华、赵昀作为型号和项目的质量主管，始终深入一线，坚持标准，认真处置每个问题，为型号鉴定、归零、产品交验筑牢基础，是大家公认的“铁面判官”。

为完成某项目产品工艺文件、设计文件以及培训教材等资料，沈碧珍与同事一起连续加班，将1000多份文件分成90多箱装运，重量超过4吨，累积起来有10多米高。

在冬日的靶场，试验队员凌晨3点就要起床做进场准备。运气好点，阳光普照，但仍寒气逼人；运气差点，大雪、沙尘暴，遮天蔽日席卷而来。

没有比人更高的山，没有比脚更远的路。只要不停歇、永攀登，那迎接你的必将是最绚烂的风景，最终抵达内心的酣畅。

当前，我院正积极开展管理创新和探索，进一步完善项目管理、生产组织管理、成本管理等工作，探索出一套适应我院研制型号实际的型号科研管理模式。

改革让梦想海阔天空。正如有位诗人曾说过，每一个生命都被给予一条地平线，只要你走着，结结实实地向前走着，未来的天地，不是无缘，而是无限。

“快递小哥”背后的“天地物流公司”

——天舟一号货运保障分系统研制团队侧记

■ 李　畅

2017 年 4 月

2017 年 4 月 20 日，天舟一号货运飞船满载货物奔赴太空，潇洒壮美的身影“吸粉”无数，大家亲切地称之为“快递小哥”。大家可能还不知道，有这么一家“天地物流公司”在背后默默地为“快递小哥”提供着精确的“订制式”服务，它就是货运飞船系统工程中一个特殊的分系统——货运保障分系统。

作为七院承担的首个载人航天工程分系统研制任务，货运保障分系统也是载人航天工程任务中一个全新设立的分系统，该研究领域在国内还是一片空

白。该任务自2011年立项以来，院研制团队历经6年的拼搏奋斗、艰苦磨砺，圆满地完成了分系统研制任务，突破了物资全生命周期精细可视化管理、货包全数字三维可视化装载布局与配平、微重力环境下高可靠低温存储和载人航天新材料研发等“四大核心技术”，成功建成了精准高效的天地物流一体化平台，为“天舟一号”首飞试验的圆满成功提供了有力的支持和保障。

创新开拓　探索天地物流新模式

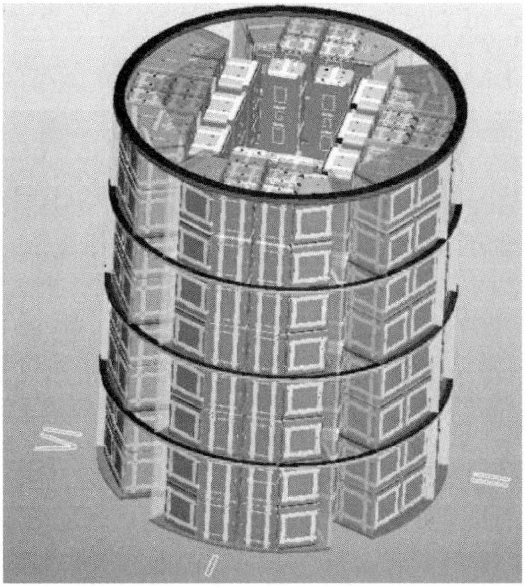

之所以把货运保障分系统称为“天地物流公司”，跟它的主营业务——货物装载布局与物资信息管理密不可分。“公司”要针对每一艘货运飞船的货物运送需求，开展上行货物的装载方案设计、布局配平方案设计、货物在轨转运支持以及下行废弃物装载方案制定等货物运送保障工作；要负责对船内所有装载的货物和载荷信息进行统一归口管理，是名副其实的飞船货物“大管家”。

“快递小哥”运送的货物可谓五花八门，既包括航天员在轨生活所需的食品、服装、饮水、空气、医疗用品等消耗类物资，又包括各类纷繁复杂的科研设施设备、空间站维修备品备份等等，并且“出售”这些货物的“商家”涵盖了多家科研院所。如何将这些成百上千、种类繁多的货品物资进行有效的分类管理？如何将飞船中大小不一的各类货包进行合理的装载布局？又如何将我们的“大客户”空间站“订购”的“包裹”准确无误地运送到航天员手中？这些都涉及“公司”需要解决的两大关键课题——物资装载布局、配平优化和智能物资信息管理。

物资装载布局与配平直接影响货运飞船的飞行安全，同时对于降低推进剂消耗、提高姿态轨道控制精度具有重要作用。七部软件室副主任周保琢带领的攻关小队成功地啃下了这块“硬骨头”，他们在充分考虑货船多种复杂约束的条件下，综合采用智能量子遗传算法和基于知识库的智能启发式算法相结合的方案，实现了整船货包装载布局优化及装载配平功能，使重达 13 吨、物资运输能力达 6.5 吨、体积长达 10.6m、最大直径 3.35m 的飞船配平精度达到了毫米量级，有效改善了整船的质量特性。而智能物资信息管理系统则采用“规划—管理—执行”的多层次信息系统架构技术，并结合 RFID 无线射频终端识别技术，实现了物资在飞船总装和发射场验收、标识、入库、仓储、盘点、装包、出库、装船、检验、转运、复核以及发射前调整等全过程可视化、自动化、智能化的双向可追溯管理，确保了飞船货物装载和信息管理万无一失。

敢为人先　航天货包用啥新材料

“快递小哥”的主要使命就是运送货物，船内存放最多的无疑就是装载各类物资、产品的货包。“公司”的另一项主营业务就是设计和制作标准化、系列化的八款货包，为品种丰富、形状各异的物资产品提供防护包装，“商家们”只需根据各自货物的包装需求向公司“订制”专用货包即可。

飞船与空间站对接在轨期间，航天员要进入飞船进行货物的取放，因此，货包所用的材料必须满足长期载人密闭环境下材料的选用要求，具备超低有害气体逸出、高效抗菌防霉、高阻燃、燃烧产物低毒及优良的力学性能。经过大量调研，研制人员发现国内还找不到这种能够同时满足上述指标要求的成熟材料。因此，宇航室年轻的小伙伴们在室主任彭志会的带领下对横在面前的“拦路虎”发起了挑战，向高校和专业厂家借力引智，花费长达 3 年时间、多达百余次的调试、小试、中试，终于成功地研发出了货包外部包装所需的特种纤维布和内部赋型所需的特种聚氨酯泡沫。

特种纤维布采用目前生物质抗菌性能最好的动物壳体提取物作为主要原料，经特殊混纺、后处理工艺而制成，同时具备低气味、抗菌防霉、阻燃、燃烧产物低毒、防静电和高强度等特性。由于采用了天然抗菌纤维，这种材料还具有一定的生物相容性，适用于航天员长期接触而不对人体产生危害。特种聚氨酯泡沫主要用于货包内部货物的缓冲减震，克服了市场上现有泡沫材料气味大、极易燃烧且燃烧产物毒性大等缺点，同时还具备抗菌防霉和优良的力学性能。

上述两种特种材料是货运飞船中用量最大的非金属材料，全部由“公司”负责研制生产，并建立了专用生产线和生产过程一体化管理方案。为保证材料批量生产质量稳定可靠，材料研发设计师编制了详细的生产工艺流程和材料执行标准，对原材料选用、生产加工工艺和最终材料性能指标进行了严格规范。每一批材料的生产，设计师都全程紧跟现场，督促每一道工序严格按照工艺流程实施；材料成品入库验收时，都严格地进行原材料采购来源核实、合格证检查，并依据标准对材料各项技术指标进行全面检测，确保材料完全满足货包的包装防护要求。他们深知，每一件“快递货包”都至关重要，他们的严苛只为保障每一件货物都能安全可靠地送达“客户”手中。

集智攻关　研发空间实验新单机

“天地物流公司”承运的部分货物还有着特殊的存储环境需求，不能简单地由普通货包进行包装存放。有的需要苛刻的力学环境防护，有的需要特定的安装方位保证，有的需要严格的密封或指定的温湿度环境条件才能确保其功能正常。针对这些特殊的“私人订制”需求，“公司”全力提供保障措施，产品组年轻的主任设计师蒋琳、谭平和他们的团队一起精诚协作、勠力同心，研发出了补给存放平台、密封收纳罐、低温锁柜等多个单机产品，满足了各类货物的特殊存储需求，确保所有货物安全送达。

货运飞船完成补给任务后，还有一个重要的任务就是将空间站内产生的各类生活和试验“垃圾”带走销毁。为保证“快递小哥”能够从空间站安全撤离，飞船需要具备一定的质量特性约束条件。因此，这些“垃圾”还不能简单地“随地乱扔”，撤离前还须对空间站废弃物货包的质量进行测量，为飞船配平装载布局提供依据。“公司”针对这一需求，特地研发了一款新产品，名为在轨质量测量仪。测量仪为手持式测量设备，采用了独创的基于牛顿第二定律的微小行程测量法，具有体积小、重量轻、测量准确、操作简单等特点，可通过人工键盘输入、USB 和 Wi-Fi 等方式接收测量任务，并将测量结果传输给在轨物资管理系统。测量仪由航天员手持操作，解决了在微重力环境下进行质量测量的难题，既降低了航天员的劳动强度，又节约了船内宝贵的使用空间。

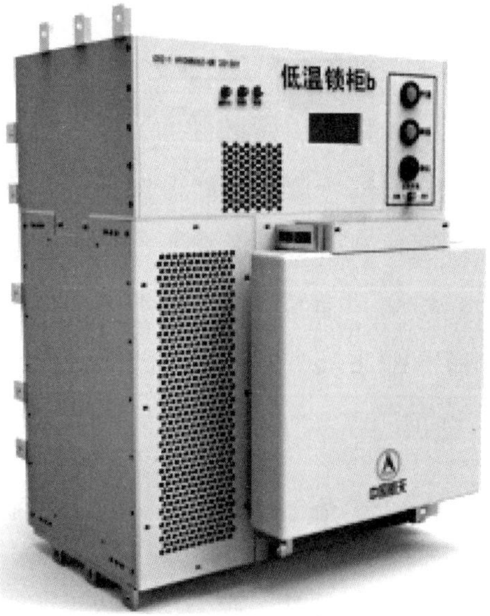

值得一提的是，本次跟随天舟一号货运飞船发往太空的低温锁柜目前能够提供最低 -20℃的低温环境，是“公司”力推的一款明星产品，用通俗的话来讲就是“太空冰箱”，其制冷技术国内领先，目前共有两型产品。

大家也许会心生疑问，家电市场上众多的冰箱、冷冻柜都能达到 -20℃的制冷指标，谈何先进？但您可千万别忘了，我们服务的“客户”可是在距离地球 400 公里的外太空上，在这个高度的微重力环境下，冰箱常用的压缩机制冷方式均无法工作，只能采用热电制冷方式。而目前国内的热电制冷产品基本只能实现 0℃以上的指标，研制团队经过多方调研和咨询，相关的专业公司或科研院所均表示该产品难度太大、风险太高，不愿承担研发工作。在此情况下，“公司”组建专项攻关团队，用“愚公移山”般执着的信念，先后攻克了低功耗设计、保温设计、结构优化减重设计、抗力学环境设计、空间环境适应性设计、高可靠性设计等重重难关。在产品研制的关键时期，24 小时连轴转、通宵熬夜调试都成为了常态。功夫不负有心人，低温锁柜系列产品历经“九九八十一难”，顺利通过各项试验验证考核，成功“渡劫飞天”。

“这是一支敢打硬仗、能打硬仗的队伍！他们将书写出四川航天宇航事业崭新的篇章！”“公司总裁”、院宇航型号总指挥宋勇这样评价这支队伍。“星空浩瀚无比，探索永无止境。公司的未来发展需要我们的团队一如既往地撸起袖子加油干！”“公司技术总监”、院宇航型号技术负责人陈粤海如是回答。

“第一单”任务的圆满完成只是起点，天地物流事业的发展永远在路上，让我们共同见证和祝愿“天地物流公司”的创新开拓之路越走越宽、越走越远……

“特战”分队：敢仗利剑射天狼

——七部特种装备研究设计室创新研发保任务侧记

■ 吴方黎 / 刘向龙

2017 年 6 月

七部特种装备研究设计室有 32 个工位，但在办公室用一双手就能点清所有的人。室主任王辉说：“特装室涉及军贸交付多、市场推广多、用户培训多、技术支持多、研制项目多的‘五多’局面。今年，室里就没开过一次全员到齐的会。”

人都去哪儿了？出差簿记录了大家的去处——在国外、在靶场、在客户所在地……这个承担了院几乎所有战术武器型号地面装备研制工作的班组，一步一个脚印，为七院军贸市场闯出一片天地。

始于立心：用技术占领市场

2016 年 11 月，珠海航展。位于展区的“集装箱”吸引了中央电视台、凤凰卫视等多家重量级媒体的目光。

这个看起来毫不起眼的箱子是一个无人值守的发射装置。“发条短信，产品就能发射。”王辉介绍。

无人值守集装箱在国内尚属首例，是发射装置从自动化到智能化的一次飞跃。它可以部署在人类无法长期生存的恶劣环境下，具备实施实时精确火力打击能力，迎合了如今“最火”的无人化作战趋势。

占领技术高地，才能占领市场高地。打一开始，班组就高起点开展研究工作，特别是在发射方式上，传统发射只能在斜角发射和垂直发射中选择一种方式，但集装箱要做到两者兼顾。

王辉是该项目的主要技术人员，他直言，那一年，集装箱技术方案被反复打回 13 次，自己被“折腾”得太苦，但他也强调不能放弃的理由——老一辈航天人在山沟里，用铅笔和尺子在白纸上画图，实现了发射车从无到有的跨越，这种坚韧的精神已经在血脉里扎了根。

立下志向，心就有了方向。班组盯准先进技术，陆续突破了贮运发射箱激波开盖、同心筒发射、适配器发射、发射动力学仿真及火箭弹 / 导弹共箱发射等关键技术，并处于国内一流水平，两个型号的发射车获得国家国防科技进步三等奖，累计获得专利授权 31 项，申请受理 100 余项，这一切成为攻克市场的利器，创造了数十亿元的经济效益。

得于人和：“快速成才”确保“一次成功”

随着军贸订单的爆发式增长，班组人员也随之扩增。年轻血液让王辉兴奋，也让他头疼。这是一个直面市场的班组，从签订订单到交付产品，往往只有十几个月时间，快速设计出质量稳定、性能良好的产品成为班组必备素质。

个人能力决定着设计质量，班组着眼于“快速成才”“一次成功”，研究室着力建设“1+2+3+4+X 科研攻关型班组”，即围绕型号研制 1 个中心工作，提高总体设计、员工单兵 2 项工作能力，通过学研、产研、新老 3 个结合，构建先进班组、信息共享、技术创新、技术交流 4 个平台，为技术储备 X 个研究方向。

系统培养工程将技术创新、能力提升、人员素养等要素联结起来，李建锋、杨鸣、王绍助、高鹏、冉紫荥、高彦富、胡利鸿等一波年轻设计师很快崛起。

组员江红星于 2015 年 4 月参加工作，2016 年 7 月就接手某型号发射车总体设计工作。本职为结构设计的他，已经成长为会总体、知液压、晓电气的“全科”人才。“组里‘流行’信息共享，随便抓一个老同志都愿意为你答疑解惑。”江红星道出成长秘诀。

尺有所短，寸有所长，互补合作才是王道。为了避免“独生子女岗”，班组开展“大家来找茬”团队纠错、技术比武等活动，实现一岗三人会，一人会三岗；建立书库、模型库、资料库、问题库，为知识共建、共享、共创提供有效管理，也为知识零盲区、零误差、质量零问题提供保障；打造技术交流会——金沙汇，共同研究国内外技术前沿，开展头脑风暴……

同时，班组还着重打造 6×6、8×8 信息化通用型发射车，力求通过产品模块化增加产品成熟度，降低研制风险，让产品精度更高、性能更稳定、成本更低廉。

成于勤勉：不是在出差，就是在出差路上

产品要能用、好用，更要让客户喜欢用。秉承着这个工作理念，班组从不满足于只坐在办公室里动动脑袋，每一位组员都曾下厂拜师学艺，并亲手操作发射车。他们常说：“只有亲手操作过自己设计的产品，才知道哪里需要改进。”

在靶场，为了获得更精确的气象数据，组员辛蕙羽曾在距发射车 100 米的地方工作。发射瞬间，大地的震动从脚底传到心里，她怕得眼泪直打转。这个说话细声细气的软妹子，现在能提着十几斤的气象设备在大漠里健步如飞，从容应对着一两个月就要去一次的靶场任务。

组员刘健在这一行把黑头发干成了白头发，他常说："总体牵扯的事情多，要在现场拿到第一手资料，心中才有数。"为此，他常常一走就是半个月，甚至直接从一个靶场转移到另一个靶场，有家难回。谈起在新都的妻子和孩子，刘健满脸幸福，但说着说着，眼睛里就出现了晶莹的泪光。他说，刚刚两岁多的小宝宝，因为太少见面而抗拒着他。

不是在出差，就是在出差的路上，这似乎已经成为了班组常态。连续两年，班组人均年出差天数近 50 天，多人连续两年每年的出差天数在 100 天以上。

"在路上的每一天都是进步"，班组形成了"快速行军、精确操瞄、可靠发射"的特战文化。这支平均年龄只有 31 岁的班组，注定奔波、注定充实、注定丰收。

让梦想展翅高飞

——记七院某型号研制团队

■ 仝先刚 / 杨艳华 / 李 兵

2015 年 2 月

西北大漠，11 月份已进入了一年严寒的倒计时。巍峨的贺兰山脉已覆盖上了一层厚厚的积雪，倔强的骆驼刺在随风摇摆，昭示着生命的尊严。不远处的某发射基地，七院某型号飞行试验也进入了倒计时，即将迎来展翅飞翔的壮美时刻。

敢于有梦：背水一战，我们需要一次酣畅淋漓的胜利

这已是该试验队在 2014 年第 4 次进驻靶场了，大漠的春夏秋冬，他们都已领略过了。就在试验队刚进驻靶场不久，在同一试验区，其中一个竞争对手刚刚完成了飞行试验。这种态势让原本已十分激烈的竞争更加白热化。

实现精确制导化一直是我院型号研制的重点方向。作为新型作战体系下的信息化精确打击系统，该型号要满足集“侦察、打击、评估”于一体的研制要求，实现“算着打、看着打、巡着打”的目标。

如何将这种概念化的设计付诸实践，对我院而言是一次全新的挑战，从总体构成到系统组成，都需要大力开展技术创新和集成应用。况且，这次飞行试验的成败还直接关系着新领域的拓展，集团公司和院两级领导自始至终都给予了很大的期望和关注。

“我们需要一次酣畅淋漓的胜利来慰藉大家，我们需要一场完美的胜利来鼓舞斗志。”出征仪式上，各级领导鼓励试验队员，告诫他们肩负使命，用实际行动夺取靶试的成功。全体参试人员庄严承诺，并签名以表决心。

初到大漠，严寒大风天气让来自南方温润气候区的试验队员们很不适应。为验证发动机低温下的点火情况，全面掌握各种工况，队员们必须要置身户外，在最低温的时候开展试验。

“零下十多摄氏度的天气，就算全副武装，从头包到脚，不一会儿都要被冻得透心凉。”“那感觉就像赤脚踩在了冰面上，寒冷无处不在。”这种感觉让年轻的试验队员们刻骨铭心。但面对严寒，试验队员咬牙坚持，经常要工作到凌晨一两点钟才收工。

深邃的夜空下，四周万籁俱寂，唯独繁星眨巴着眼睛注视着这些忙碌穿梭的人群。后来有些人被冻感冒了，嘴也干裂了，鼻子也干燥得出血，有些人手都脱皮了，却为了收获大量可靠数据而毫无怨言。相比于严寒，戈壁滩上的酷暑更让人无法招架，很多试验队员都被晒脱了皮。由于工作需要，很多女同志主动将遮阳伞遮在了仪表设备上，以阻挡强烈的光线。

尽管出征前已开展了大量试验，但靶试前的发动机地面测试还是出现了问题，这也使得原本已经异常严峻的竞争形势雪上加霜。靶场的气氛犹如这寒冬的天气凝重逼人。

在型号研制中遇到问题是很正常的事情，每次想到的问题没有出现，出现的问题往往是没想到的。针对这一突发问题，试验队领导镇定自若，型号总指挥郭凤美鼓励年轻设计人员，不要被困难吓倒，要有面对问题、解决问题的勇气和决心。

随即，总体、控制、制导等各系统人员齐聚在一起，拉起投影仪，不分昼夜地分析数据，逐个排查问题，论证解决方案，提出整改意见，并进行试验验证。

郭凤美带着解决方案在一周时间里多次辗转于靶场和北京之间，请专家分析和评审。“那段时间大家很少休息，要么是在连夜分析数据，要么就是在赶路。有时躺下了休息，满脑子还在想着问题。”一同前往的试验队员郭海波说，“有一次在北京堵车，还差点误了飞机。”

艰难是成功的阶梯，需要迈出勇敢的脚步。大家虽然嘴里不说，但心里都较着劲，必胜的信念在内心愈发坚定。大家按照既定的计划和流程，团队协作，有条不紊地开展各项工作。搬设备、做试验、测数据，尽可能把天上飞行时的所有状态都测试全面，不给飞行试验留下任何死角。有时测试的时间一推再推，做好的饭菜也常常无人光顾。

在经历了一波三折之后，2014 年 11 月 23 日，试验队迎来了关键一役。

勇于追梦：风雨过后，彩虹必将从这里升起

巍峨的贺兰山下，一马平川。

当日，天空万里无云，是个难得的好天气。

湛蓝的天空下，发射箱已静静地矗立在靶场上，指挥阵地传来了 10 分钟倒计时准备的信号。

广袤的戈壁上，除了零星的骆驼刺迎风抗争，周边的一切仿佛都慢慢停了下来。“这十分钟感觉比十年都漫长”，有队员这样说道。整个空气都凝滞了，大家的心跳随着倒计时开始加速。

一声长鸣后，该产品拖着长长的尾焰从发射箱内呼啸而出，直飞天际，很

快就消失在大家的目视范围外。

“助推发动机分离……折叠主翼展开过程飞行稳定……涡喷发动机空中点火启动正常……涡喷发动机发电、供电正常……”

最折磨人的莫过于等待。设计员胡海龙和队友早上6点多就前往落区安装靶标。越野车披着星光、迎着寒风在戈壁荒漠里怒吼、颠簸，再怒吼、再颠簸，让他觉得达喀尔拉力赛也不过如此。与痴痴的等待相比，路途颠簸和安装靶标的辛劳程度都不算什么。当成功发射的消息从对讲机里传来，他就和队友开始仰着脖子望向天空，寻觅飞行踪迹，希望能第一时间“捕捉”到它。

“好的……对焦……锁定目标……”规划控制车里传来了激动的声音。该型号按照预设航路点，以预定的速度，完成了直线平飞、航路转弯，最后又准确识别目标。电脑屏幕清晰地显示出，该型号直接俯冲而下，直刺靶心。

“YES!”“漂亮!”“命中目标!”顿时整个试验队都兴奋了起来，大家喜极而泣、击掌相庆，此情此景，真有种壮士“仰天长啸、壮怀激烈”之感。

“从信心满满到形势严峻，再到击中靶标，这段时间的试验就像坐了一趟过山车。”型号总师杜晓东说，“但最终成绩还是让人欣慰的，这是全体研制人员团结协作、不懈努力的结果，大家不辱使命，用实际行动打了一个漂亮的‘十环’。”

“虽然已经知道命中目标，但内心还是很急迫，想第一时间看到试验的效果。”满怀激动的心情，副总师徐洁银和几名队员立即驱车直奔落区，“我们的飞行试验就是为了证明成功，证明方案设计的正确性。”他的话语中充满了自信。

已经参加了多次靶试，设计人员崔允红还是充满了激动，她亲切称呼该型号为“Big girl”，可见用情至深。她说，航天事业就是这样让我们痴狂，为了这样圆满的成绩，什么样的付出都是值得的。

2014年11月23日，这是一个值得载入我院研制型号发展史册的日子。

相比于传统领域的型号研制，该型号飞行试验的成功标志着我院型号研制水平跃上了一个大台阶，也创下了我院型号研制中的多个“首次”：首次应用导引头末制导技术；首次采用了弹体分离设计技术；首次实现涡喷发动机空中启动技术；首次实现“人在回路”干预飞行控制。其中，涡喷发动机空中启动、

“人在回路”控制飞行两项技术的应用在集团公司都属首次成功尝试。

这些关键技术的突破和掌握，对我院型号研制及未来发展都具有深刻而重要的意义。

共同筑梦：为了成功，我们怎样的付出都值得

“项目很重要，难度也很大，成功来之不易，非常感谢大家！希望大家再接再厉，扎实工作，继续把后续工作做好。”试验成功后，龚波院长第一时间向试验队发来了祝贺短信。

如今，回首走过的每一步，都是异常艰难。

一般来说，一个项目从课题预研到工程化需要5年左右的时间，而该课题不同以往，要求不仅攻克关键技术，还要以飞行试验结果作为结题标准。为此，我院大胆开展管理创新，首次尝试课题直接项目工程化，其难度和压力不言而喻。

“面对多方竞争的激烈形势和紧张的时间节点，我们必须要拿出切实可行的设计方案，而且要确保方案总体一次性正确。”提及该型号，郭凤美感触颇深，“该型号属于体系作战，这在国内都是一个全新的概念。”

从2012年7月开题立项到2014年年底，短短两年半时间，研制人员攻克了多项关键技术。为提高各系统的可靠性，他们仅开展的试验就多达四五十次，确保每个细节、每个参数都能得到全面验证，尤其新技术的运用，更需要他们牢牢吃透和抓住其风险点、关键点。其间，集团公司领导多次听取汇报，高度关注型号的研制进度，并组织专家进行把关。

在末制导技术研究中，七部投入了大量的人力、物力和财力，与高校合作，借助高校在理论基础以及前沿技术把握的优势；与前方院所专家建立良好互动关系以及专家咨询机制，解决了研究中的难题。除此之外，七部还建立了相关末制导仿真实验室，提升技术验证水平。

如果把导引头形象地称为型号的“眼睛”，后台控制系统称为“大脑”，那连接两者之间的数据链系统就是“神经”系统。此次飞行试验，该“神经”系统经受住了考验，这对其主管设计师侯静来说十分不易，其中的滋味他人无法

体会。她和爱人都在七部工作，因为工作都忙，小孩两岁就被送到了幼儿园，从周一到周五能上的辅导班他们都报了名，周末加班只好将小家伙带到单位。她将“尽心尽力，尽职尽责”作为自己的座右铭，而孩子却赐给了她“出差大王、加班大王”的“美名”。

“不是在出差，就是在出差的路上。”这是设计人员日常工作的生动写照。很多设计人员一年时间里就有 100 多天在外出差。为了不耽误上班时间，很多人把出差任务放到了周末。

就在靶试最忙碌的时候，年轻的设计人员程远林接到了家中亲人去世要求速回的电话，但试验队的工作他放不下。试验队领导得知情况后，立即派人帮他买了飞机票。谁知 3 天后，他就匆匆赶了回来。“不能因为我的事，耽误了整个型号进展，遥测任务是我的岗位。”

这样的故事还有很多。设计人员牟军在出征前得知母亲患了肾功能衰竭症，因为工作需要，他毅然选择奔赴靶场，将一岁多的孩子托付给了妻子，将对母亲的愧疚深埋心底……

这些付出看似有些不近人情，但这就是航天人的奉献、航天人的家国情怀。对事业的挚爱，激励着研制人员的无私付出。这样的美丽风景在研制期间、在靶场“楚楚动人”。

努力圆梦：坚持不懈，我们今天所做的一切相加就等于未来

对于刚走出校门的设计人员来说，试验队就是一个温馨的大家庭，工作上给予他们悉心指导，生活上给予他们精心照顾。有一次，试验队特意买来一个大蛋糕，为 4 名队员集体过生日，这可把大家感动坏了。

在靶场，大家就是一个团队，一切以服从组织安排为需要。后勤工作人员尚将绞尽脑汁地寻找购买搭建靶标的材料，摄像师黄军生协助大家一起搭建靶标，配合默契。

“他们都是最可爱的人，工作严谨认真，一丝不苟，出现问题决不轻易放过。”靶场试验的经历让年轻设计人员刘畅受益匪浅，老队员顽强、坚韧的工作

作风，无形中深深感染了她，“大家积极乐观，充满着正能量。”

入职 1 年多，这已是刘畅参加的第 4 次靶试。“刚从学校毕业就跟这个型号，当时生怕一不小心误操作导致工作反复”，经过 1 年多的历练，她已承担起了控制系统的部分任务。参与此次靶试任务的还有一同入职的李娜，她被形象地称为“娜姐”，肩负起了“点火手”的任务。年轻的设计人员在完成任务的过程中，肩负责任、感受神圣、收获信心。

“该型号的成功不仅验证了设计方案的准确性，更锻炼了年轻队伍，为我院型号研制工作积累了经验。当前，院里型号任务繁重，新进年轻人也多，要想让年轻人快速成长，就要给他们多压担子。年轻人的快速成长是我们的一笔宝贵财富。”郭凤美话里透出对年轻设计师们快速成长的殷切期盼。

打靶归来，没有鲜花，没有仪式，风尘仆仆地从靶场凯旋的试验队员再次投入到紧张的工作中，对所有飞行试验结果进行数据分析，持续进行验证和深化。

大家依旧忙得像个陀螺，根本停不下来。尽管想多陪陪孩子，但侯静在家中只呆了一天就出差了；牟军一直在加班和出差，虽然他一直计划着回趟老家。

得知型号成功的消息后，一位已退休的技术人员激动万分，返回单位观看飞行视频，并鼓励年轻设计人员一定要坚持下去。对试验队而言，就是要坚持。当努力创新、奋力攻关成为常态，每天的工作不是在追赶竞争对手，就是在为防止竞争对手赶超而努力。

“目前，该型号大部分关键技术已经突破和掌握，不久还要开展课题结题的飞行试验和软件的仿真试验。”杜晓东指出，“我们将在持续加强质量管理的同时，更加注重配套厂家的产品，认真分析风险点和关键点，持续提高产品的可靠性。”

一次成功，不代表次次成功，次次成功不代表永远成功。就在记者采访期间，集团公司总工程师金其明来院听取了该型号汇报，鼓励队伍继续努力，把最终的飞行试验飞成、飞好、飞漂亮。

鲁迅先生曾说：“不满足是向上的车轮。”把我们今天所做的一切相加就等于未来。

同心绘蓝图　打好宇航攻坚战

■ 蔡文冬

2018 年 6 月

2018 年 6 月，天气没有以往那么炎热，但在七部六室结构二组，成员们正经历着最为忙碌、最为严酷的考验。在核心舱转阶段，大家脑海里的那根弦比任何时候都绷得更紧，每位设计人员都枕戈待旦，不敢有一丝懈怠。

七部宇航工作起步相对较晚，对于宇航工作者来说，必须脚踏实地，紧密团结，充分发扬特别能吃苦、特别能战斗、特别能攻关、特别能奉献的载人航天精神，才能够迎头赶上，不断做好、做优宇航产品。

核心舱转阶段是对团队的一次重大考验。早在 5 月底，六室结构二组就召开了动员大会，组长黄华政不断激励大家，以最佳的状态投入到转阶段工作中去，细心梳理各自手头的单机设计工作，明确状态，精益求精，确保转阶段工作顺利完成。

动员会犹如一声枪响，拉开了宇航攻坚战的序幕，结构二组的成员精神抖擞，时常与朝霞共舞，沐月光而归。黄华政运筹帷幄，规划着组内各项工作，并赴生产现场提供技术指导；设计师谢军不知疲倦地往返于办公室和试验中心，挥洒着汗水，不断跟进各项产品的试验。与此同时，他还带领着新入职的员工一同赶赴试验现场，向他们讲述产品设计的经验与技巧、试验大纲的编写原则及注意事项等，帮助年轻人快速成长。

核心舱大量的内饰板产品，看似结构简单，却包含着设计师齐焕章、刘福东的“大智慧”。如何布置角片，以什么样的技巧张贴内饰膜、装配工艺……每一个问题都考验着设计师的功底。

此外，由于总体要求的变动，带来产品状态的不断更改，对设计师提出了更高的要求。刚刚入职 1 年的年轻设计师司光耀，进入 6 月后，加班对于他来说就成为常态，身体限位装置 70 余张图纸，每一根线条、每一个公差，都记录着他辛勤的付出。

在转阶段的繁忙工作中，组员们从事宇航工作的荣誉感愈发强烈，做优宇航产品的愿望更加迫切。结构设计是宇航产品的基础，组里要求全员要有把机械设计手册翻烂的耐心，要有吃透质量管理体系文件的信心，要有能将产品设计流程倒背如流的决心，既要甘做“愚公”，更要敢做“智叟”。

宇航少闲月，六月人倍忙。当前，结构二组的同志们正在努力奋斗着，在“卫士精神”的鼓舞下，誓要打赢核心舱转阶段这一场宇航攻坚战，为我国载人航天事业贡献力量。

卫士忠诚的守护者

——7111 厂卫士产品研发之路侧记

■ 曹庆艳

2018 年 3 月

“打靶成功啦，打靶成功啦!”2018 年 3 月 9 日，卫士系列某型号产品成功发射的消息传来时，负责该产品研发、生产的工作人员沸腾了，他们互相拥抱，表达着成功的喜悦，表达着付出后收获的喜悦。看着这群脸上洋溢着幸福笑容的同事，负责卫士系列产品的 7111 厂电动伺服项目部部长邓建辉说：“卫士系列产品能有今天的发展成果着实不容易。”

沉得下心　创新实干
“电动舵机”四个字开启了艰难的研发之路

2001 年，因七院发展战略调整，启动自主研发项目——卫士产品，我厂接到电动舵系统的研制生产任务。当时，工厂并不具备这方面的研制能力，可正如铁人王进喜所说，“有条件要上，没有条件创造条件也要上”。

工厂抽调了工作态度认真、工作能力出色以及在集成电路设计方面有突出能力的原机动处工作人员杨德良和另外 1 个同事一起负责电动舵系统的研发工作。“当时院里只提出了让 7111 厂负责‘电动舵机’的要求，面对‘电动舵机’这 4 个字，我们真的是丈二和尚摸不着头脑。”现任工厂副总工程师杨德良回忆当时的情况时说。卫士产品作为工厂第一个自主研发的项目，它的成败关系着工厂未来的发展。面对全新的课题领域，在没有技术储备、缺少相关资料的情况下，大家只能顶着压力迎难而上，一头扎进电动舵系统的研发中。

没有现存的资料，就自己查找，凡能想到的地方，杨德良决不放过。在实际设计过程中，遇到技术难题，他就去相关大学或者研究机构调研。“当时遇到一个难题，在我百思不得其解的时候，听说四川大学一位教授在这方面有研究，我兴致勃勃地去，深受打击而回。那是让我今生难忘的一次经历。”杨德良说。“体积这么小的舵系统，还要实现那么大的功率，至今为止我还没见过。”那位教授的话，犹如一盆冷水泼在他的身上，但他并没有气馁，还是一心搞研究，遇到问题就四处求教，因为他相信，付出终有回报。经过不断摸索，反复试验，不断分析改进，2004 年年初我厂第一套简易舵系统终于诞生了。它的诞生，让 7111 厂走上了一条自主研发之路。

坚持到底　勇往直前
一年加班 2240 小时　超长工作 280 天

虽然说第一套舵系统只是烽火人的“牛刀小试”，但是在工厂的发展史上却是浓墨重彩的一笔。它的成功研制，用现在习近平总书记概括的民族精神中的前两个词语总结，就是展现了烽火人的创造精神和奋进精神。2004 年 4 月，七院要求对卫士型号进行技术提升，对产品的性能也提出了更高的要求。电动舵系统作为产品的核心，工厂高度重视其进一步研发，充实设计团队力量，成立了由 3 人组成的卫士装调小组，全力配合产品研制。

2004 年 5 月初，接到七院通知，要求 6 月底交付一批电动舵系统，参与此批次产品的总装试验。时间紧、任务重，项目组的设计人员分工合作，铆足劲儿地干。“一开始，电动舵系统研制并不顺利，为了尽快解决问题，只得去哈工大‘借脑’。”“5 月中旬，杨德良带回舵系统执行系统部分的图纸，和工厂自主设计的控制系统部分一起，送到车间加工。”现任电动伺服项目部部长邓建辉回忆说。

也就是从那时候开始，每天加班到凌晨两三点调试产品、修改产品设计方案、反复做试验已经成为一种常态。“当时的条件真的艰苦，在不到 10 平方米的装调间，卫士装调小组的 3 人，每天都和设计人员一起奋战到凌晨三四点，甚至是一个通宵。有时候实在坚持不住了，大家就轮换着趴在桌子上睡一会儿。”罗小梅平静地讲述着那段工作经历。

“我们当时也不具备从事这项工作的能力，可领导既然把我们安排在这个岗位，我们就要尽最大努力做好。”谭畅介绍说。“记忆犹新的就是当时罗小梅要把电缆穿到产品上，第二天要做实验，接到任务时，她心里就没有底气，不知道该如何操作，她只能一遍又一遍地尝试，可都以失败告终。时间一分一秒地过去，她这里没有任何进展，想到第二天产品做试验要用，她急哭了。可她一边哭，手里还一边跟电缆较劲，一直到第二天上班前才可以做试验使用。”这样不容易的事情，在当时真的太多了，举不胜举。可就是在这样艰难的时刻，他们也没有动摇过，因为所有参与人员心中的共同信念是“既然已经决定做一件事，就一定要坚持到底，勇往直前，绝不放弃”。最终经过当时所有参与该型号任务的工作人员的努力，该型号产品在规定时间内交付七院。

在年底工作总结会上，领导宣布一年来大家的加班时间：杨德良 2240 小时，按一天 8 小时工作时间计算，超长工作 280 天，邓建辉 2080 小时，超长工作 260 天……当听到这组数字时，大家都惊呆了。

与时俱进　开拓进取
创新前行　产品走向国外市场

2005 年春节前夕，工厂接到一个紧急任务，要在春节前交付一批某型号电动舵系统。此时离春节只有几天时间，而该舵系统还有繁重的测试任务，几天完成几乎不可能，整个项目组的压力可想而知。但他们没有退缩，而是在项目负责人杨德良的带领下，快速理清工作思路，合理安排每天的工作，然后就是加班加点、埋头苦干，终于在大年三十的早上完成了所有工作，把这批产品交付给了任务方。“这件事情，我记得很清楚，任务完成后，杨德良师傅只在大年初一休息了 1 天，然后就火速赶往七院的总装测试现场，因为那里还有很多问题需要解决。”邓建辉回忆道。

2005 年 8 月，在酒泉卫星发射中心，卫士产品进行了首次实弹打靶试验，“院里去了很多人，我是厂里唯一一个去靶场参加试验的”。杨德良说，“我清楚地记得，那天清晨 5 点钟左右，参加试验的人就都到齐了，七院当时负责该型号的总工程师在现场紧张地来回踱步，直到发射开始倒计时的时候，他才停下来。现场气氛异常紧张，每个人都默默注视着发射场，随着烈焰的喷发，火箭弹发射升空，并先后打入同一个靶坑。现场沸腾了，大家尽情地欢呼，尽情地手舞足蹈，尽情地互相拥抱，尽情地流下激动的泪水。”

后来，随着研发型号的增多，工厂成立了研发中心，这时项目组也在不断补充新鲜血液，队伍逐渐壮大。项目组“元老级”人物身上优良的工作作风影响着后来人。他们一样能够沉下心，不计报酬、默默奉献、勇于创新。正是由于这种精神的传承，才能够让 2006 年 3 月立项的型号任务，到 2009 年四季度连续 3 次精准地命中目标。这次任务的成功，标志着工厂自研的舵机项目取得了突破性进展，也证明了工厂的研发实力。

因卫士系列型号产品逐步向国外开拓，为适应市场需求，2015 年 3 月，工厂成立了由设计人员 29 人、生产人员 22 人、管理人员 12 人组成的电动伺服项目部，专门负责舵系统的研制工作。2017 年年底，该部接到一项紧急任务，卫士系列某型号产品要在年前完成10套的交付任务，“那段时间经常出差，背着调试好的产品就去外地做试验，有问题就回来解决。”电动舵机组组长谭畅介绍说。谢小红的父亲那段时间正在住院，她每天送完饭后，就回办公室加班，从没因家里有困难就请假，最终在大家的共同努力下，10套产品顺利交付。由于响应市场快、产品质量过硬，工厂生产的产品代替了另一家公司，直销国外。目前，国内10套产品已于2018年3月9日发射成功，国外的10套也即将发射。

卫士系列近20年的发展，离不开卫士人一直以来秉承的严谨细致、与时俱进、开拓进取、团结一心、勇于奉献的工作作风。2017年，经过不断的总结提炼，该厂电动伺服项目部把“热爱、继承、创新、实干”作为团队精神，把“沉得下心、持之以恒、与时俱进、团结一心”这16个字作为文化理念，悬挂在该部显著的位置，印刻在员工心中，落实到自己的本职工作中。

创新　坚持　专注

■ 周体然

2018 年 3 月

笔者和卫士产品相伴已经有几年的时间了，作为一名基层工作者，每一次看着自己购买的电子元器件等产品被组装成漂亮的舵机交付使用，每一次听到前方传来发射成功的消息，内心深处就像见证了一个襁褓中的婴儿转变成人的过程，骄傲而感动。有时，望着美如艺术品的舵机，我会思考：我究竟在做一件什么样的事情？所做的产品除了让我们拥有一份工作之外，它还有什么样的意义？代表着怎样一种精神？又会带给我们怎样的改变？当谈起卫士精神时，我们究竟在谈论什么？

卫士在《现代汉语词典》中的解释是担任保卫工作的人。精神，指人的意识、思维、行动和一般心理状态。古代战争中，卫士就是保家卫国的人。我所理解的“卫士精神”是狼烟烽火里，驻守边疆、身穿铠甲，在“大漠孤烟直”的余晖中眺望塞外的笃定；是驰骋疆场、骁勇善战，在金戈铁马的号角声中奋不顾身的勇敢；抑或是现代高科技战场上，运筹帷幄之中、决胜千里之外的雄心和智慧。古往今来，男儿们身着戎装，怀抱满腔报国的赤子之心，保护着广阔疆域里的每一寸土地。

我们的卫士系列战术武器的职责也是保护国家的安全。说起卫士系列产品，它凝聚了七院众多参与者的辛劳和智慧。正是他们的不懈努力，卫士系列产品才能一次又一次地打靶成功，才能从国内市场走向国外市场。30 年了，究竟是怎样的精神一直激励着他们砥砺奋进？通过身在其中的体会，笔者提炼总结出了 3 个词语 6 个字，即“创新、坚持、专注”的卫士精神。

卫士精神，就是创新精神。2001 年，七院提出自主研发卫士型号产品，在当时无技术储备、无相关资料的条件下，各厂所勇担重任，充分发挥了七院卫士人勇于创新、勇于探索的精神，才让产品“出生”。远的不说，7111 厂研制电动舵系统的过程展现出的创新精神，就是航天七院所有卫士人创新精神的浓缩和象征。在研制之初，近乎从零开始的研发之路充满了种种挑战和不可预知性，需要随时解决各类实际问题。为此，他们日复一日地反复实验，有问题就想方设法解决，这样离成功就更进一步，通过反复发现问题、解决问题，最初的设想终于变成了可行的方案，设计图纸变成了实物，并在实践中不断改进，成为性能可靠的产品。

卫士精神，就是坚持精神。“假如给我一个支点，我能撬动地球”，那假如仅仅给你一台舵机呢？或许得到的会是一个不大不小的奇迹。卫士战术武器是一代人心血的结晶。近 20 年前，当年轻的技术人员杨德良背回第一台舵机时，他可能并没有想到，自己当初对于技术的这份简单的坚持会让该产品走向国外市场。当年两人的项目组，如今是项目团队，参与的人多了，可当初的那份坚持一直都在。在副总工程师杨德良的带领下，产品的型号越来越多，技术也在不断进步。如今，该团队掌握了高比功率高精度伺服传动技术、基于永磁同步直流有刷无刷伺服电机安全可靠驱动控制技术、快速高效的测试及系统集成技术等关键技术，为中小功率机电伺服技术在后续型号应用研制，奠定了扎实的技术基础。这一切都源自卫士人不忘初心的坚持。

卫士精神，就是专注精神。卫士系列产品之所以能成为军贸产品，是七院卫士人 30 余年来持之以恒专注于做一件事的结果，也是他们对敬业精神的最好诠释。他们一直秉承着“大处着眼，小处着手”的原则，专注于每一次设计方案的微小改动，专注于降低生产过程中低层次问题发生的频率，专注于收集最真实可靠的实验数据……他们对卫士系列产品的极致关注，让他们在工作中能够理性思考问题，实事求是地分析问题，有针对性地解决问题，最终在卫士人不懈努力下，给卫士将来的发展创造更多的可能。2017 年年底交付的 10 套产品，于 2018 年 3 月成功发射，销往国外的 10 套产品也即将发射。

“卫士”的英文写法中“Warrior”的首字母与“卫士”的代号缩写“WS”首字母相同，希望这巧合预示着“WS”系列产品将在海外市场大有所为，成为口碑良好的民族品牌。作为普通基层工作者，我们开拓创新、努力拼搏的工作态度，就是对“卫士精神”最好的解读和传承。

珍惜机遇　砥砺奋进

——忆我们的卫士岁月

■ 黄　金

2018 年 5 月

卫士型号项目是 7140 站参与承担的第一个七院军品项目，对于 7140 站型号科研来说具有特别重要的意义。对于这次难得的机会，型号研制团队尤为珍惜，倍感使命光荣、任务艰巨，同时也充满信心，必须成功，不能失败。

艰难起步

初涉型号项目研制，我们面临没有任何型号研制基础、没有任何经验可以借鉴，甚至不知如何下手的艰难局面。自己底气不足，型号总体单位也不敢贸然将任务交给我们，但我们有精湛的测试技术，我们有攻坚克难的劲头，我们更有执着的态度。通过不断地与型号两总沟通，在没有得到任何资金支持的情况下，我们自带干粮，利用现有测试技术，从发射车靶场动态参数测试技术研制入手，开启了我们的型号研制之旅。

初见成效

面对难得的机会，型号研制人员立即投入方案设计、软件编制、硬件制作等具体工作，充满信心地搭建发射车靶场动态参数测试系统。但当系统试运行时，研制人员发现测试系统指标距研制目标相差甚远，分析原因时才发现我们以前掌握的测试技术基本基于静态测试，这里需要的是动态测试，意味着不确定因素很多，先前的技术已不满足于型号测试需要。思维被彻底颠覆，研制人员备感失落。难道我站的首个型号研制任务就此砸在我们手里？这帮 30 多岁的青年心有不甘，失败只是暂时，研制团队有着一股子在型号研制方面“一炮打响”的决心，提供高质量型号产品的信心。他们不管白天黑夜，克服重重困难，反复推敲方案，反复试验，反复修改，硬是在短短3个月内，研制完成了发射车靶场动态参数测试系统，该系统在阿拉善、华阴等多个试验场得到充分验证，系统测试准确，运行可靠，为七院卫士型号的研制提供了可靠测试数据保障。从此，七院的型号研制队伍中已然有了7140站的影子。

硕果累累

信任靠实力赢得，型号两总感动于我们的努力和能力，小试牛刀后，我们又赢得多项重要分系统和关键零部件的研制任务。同样在没有任何经验可以借鉴的情况下，我们奔波于火控系统调试、引信通信调试、整车联试、靶场系统联试以及靶试各个试验过程，凭着一颗执着的心，攻下一个个难关，收获一个个成果。研制的引信装定器、压力开关、信号转接头、药温测试系统、电子引信、火控系统、通用化通信系统等，已形成型号研制成果型谱，部分技术达到国内领先水平。

十年磨一剑。卫士型号项目的成功参与不仅锤炼了我站的型号科研队伍，而且为型号科研生产管理积累了宝贵的经验，为后续承担载人航天工程项目以及多个军贸项目奠定了坚实的基础。

如今，秉承着珍惜机遇、坚韧不拔、顽强拼搏、无私奉献、万无一失、确保成功的共同信念，我们的型号研制团队正向着更高更远的目标砥砺奋进！

集成创新：让梦想海阔天空

——某攻击体系集成演示飞行试验纪实

■ 仝先刚 / 杨艳华

2016 年 6 月

2016 年 5 月 7 日，东北某试验基地。

指挥所外，无边无际的草原呈现的是一个多月以来里绝少见到的好天气：经一夜春雨洗礼，天空碧蓝，云朵洁白，鸟声啁啾，氤氲的空气中隐隐流动着春天的气息。

突然，一声巨大的轰鸣声袭来，某侦察无人机呼啸而起，划破长空，不久两发巡飞弹从无人值守发射装置内相继出击……伴随着声声巨响，一场由我院抓总的某攻击体系集成演示飞行试验震撼上演。

贴近实战精彩展现新型作战体系

“根据卫星侦察情报，在你部警戒区域内，敌方小股武装正在突击进犯，命令你部对该区域进行侦察，并摧毁所有敌方目标……”随即，野战模拟指挥所接收到北京指挥中心的作战任务及目标区卫星侦察照片。

紧接着就出现了文章开头那令人血脉偾张的一幕，某侦察无人机和两发巡飞弹呼啸而出，直奔目标点上空，进行巡弋侦察。

在野战模拟指挥所内，两块大屏幕上实时显示着飞行航迹和侦察图像信息，指挥人员正对战况进行实时态势分析。

上千公里之外的北京指挥中心，座无虚席。军方首长，集团公司雷凡培董事长、吴燕生总经理、徐强副总经理、金其明总工程师，七院龚波院长正通过远程视频指导本次试验。

“无人机侦察报告：发现敌群目标……”

“火力单元报告：巡飞弹发现敌指挥所目标……”

随即，指挥所下达攻击命令：“精确攻击弹对敌指挥所实施打击，制导火箭弹对敌集群目标实施攻击……”

“火力单元：5、4、3、2、1，发射……”精确攻击弹从无人值守装置内呼啸而出，对敌指挥所发起攻击。

“报告指挥所，精确攻击弹飞行出现异常……”

上级指挥中心随即启动预案，调用巡飞弹在线补充攻击。

距指挥所数百米之外的规划控制车内，操作人员迅速按照指令对一发巡飞弹重新进行在线航迹规划。

短短的几分钟让人感觉非常漫长，时间仿佛静止了。指挥屏幕上实时跳动着的飞行航迹，牵动着在场每个人的神经。

巡飞弹“直捣黄龙”，一击命中。刹那间，敌指挥所火光四射，被阵阵翻腾的浓烟所覆盖。

随后捷报频传，“另一发巡飞弹在观察到制导火箭弹命中目标后，也随即完成了对时敏目标的攻击……”一时间，整个目标现场响声阵阵，硝烟四起。

伴随着侦察无人机完成对整个区域打击效果的总体评估，试验总指挥、七院副院长王万军宣布，本次集成演示飞行试验圆满结束。顿时，北京指挥中心内掌声雷动，军方首长和集团公司领导对此次试验的成功报以热烈的掌声。

在40多分钟时间内，在空域相距1500多公里的北京指挥中心、备份指挥中心及某靶场指挥所两地三点间，由七院抓总研制攻关并指挥开展的集“侦、控、打、评”一体化的系统集成作战演示试验获得圆满成功，试验完美展示了集成化攻击作战的概念和过程，展示了我院武器系统的精确打击能力、作战控制能力以及装备体系化、集成化的研制能力和技术水平。

全程观摩本次试验后，军方首长连连称赞，给予了“超前谋划、技术引导、组织严密、过程流畅、贴近实战、展示全面、真实可信、用心可敬、试验成功”的高度评价。

集团公司雷凡培董事长难掩激动的心情，指出此次试验取得的成功来之不易，该体系是集团公司技术升级换代的体现，具有现代化、标准化、集成化等特点。他希望进一步完善体系建设，为用户提供成熟、可靠、高水平的产品。

此次试验是我院“十三五”开局之年系统集成与创新能力的一次有力展示，在收获成功的同时，进一步增强了广大科研人员的自信心和凝聚力，对我院转型升级、加快发展具有深远意义。

谋定而动科学决策标注梦想新高度

随着信息及网络技术的高速发展，信息化条件下一体化联合作战更凸显了“信息主导、实时联动、精确作战、体系击破”的作战能力。

该攻击体系正是适应信息化作战要求，基于“新军事变革”思想，着眼于满足未来独立作战和联合作战需要，应对未来国际、国内面临的安全威胁而发展的一种新型作战装备体系。

发展研制型号是七院实施创新战略的主要载体。2012 年，我院首次作为总体单位承担了某预研背景项目，从 2012 年 7 月开题立项到 2014 年年底，短短两年半时间，研制人员攻克了多项关键技术，项目获得显著进展。2014 年年末，以精确攻击弹、制导火箭弹与巡飞弹集成作战演示为目标的集成演示飞行试验策划工作在七院迅速紧张地展开。

该项目得到了集团公司高层领导及主管部门的大力支持与帮助，围绕前期关键技术攻关与试验验证的推进，几年时间里，七院获得了集团公司全方位的支持。2015 年 4 月初，集团公司董事长雷凡培亲临七院检查指导工作，指出七院“要着力抓好自主创新工作，要为集团公司建设国际一流大型航天企业集团作出自己积极的贡献”；集团公司吴燕生总经理多次具体指导，听取汇报，提出要求；徐强副总经理、金其明总工程师亲自协调、指导，推动项目不断取得进展；集团公司研究发展部、武器部在项目方案制定、技术协调、立项评审、专家组组建以及试验组织等方面给予了持续的指导、帮助。

2015 年 6 月，集团公司下发《关于进一步加强某攻击体系集成演示飞行试验工作的通知》，集成演示飞行试验项目领导与工作团队正式确立。2015 年 8 月 12 日，院组织召开了研制型号工作推进会，全体院领导、各单位党政一把手、型号两总、部门主要领导等 200 余人参加，这在院自主创新的发展历程中还是第一次。同时，院党委借“三严三实”专题教育之机，及时在研制型号领域开展了“准确把握新常态，三严三实求发展”的专题形势任务教育，下定决心举全院之力、聚万众之智，把以某集成演示体系为代表的自主创新研制工作推向前进。

按照龚波院长提出的研制型号“要把识别任务风险作为抓好型号工作着力点”要求、四类型号“四个必须成功”的质量工作标准要求，各分系统瞄准集成技术指标和状态要求，以确保演示“百分百成功”为目标，开展了大量协同攻关。

为充分验证全系统工作的协调性和匹配性，2015 年年末、2016 年年初，院组织开展了多次模拟真实集成飞行试验状态的全系统联调试验，以充分暴露可能存在的问题。

各系统通过加强地面试验验证与联调联试，摸索寻找、调整确定各系统在集成体系中的最佳状态。

在八九个月的时间里，在集团公司的指导、支持下，各分系统团队经过大量精心细致的艰苦工作，为后续试验奠定了坚实基础，保成功信心满满。

挥洒辛勤的汗水、付出不懈的努力，时光回馈七院人的也非常丰厚：项目技术成熟度不断提高，系统集成与创新能力显著提升！

多年来在自主创新之路上执着奋进的七院人，成为“国内首创、国际一流”系统集成商的目标已不再是遥不可及的梦想。

首次抓总空天地一体化经受考验

集成不等于几个大小系统功能效用的简单相加，多个小系统需紧密结合为一个共同体，集成整合在一个大体系内，既要保持自己独特的功用效能，又要协调共融并流畅地发挥武器系统“侦、控、打、评”等方面的能力和协同攻击作战效能。这对各个分系统都提出了“有难度”的挑战。

2016年3月末，试验队开始组建。针对试验任务重、要求高的实际情况，由副院长王万军亲自担任试验队队长。

“相比于我院以往所开展的单个型号的飞行试验而言，此次试验是我院首次抓总联合协同作战的一次全新尝试。”王万军坦言，如何将这种集“侦、控、打、评”于一体的新型作战体系由概念转变为实战，试验队没有可以借鉴的经验，一切都要从零开始，一切都需要在实践中摸索。

试验体系复杂、系统众多、参与单位多、参试人员多是本次试验的突出特点。“这就要求我们对每项工作都要精心组织、精心操作、精心判读、精心总结。”4月7日，在靶场完成产品卸车任务的当晚，副队长、项目总师杨宇彬就组织召开动员会，指出此次任务的重要性，并对下一步工作作出部署。

“对组织管理、协调保障工作来说，困难程度前所未有。”作为试验队副队长、总调度的林彦，事无巨细，整天忙碌于各方面的协调。为此，试验队几乎每天晚上都要召开协调会，解决白天遇到的问题，布置后续的工作。

此前，制导火箭弹曾开展过多次飞行试验，但作为大集成的一个分系统参与试验，是第一次。面对集成演示战标要求高、进场弹数多、可靠性指标要求高、准时发射要求高等挑战，试验队副队长、该型号总指挥苏凡提出了“提高认识，高度重视，加强协调，振奋精神，确保成功”的要求。在苏凡和总设计师黎帮友的带领下，该团队采取加强进场前产品质量管控、加强火箭弹与地面装备的检测，压缩、优化发射流程等措施，确保满足集成系统的指标要求。

为了达到精确攻击的演示效果，精确攻击武器系统团队对末制导的控制算法和导引头的算法进行了优化设计，还专门研制了具有爆炸效果的爆破战斗部。

作为此次试验重要组成部分的指挥控制系统，就如同“大脑中枢”，要将多个分系统有效衔接起来，需要快速掌握、处理各种突发情况，并确保各项指令快速有效的传达。

作为指挥控制系统的负责人，杨宇彬和地面指挥通信组副组长刘正敏带领人员在既有的平台上，与指挥所、规划控制车、宽带组网通信系统、卫星通信系统以及火力打击单元等多个分系统进行不断的联调。

“试验中任何一个系统出问题都会牵一发而动全身，影响最终的成败。”尽管在进驻靶场之前已开展了多次模拟真实试验状态的全系统联调试验，查找薄弱环节，降低试验风险，但真正到全系统联合联调试验时，还是有意外状况发生。为了达到最佳状态，经常加班到深夜成了试验指挥系统团队的工作常态。

在火力打击系统方面，我院研制生产的巡飞弹、精确攻击弹和制导火箭弹悉数登场，在完成攻击任务的同时，展现出了各自优异的性能。

作为巡飞弹和精确攻击弹两个型号总指挥，杜晓东还兼任了试验队的临时党总支书记。他说：“每次试验我们都是尽力而为，能想到的必须做到，能做到的必须做好。”

该巡飞弹曾创下我院型号研制中的多个“首次”，不仅完成了对目标的协同搜索和评估，还成功应对了突发状况，发发命中靶标，展现出了优异的水准。

精确攻击弹两次发射直接命中靶心，该型号副总师李权认为，产品的可靠性和风险分析工作还需要进一步加强。

此次试验对制导火箭弹的战标要求提高了一倍，这就意味着每次演示的 4 发产品都不能出现失误。该型号总指挥苏凡说：“我们就增加演练，压缩、优化发射流程来保证发射时的熟练性、可靠性，要求不增加一个多余操作、不减一个有效操作。”

在数次演示试验中，该型号打出了最好成绩，达到并超越进场战标要求，个别制导火箭弹直接命中目标。

该型号总设计师黎帮友表示，此次制导火箭弹的状态多，稍有不慎就容易搞混。“通过此次试验，我们还要进一步优化设计与工艺，在控制产品成本的同时，尽量提高设计产品可靠性，真正做到产品可用、管用、好用。”

此次试验任务的策划、协调和落实都得到了集团公司领导和总部业务部门的大力支持。集团公司徐强副总经理、金其明总工程师曾多次听取我院研制工作情况汇报，协调集团公司内部各家参试单位全力配合，在人、财、物等资源上给予了充分保证。

试验期间，金其明总工深入试验基地指导工作，为参试队员们鼓劲打气，激励大家严格严肃对待后续工作，好中求好，精益求精，确保各项工作做到位。

在一个多月的时间里，试验队先后进行了系统联合演示飞行试验、集成演示摸底飞行试验、对外演示飞行试验和对内演示飞行试验等四次试验。

在这样的高强密度下，全体参试队员将使命扛在肩上，把责任牢记心里，以必胜信念凝聚起了磅礴力量，以共同努力收获了试验的成功。

精益求精聚焦体系勇于攻坚克难

“走进试验场就是上战场，完成科研试验任务就是打胜仗。”

作为事关集团、七院一个领域未来发展的重大创新项目，如何在前期富有成效的工作上，确保进场靶试期间产品、试验质量有效受控、风险可以把控，多轮次演示试验圆满成功，试验队领导、各分系统领导及全体参试队员压力巨大。

院技术控制委员会对参试的每型产品及装备提出了严格的产品质量控制要求。要求各型号队伍按照“时序动作分析法”“纵横交错检查法”“外协外包三步曲”等技术控制方法，对各单点、关重点、薄弱环节的风险进行深入识别、分析，制定细化的工作预案。

对指挥控制系统来说，各分系统由大量的单机、设备组成，各分系统之间的接口复杂，所有的指令信息都需要汇总到指挥控制系统这个“大脑”进行统一处理、分发。进场后，面对新的试验环境，由于系统流程十分复杂，环环相扣，天、地、机、弹等各系统之间的任务协同、时空协调问题，各系统高可靠性保证问题，各系统间的无线电通信频率管理与电磁兼容及抗干扰问题，都必须在短时间内力争验证充分。

5 月 7 日演示试验前夕，最新方案要求通信指挥系统必须确保实现北京两个点位（指挥中心、备份指挥中心）与试验基地上各点位的畅通无阻，系统测试工作量陡增。刘正敏组织团队细化测试工作计划，昼夜加班以确保实现测试全覆盖、系统无风险。在“新确保”的工作模式下，指挥所内吃盒饭、加班到凌晨一两点是团队的工作常态。

集成演示指挥系统与靶场试验指挥系统如何协调同步也是试验工作的一大难点。巡飞弹技术协调兼现场指挥郭海波兼职负责同基地的协调工作，每一轮次试验开始前，从基地对我方的要求、我方状态的变化，到基地需提供的设备、航迹的变化更改、气象的要求等等各方面的技术、设备、状态、点位包括口令变化细节等，都需深入沟通，这确保了几轮次试验的高质量进行。

作为集成体系中的核心分系统，巡飞弹和精确攻击弹总指挥杜晓东、型号总设计师徐洁银更是深感压力巨大、挑战空前。

“单个系统已成功或成熟，不等于纳入体系就一定能成功。这两型弹都还在研发阶段，不属于成熟产品。本次演示验证飞行试验要试射 6 发巡飞弹、3 发精确攻击弹，并确保成功，团队面临的是前所未有的巨大挑战。”这是杜晓东、徐洁银共同的深刻感受。

此次试验，精确攻击弹型号团队只有 9 个人进场，人手少、时间紧、工作量非常大。队员们发扬多岗位奉献、团结协作精神，克服工作量大的困难，在前两轮演示试验中均精准命中目标。

巡飞弹系统结构非常复杂，一个单机光线缆的插头就多达几十个。以往组织单一型号飞行试验，该型弹做一发飞行试验需要 10 天左右准备时间。本次靶场计划安排将准备时间挤压到三四天，每个岗位工作量倍增，加班是必须的。

4 月 22 日上午 10 点，靶场 CT 工房。首次全系统摸底飞行试验在即，巡飞弹总设计师徐洁银、副总设计师李富裕率设计师方玉琪、薛青、李洋，总装厂装配工唐海蓉，工艺张晓曦等正在对两发巡飞弹进行地面测试结束后的技术状态检查确认，确认完成后，这两个“宝贝”就将被封闭所有窗口盖，装箱待战。

在对后舱检查时，方玉琪发现其中 1 发弹的后舱螺旋翼有异响！他马上再次伸手探查，声音不复现；用手电筒照射舱内探查未见异物；于是，几个人合抱将弹体旋转 90 度，复检，声音仍未复现。现场气氛一时变得十分凝重。方玉琪提出，经以上探查不能判定是否有异物落入，应该打开后舱检查。

开舱检查意味着刚刚完成的大量工作必须推倒重来，将面临加班时间再度被延长的情况。

没有迟疑。徐洁银、李富裕立即组织在场人员一一断开相关连接，分离，取下后舱段，仔细地进行复查，确认，判听，直到可肯定地确认舱内未现多余物，产品高可靠，大家才舒了一口气。重新插接、组合、捆扎、固定……工房里又恢复了紧张繁复但活跃的工作气氛。

5 月 4 日，该型号发动机地面试车，测试参数正常，但试车后对记录仪数据进行判读时发现发动机转速在 180s 时出现微小波动。为确保万无一失，“两总”决定换发动机后再试车。深夜，杜晓东、徐洁银、李富裕一同深入剖析问题，全面进行了风险分析，研讨制定下一步应对策略。6 日上午，该型号团队再次冒雨更换发动机。4 次更换发动机再进行试车，涡喷发动机所有参数均正常，与出厂试车数据一致，可以按时投入试验。

5 月 5 日，王万军副院长率院相关人员在北京指挥中心开展紧张的演示准备工作。集团公司金其明总工程师、集团研发部郭俊宏处长和七院科技委主任郭凤美从北京飞赴基地，现场检查指导工作。在当晚召开的战前动员会上，金其明总工程师提出了“更加严格、严肃地工作”要求。

“一个月的时间打 6 发弹，这几乎等于去年一年的任务量，并且 2 发巡飞弹连射的试验状态以前我们从未尝试过!”演示验证圆满成功后，回顾这一个月的工作，李富裕自己都在惊叹。

“这一个月就像真正在战场上打仗一样，高度紧张，极高强度，压力巨大，心力交瘁。”靶试成功的第二天，徐洁银一脸疲惫地感慨。从 7 日宣布试验圆满成功的那一刻开始，他的心思已转入精确攻击弹归零工作，同时开启 6 月份该型号赴靶场开展增程试验任务的准备模式。

“本次集成演示验证，试验队表现不错，主要是因为我们有一支出色的队伍。”在试验队临时党总支书记杜晓东看来，伴随这个型号近几年的发展进步，特别是经过挫折与失败历练，队伍已经明显成熟了。本次高强密度试验经历，又是一次全新的成长和提升。

一击制胜向首个“中国航天日”献礼

2016年4月24日，首个“中国航天日”。

当全国各地纷纷开展各类纪念活动的时候，距离七院本部数千公里之外的参试队员们，正经历着一次“大考”——首次全系统集成演示飞行试验。

这次试验是对前期各系统准备工作的一次真实检验。此前临时党总支已向全体参试队员发出倡议，把本次试验的圆满成功作为检验“两学一做”成果的唯一标准。

“在这支试验队中，70%以上是党员。”临时党总支书记杜晓东指出，“我们要求广大党员充分发挥先锋模范作用，带好头，作表率。”

据统计，此次试验仅各种测试、检查表格就有40多种，繁琐的任务被细化为500多个小项，覆盖了整个测试流程。参试人员严格按照表格化管理，对测试数据一一判读，不放过任何一个跳点。

同时，试验队坚持深入开展“双想”活动，从技术风险、产品风险、操作风险及管理风险等四方面系统分析存在的风险，对可能出现的情况做足预案。

“其实在测试中出现问题不可怕，可怕的是没有发现问题，让产品带问题上天。”该型号副总设计师李富裕深有感触，“我们必须要以问题为导向，将风险降到最低，提高产品的可靠性。”

在此前的转场评审中，院科技委主任郭凤美率领专家组对转场报告进行了认真评审，协助试验队对试验风险和预案进行了再梳理、再细化，确保各级产品单点故障模式识别及控制的充分性和有效性，确保应急预案的现场可操作性。

试验当天，全体参试队员 6 点准时赶往发射指挥阵地。随着各项准备工作进入尾声，天气条件却变得愈发恶劣起来，风越刮越大，一度达到了六七级，这是对产品飞行的严峻考验。

面对巨大压力，各系统队伍暗自较着劲，必须确保试验的万无一失，以自己的实际行动向首个航天日献礼。

功夫不负有心人。试验过程虽艰辛，但试验任务完成得很圆满。

在北京全程指导试验的龚波院长，难掩心中的喜悦与骄傲。他说："大家不负众望，在首个中国航天日用自己的实际行动表达了最热烈的庆祝，我代表院党委和全院干部职工，向你们表示最诚挚的感谢，希望大家再接再厉，把后续工作做好。"

首次集成试验圆满成功犹如一剂强心针，激发出了试验队员们无比高涨的热情，对下一次成功的自信在每个人心中充盈、升腾。

这次试验首次系统验证了某攻击体系组成、基本架构及灵活重组模式；验证了体系侦察、指控、打击、评估的作战性能及作战流程；也系统验证了三种基本打击模式的区域作战协同打击能力。

大力协同成功是对每个人的最高褒奖

从西南到东北，从盆地到草原，从初来乍到时的春寒料峭到离开时的春意盎然，1个多月的时间里，参试队员们肩负责任与压力，用严慎细实的作风和连续作战的拼劲，实现了我院研制型号创新道路上的一次次壮举。

从进入靶场的第一天起，大家着装统一，佩戴标有“航天七院”红色字样的帽子非常醒目。

成功的渴望和试验的不确定性煎熬着他们。每次试验，从日出到日落，那种难以言说的喜悦和紧张情绪便紧紧地揪着每一个人的心。

院党委高度重视试验队的党建思想政治工作，在试验队组建之初即成立了试验队临时党总支，建立了政工组。

试验队进场之后，临时党总支按照院党委“两学一做”学习教育工作总体安排，结合在场任务实际情况，组织全体试验队员特别是广大党员干部开展了“做表率见行动，当先锋保成功”为主题的“两学一做”主题实践活动，增强了试验队党组织的凝聚力，提振了队伍的精气神。

在繁忙的试验间隙，政工组还为在试验期间过生日的7名队员送上生日蛋糕和温馨祝福。蜡烛点燃，生日歌响起，不经意间，大家说出的是共同的心声：“希望咱们这次任务圆满成功。”

试验期间，寒冷、狂风是当地天气的主旋律，考验着全体队员的承受力。战严寒、狂风、黄沙，克服饮食不习惯，克服吃不到新鲜水果蔬菜，克服野外、户外作业多，空气极端干燥导致皮肤过敏疼痛等太多太多困难，队员们坚守自己的岗位，担起了那份与岗位相伴而生的责任，以乐观拼搏的精神，超常工作，感人至深：

——几个轮次靶试任务，每一次参与的人员包括领导、专家、来宾、配套协作单位人员都有不小的变化。面对这个“体量大”而又处于经常变动状态的队伍，王小敬、尚将两个“后勤保障”可真操碎了心！接谁送谁，给谁买票，几个人要住进来，几个人要走，有人半夜离开，有的凌晨到达，派哪辆车接谁、送谁，就餐人数，临时加班需与餐厅沟通是改变就餐时间还是提供盒饭，落区的协调组织……全盘的情况必须了然于胸，他们不分昼夜地迅速协调落实工作。

——车在路上跳，人在车里跳，心在肚里跳，对于每次赶往落区搭建靶标的人员而言，这样描述一路的颠簸最为形象不过。一行人在组长的带领下经常是凌晨四五点钟迎着朝霞出发，就着风沙用餐。

——一次发动机试车的时候，突然下起了雨，参试人员赶忙架起了简易帐篷。操作空间非常狭小，为保证产品不受雨淋，很多队员站在帐篷外侧，任凭雷声阵阵、风吹雨打，依然专心地依照程序进行着测试。

——运输保卫保障小组是本次靶场试验最辛苦的小组之一。同其他试验队员相比，他们提前一周出发，晚一周撤回。八千里路云和月，他们晓行夜宿，一路风尘，一路警醒，艰辛备尝。

——制导火箭弹自摸底试验时，当地发布大风降温蓝色预警。试验从下午5点多持续工作到晚上10点多，再加上试验前准备时间，队员们已经在极寒大风的户外，持续作战六七个小时。送到“阵地”上的热饭、热水，瞬间冷透。试验结束时，整个人已经被“冻木了”，自身感觉“像个冰坨子”，虽然保障组及时送来了红糖姜汤，但还是有几位队员因此严重感冒。

——“五一”前夕，刘正敏被评为2016年集团公司劳动模范。“五一”期间，因靶场工作任务非常繁重，他未能参加集团公司迎“五一”“航天梦·劳动美”座谈会。在长期工作的压力之下，还未满36岁，他两鬓已现出了些许白发。刘正敏的妻子琚玲，是分管巡飞弹和精确攻击弹两个型号的调度，这次实验任务期间也一直坚守在靶场。他们刚刚上小学一年级的儿子只有交给奶奶来带。管吃饭、睡觉、洗衣，检查作业签字，老人还应付得来，可遇到“网上安全教育平台作业”，孩子只有向远在几千里之外的爸爸、妈妈求助，在紧张工作之余，他们夫妇就通过电话和网络远程指导帮助儿子完成作业。一个多月的试验期间，夫妻同在靶场，分居两处，在各自的岗位上辛苦忙碌。5月9日，试验结束撤场回蓉途中，刘正敏在首都机场接到新的任务，便又匆匆直接飞赴西安。

——王启宇作为精确攻击弹型号总体，既要与靶场进行型号项目技术协调，又要参与大量的产品地面测试，还负责该系统转场报告的编写，在集成系统的操作岗上也有非常重要的操作任务。一人身兼数岗数职，加班、加班、加班，是常态。但这个在靶场度过了 37 岁生日的小伙子，总是言语不多，静默地将手头的工作一一高质量完成。

——每次演示试验，巡飞弹和精确攻击弹两型 3 发弹的精彩表现，离不开两个“捕控手”的精准操作：分别在 10 秒、20 秒的短暂时间内完成判读数据、观察航迹、选定时机、精准操作，被称作“关键一击”，直接决定试验成败！这两个岗位承受的压力非同寻常。李富裕和控制系统总体技术协调兼操作王进，被称作“捕控双子座”，他们以强大的承压能力，在几轮演示任务中始终快速反应、精准操作，成为靶试高强度任务中的“两大名捕”。

——程远林是指挥通信组这个团队里的“大忙人”，他身兼地面指挥通信组靶场指挥所操作控制岗、指挥系统协调、巡飞弹遥测系统操作测试、巡飞弹记录仪检查测试、火箭弹简易测发控操作等多个岗位，哪个岗位任务来了，他总是迅捷地到岗，专注地完成任务，像只不知疲倦的工作陀螺。妻子的预产期在 5 月初，对此，小程心里充满了歉意，繁忙的工作间隙，他能做的只有打电话、发微信问候一下，心中期盼着“我们的试验早一天圆满成功，我就可以早一天回家迎接自己的宝宝了!”

——在本次试验任务现场，18 名女队员组成了“战场”上“保成功”的一道靓丽风景线：

被大家亲切地称为“车主”的侯静，身兼规划控制车指挥、数据链检测操作、数据链系统检测、复核等多个岗位工作，工作量非常大，但她工作认真、负责，四轮演示试验，我们的规划控制车因为这样一位严谨负责的“车主”而“战绩”突出。

崔允红的岗位是巡飞弹姿控、制导、导航系统测试检查，因试验周期紧，测试工作量大，在户外检测、测试判读数据时，她在电脑前一站就是几个小时，人被朔风吹得黑黑的，但她认真细致，和同伴配合默契，任务完成得相当漂亮！

担任火箭弹检查与操作岗位工作的蒋莉，检查检测认真、严格，一丝不苟，对每发弹的状况了如指掌，选哪一发弹去参战，她最有发言权。在阵地上推、抬、装、卸的重活儿，她动作利落、精准，不让须眉。

负责试验过程质量管理的薛梅，严格把控整个靶试期间的全过程质量管理工作。其间，儿子在家发烧住医院，她心焦不已，但悄悄打个电话后，便又专注地投入工作……

唐海蓉是巡飞弹型号装配工，每次合练时，要把产品从测试厂房推到发射阵地上，她直接将绳子缠到腰上，拉着产品迎风走在队伍的最前端，被大家形象地称为“纤夫的爱”。

难以忘记，“大考”的前一天，起大早赶往落区的汽车深陷沼泽，大家人拉车拽，各种方法用尽，弄得满身泥泞；难以忘记，正搭建靶标之时，阵雨来袭，偌大的草原上竟无处躲藏，人们瞬间衣裤湿透；难以忘记，当型号命中靶标后，大家奔走相告，中啦！成功啦！紧张、激动、喜悦印在每个人脸上。

“五一”国际劳动节前夕，试验队收到了集团公司党组发来的慰问信，向节日期间奋战在试验基地的参试人员致以崇高的敬意和亲切的问候。

这就是靶场的工作与生活，充满着艰辛和不易，但队员们乐观面对。无需任何褒奖，胜利是他们最终的追求，也是对他们最高的褒奖。

刚刚经历了一场紧张激烈“战斗”的试验队员们聚集在帐篷前的空地，连日来的疲惫掩不住成功的喜悦，掩不住与成功相伴而生的自信与自豪。

极目远望，科尔沁大草原承托着广阔的天宇，阳光和暖，云淡风轻。

刚刚圆满完成了一个月高强密度试验任务的航天七院人，此刻真切地感受到，春天已然来临！

飞腾的“天火”

王　湖

2019 年 6 月

2013 年 11 月 21 日晨，D 国的阳光灼热而刺眼，前往某空军基地的中巴上，坐在窗边的几个试验队员用手拉着坏掉的窗帘，希望将灼人的阳光尽可能挡在车窗外。车过大桥，几只俏皮的海鸥与车伴行，卖力地扇动着翅膀，就优美地滑向尼罗河对岸。“要是我们的产品也能滑得这么漂亮就好了！”不知谁百无聊赖地说了这么一句。

这已经是试验队从充满着浓浓战争气氛的前线机场返回的第 9 天了，由于试验飞机担负着战备值班任务，试验变得遥遥无期。这是第几次去机场交涉，大家都记不清了，本以为又会在甜腻的红茶和朗朗的祷告声中度过无聊的一天，却没想到临近中午就接到“飞机马上从前线返回，今天必须完成试验”的通知。

人员还分散在前线和后方，产品只有装订时间，根本来不及作射前检查，落区点位倒是早就选好，但根本就来不及去人，飞机火控也没检查……这么匆忙不像试验倒像是打仗，但这支队伍不是一直这样战斗着吗？

最快、最快、最快

2007 年 1 月 6 日，航天宾馆顶楼会议室，七院各单位“一把手”汇集一堂，一个名为“天火”的项目动员会在此召开。院领导要求配置最强的两总，组建最强的队伍，给予最大的支持，要以最快的速度，一年完成三阶段，年底带出小批量。

1 月 7 日下计划，1 月底下图，3 月模样弹出来……5 月底转入初样阶段，7-9 月完成大部分地面试验和 1 次合练弹挂飞试验，10、11 月完成飞试产品生产，12 月就开始总装……这是一个前所未有的速度，与那个年代动辄 3-5 年的型号研制周期相比是不可思议的，即使放到今天也令人咂舌。

研制伊始，针对问题反馈、处理慢的状况，型号两总提出了“双快”要求，即“问题上报快，处理意见快”；具体又有“123”的要求，即“1 小时报两总，2 小时初定位，3 天内必处理”；针对进度紧，工作易疏漏的问题，又提出了“准、稳、细”的要求，即“方案制定准，操作执行稳，问题查找细”；针对涵盖要素多，难以全面掌握信息的问题，坚持通过周例会制度把控全局；针对关键任务、关键节点，实施“责任人”制度，确保“人盯人”，坚持“关键问题不过夜”……通过一系列的手段和措施，确保了研制队伍状态“三不乱”，即“思路不乱，状态不乱，管理不乱”，为项目圆满完成奠定了良好的进度管理基础。

进度和质量是天生的“一体两面”，最快的进度如何确保最优的质量？在型号总指挥黄尤贵的带领下，“打破阶段藩篱”“该抓就抓，该放就放”“该归零的彻底归零”等一系列管理原则在型号队伍内铺开。从 2019 年回溯，在新的《装备条例》即将下发之际，阶段合并已经写入军工管理顶层文件。然而，2007年还不是一个谁都敢质疑航天研制管理的时期，经历了20世纪90年代多次失败甚至以鲜血的代价总结出的航天管理经验，被证明行之有效，正在军工行业内被广泛推广。

当方案阶段就完成了初样甚至试样阶段的地面试验时，当跟产的设计提着还未交付的产品参加试验时，当地面试验刚一结束就投产时，“你们这么搞行不行？”“这是违反程序文件的！”“这样弄出的产品质量能有保障吗？”一时间各种质疑声、否定声甚嚣尘上。

事实上，在广泛开展并行工程，大量采取提前备料、提前投产的同时，型号两总在飞试日期不断临近时提得最多的是这句话：“试验不充分不去、分析不清楚不去。”更早之前，仅就卫星导航系统出现的问题，型号两总就召开过3次以上的专题协调会，在近两个月的周例会上也几乎每次必听相关汇报，组织队伍多次赴前方院所咨询相关专家。对软件这个在当时并未引起很多人重视的“软件”，是否严格按照工程化管理，也成为型号两总关注的重点……“该抓就抓，该放就放”一句简单的管理格言，背后是两总多少殚精竭虑的运筹帷幄，是型号队伍多少个不眠之夜的精耕细作。“成功没有捷径，只有通过看不见的付出，成功才会来回报你。”

2007年就完成总装的产品，终于在2009年的最后一天于天山南麓舒展开它那华丽的“翅膀”，翱翔在罗布荒原之上。一举成功的同时，也将同类产品最远射程纪录保持到今天，在那个寒冷的冬季为七院人带来了一把温暖的“天火”。

便宜、便宜、便宜

2011年7月10日，下班后没了空调的院办公楼里，型号二处的办公室烟雾缭绕，闷热难耐。杨廉处长的电脑上，经过两总、财务和调度反复磋商，“38.5万”这个成本新鲜出炉，这也是迄今为止国内同类产品最低成本。打个不恰当的比方：这价格在当时仅够买九院同类产品上的一个惯组。

航天产品的成本从来就没有多少“道理”可讲，经历了复杂的器件“筛选”，经过了严苛的地面试验，最后少到可怜的订货数量，决定了航天产品高可靠的代价一定是“高价格”。

军贸市场的价格同样也没有多少“道理”可讲，类似一件装备卖给土豪也许就是天价，卖给亚非拉第三世界可能就是青菜萝卜价。最终，我们的产品被第三世界的朋友看上了。

在2009年完成一型产品首飞后，2011年型号队伍接到了另一型产品的军贸研制任务。在与来自贫穷的非洲合作伙伴签约的同时，“控制成本”就成了技术实现以外最最重要的事情。在型号两总的组织下，一个由设计、调度、财务组成的成本价格工作组成形了。

“70%的成本在设计论证阶段就被决定了，必须采用新的设计理念和设计方法，从设计源头上使产品达到性能优、工艺性好、易维护、好保障的要求，进而降低产品全寿命周期成本。”这是型号两总在该型号启动伊始就给设计提出的要求。设计师们从原材料开始就一个一个开始“深挖细抠”：一个小小的底座，到底是用205A还是114A，在搞材料出身的黄总带领下，不断试验新的工艺方案，不断失败，再试验，终于取得突破。一个小小的吊耳的材料、一个小小的电路的复杂程度、一个小小的舱盖是否方便装卸……在管理上敢于大刀阔斧进行改革的型号两总，对于设计成本的控制却像是锱铢必较的“守财奴”。

管理人员的谈价之路也并不轻松，目标成本确立以后，在广泛地征询了国内同类产品均价的同时，启动了研制阶段锁定批产成本、多家优先、竞标采购等手段。“力压XXX，争取XXX，拉拢XXX，挑动3家竞争，多轮循环压价……”这样的字眼不断出现在各个单机谈判预案里，这副“奸商”嘴脸对于早已习惯价格“等、靠、要”的航天人来说确实是一个全新的世界。在最后的合同谈判总结中，“历史最低价、400套以上的批产价、该价格仅针对本产品……”的字眼屡屡出现，很多供应商哀叹道：“做一件亏一件，不做又不甘心。”其实，在商言商哪有亏的道理，无非就是被利润逼到了极限。

创新、创新、创新

由于种种原因，这支型号队伍暂时完成了它的历史使命，但看看这支队伍的设计人员今天所处的位置，会惊奇地发现他们已成为了多个创新型号的技术骨干。这支队伍像一所学校，为七院培养了许多管理、设计人才。这支队伍像一棵大树，树根深植七院的沃土里，树冠向四方不断拓展，枝繁叶茂。之所以能桃李天下，归根到底还是这支队伍在研制过程中，不断创新，不断攻克一个个关键技术，并将其在新的型号中不断衍生放大的结果。

让我们回顾一下 2013 年院长特别奖的颁奖词：“该型号在研制过程中勇于创新，突破了‘大升阻比滑翔技术’‘基于 GPS 的动基座自对准技术’，在我院首次应用‘BTT 控制技术’，使该型号技战指标达到了国内同类产品领先水平……”

事实上，创新远不止颁奖词中所提到的那些。这一型号在空基武器领域还第一个完成了飞机火控改装，第一个完成了多型机载平台挂载，第一个完成了机弹分离安全性计算，第一个完成……一系列的突破为后来的巡飞、巡航领域开拓奠定了坚实基础。

如果说今天“创新”已经成为这个时代的主旋律，那么这支队伍早在 12 年前就用一种“顶住压力，永不言败”的精神诠释了什么是求实创新。

惊险、惊险、惊险

战争对大多数人来说是一个陌生而遥远的名词，然而我们并不是生活在一个和平的年代，我们只是有幸生活在一个和平的国家。

2013 年 11 月 5 日，因试验飞机需在前线值班，为尽快完成试验回国，试验队经与外方高层协商，决定赶赴前线机场开展试验任务，由此开启了一段惊险的战地旅程。

运弹车、弹药、测试设备，还有各种奇奇怪怪的私人零碎摆了萨法特空军基地的 An-12 停机坪的一大半，一台运弹车半悬在 An-12 的货舱跳板上死活上不去。非洲朋友不信邪，打个倒挡猛地退出 60 米开外，再一脚地板油，把这个双排座的小货车开出了法拉利的感觉，直接冲进了 An-12 的机舱。只听机舱内一声刺耳的急刹，货车差 2 公分就撞上了机舱顶部的横梁，惊得中国小伙伴一头冷汗，让人无比怀念我们的技安人员。各种测试设备和备件被非洲朋友麻利地“扔”进机舱，碰撞之声让人以为他们在给拖拉机上砖。前一刻还在说要请中国朋友吃晚饭的非洲朋友，下一秒就莫名其妙地隔着滑动中的飞机舷窗跟你拜拜了。这不像坐飞机，就像村里老大爷搭了趟拉砖的拖拉机进城购物，那个随意和潇洒，在其后的几次飞行中更让中方人员有着深刻的体会。

在前线机场开展了飞机火控升级、机弹联调、飞行员和指挥员理论培训及实操强化培训后，大家在 11 月 12 日顺利完成了 2 发 ATM 弹的飞行员空中操作训练投弹。万事俱备，就等实弹的最后一“SHOOT”。然而，此时前线的局势骤然变得紧张起来，大街上士兵们荷枪实弹，装甲车、坦克来来往往，偶尔还能听到零星枪声，我们试验的飞机也挂上武器，准备随时投入战斗。

为了大家的安全，大部分人员乘军用运输机紧急撤离。第一批人员由徐洁银副总带队搭乘 An-24 运输机返回 K 城开展落区勘察。让中方人员感到诧异的是，这架挤满了伤员、战俘、部落酋长、军官家属的飞机充满了欢声笑语，大家一点也没逃难的感觉。人们互相热情地打着招呼，一脸兴奋。包括那个穿着短袖中山装的战俘（也可能是反对派领袖）戴着手铐和看守以及对面的酋长开心地聊着什么，说到高兴处还抬起双手，用手铐敲击一下舱壁，感觉这位头目一点也不担忧，倒像去参加一个大型粉丝见面会。要不是躺在机舱地板上的伤员不时痛苦地呻吟两声，还以为进了《快乐大本营》录制现场。飞机起飞，徐副总痛苦地发现五六个酋长一窝蜂地围到了驾驶室，这让搞飞行器总体多年的老徐紧张地捂住了双眼："这么个小飞机，机组没有配平的概念！"酋长们你一言我一语，探讨着怎么驾驶这架 30 年的二手飞机……在节日般的喧嚣中，第一批撤离人员胆战心惊地抵达了 K 城国际机场。第二批撤离人员虽然坐着伊尔 -76 这架大飞机，可各种枪支、弹药堆满了机舱，这些陈旧的弹药安全性都得打个大大的问号，攥着一手心汗的试验队员经过四十多分钟提心吊胆的飞行，终于远离战火，在 K 城安全会师。

集团公司发来的贺电中，"试验队在外方战乱、局势十分紧张的情况下……克服重重困难，精心组织，团结协作，苦战高温……得到了用户的高度评价和一致认可。"再看贺电时，无数往事浮现眼前，更让人倍加珍惜眼前的和平与安宁。

飞腾、飞腾、飞腾

让我们把时间拨回到2013年11月21日的下午，一起重温那远在非洲大陆的激动和兴奋：

15时10分：试验飞机从600km外前线机场转场某基地。

17时10分：飞机完成卸油箱、换挂架、加油、起飞前常规检查、目标点参数装订和飞机挂弹。

17时30分：飞机载弹起飞。

17时51分：火控盒如约出现“SHOOT”提示，飞行员扣动“投弹”扳机，两发弹顺利离机。

作动筒推开双翼，我们的产品像尼罗河上那轻盈的海鸥振翅滑向天边……

当准确击中目标的消息从落点传到试验机场，非洲朋友紧紧拥抱中方试验队员，连连说道：“萨迪嘎（音译，“朋友”的意思），Good！Good！Very Good！”外方高层在对试验进行评价时只说了一句：“Very perfect！”

交付的几十发产品在后来的实战中屡创佳绩，证明了“Made in China”不仅做到了价格低廉，更是保障有力的“实战化”产品。飞腾的“天火”像燃烧的火鸟，把实干创新的型号精神，像火种一样散播在七院各个型号队伍中，引领着四川航天凤凰涅槃，浴火重生。

七部大念“人才经”

■ 席滔滔 / 胡启蓉

2019 年 6 月

“型号攻坚、事业发展，关键还在人才。”七部党政部门认真对标集团公司第七次工作会和院 2019 年度工作会要求，全面贯彻落实院第三次人才工作会精神，深入推进人才强企战略，使七部人才队伍建设更好地服从和服务于“战术强院、宇航助力”发展战略需要，将事业发展与人才队伍建设紧密联系起来，着力在七部念好这本“人才经”。

高度重视、系统策划，领导班子先念“人才经”

“人力资源就是战略性资源，是第一资源。”七部党政部门高度重视科技人才队伍建设，特别注重遵循科技人才成长规律，特别注重突出科技人才实践成才特色，特别注重激发科技人才成长的内生动力。

党政部门主要领导多次强调，“型号技术干部是七部最核心的人才，也是七部最宝贵的财富”“要大力锻造一支‘又红又专’的科技人才队伍”，自上而下、统一思想、层层带动，紧紧把好“事业发展，人才先行”的航舵。部领导班子深入研究院第三次人才工作会出台的 7 项制度要求，紧密对接院“英才工程”实施计划，基于七部型号发展战略和技术发展规划，立足“十三五”、着眼“十四五”，统筹研究部署七部科技人才发展规划的总体思路与实施方案。部领导带头面向全体干部职工讲管理、讲制度、讲纪律、讲文化，有针对性地强化科技人才队伍的纪律意识和规矩意识。党政部门主要领导亲自带队赴高校招聘，对关键、重要、成熟、核心人才的引进亲自面谈把关，就人才关心的发展、待遇、使用方向等问题一对一进行沟通交流；多次组织召开型号副总、博士、海归等各类群体座谈交流会，面对面倾听科技人才所思所想并及时答疑解惑。与2011年年末相比，七部博士研究生由13人增加到33人，硕士研究生由137人增加到261人，科技人才队伍总量由213人增加到338人，结构和素养均有明显提升。

内用外招、通力协作，七部上下大念“人才经”

“人才经”，首要的是人才大观念，即整个单位如何看待人才，人才在全七部人的心目中是个什么位置。在党政领导班子上行下效的正确引导下，七部从上到下形成了一股引才、惜才、育才、用才的合力。众人合念“人才经”，才能把这本经念好。

在引才上，除了常规的校园招聘、网络招聘外，针对高端成熟人才的引进，七部推行“全民引才”理念，以专家、校友、同学、师生推荐等方式，多渠道发现和挖掘人才。七部人的微信朋友圈里最常见的，是“七部欢迎您加盟”的字样。在惜才上，以“海纳百川、有容乃大”的胸怀为有一技之长者敞开大门，开辟绿色通道，积极对接四川天府人才计划、成都市蓉漂计划、龙泉驿区英才计划等外部人才红利，提高博士安家费、新员工租房补贴，让人才在七部安身、安心、安业，七部在人才竞争异常激烈的大环境下顺利完成了2019年度60余名应届毕业生的招聘计划。在育才、用才上，进一步规范新员工入职培训，课程“模块化”管理，如手机应用般拖放自如，各部门领导和专家发挥专业特长，主动担任授课老师，积极参与对新员工的培训，让新员工快速进入实战、进入型号。健全完善了七部《岗位设置管理办法》《薪酬管理办法》《绩效考核管理办法》及《奖励管理办法》等人才制度体系，进一步打通了员工职业发展通道，充分体现了向科研一线人才和骨干人才倾斜的价值导向。积极申报博士后创新实践基地，依托军方、集团公司、院等各类创新平台全力支持员工申报创新课题，大量青年科技人才在干事创业的平台中迅速成长起来。自2011年以来，近30人走上了型号总设计师和型号副总的岗位，主任、副主任设计师达106人，高级以上职称达170

人，基本形成了以 40 岁左右为核心、35 岁左右为中坚、90 后为补充的科技人才梯队。

立足当前、着眼长远，苦练内功还念“人才经”

七部党政深刻认识到，要把“人才经”持续念下去，并且越念越好，关键还在于苦练内功，把人才制度的刚性约束修炼成思想与行动高度结合的根本遵从。

始终把“人的需求”摆在第一位，准确把握七部科技人才利益诉求多、思想多元化的突出特点，既要遵循七部事业发展的客观规律，又要服从科技人才自身的成长规律，辩证处理好“渴求成功与宽容失败”的关系，从人才政策、管理体制、激励机制等多方面持续为科技人才创造公平的机会、营造宽松的环境、搭建成长的平台，让学有用武之地，才有施展的舞台，尽快形成“人得其事，事得其人”的良好局面。同时，七部的科技人才学历较高，年龄相对年轻，普遍具备较高的科学素养，但“责任比能力更重要”，只有将科学素养与人文素养全面结合，才能实现人的全面发展。七部不仅为科技人才积极搭建能力提升的平台，更加重视对精神、作风的熏陶和孕育，通过凝练倡导“卫士文化核心理念”并积极推动实践养成，持续强化队伍执着专注、严慎细实的作风素养和吃苦耐劳、敬业奉献的精神力量。在这种精神的感召下，七部全体干部职工以超常的工作状态适应发展新常态，用实际行动投入到型号攻坚和岗位建功，2018 年，卫士系列型号飞行试验创纪录地首次实现了“全战全捷”的历史佳绩。

问渠那得清如许，为有源头活水来。近年来，在七院党委的坚强领导下，七部上下大念“人才经”，逐渐锻造出了一支永不言弃、永不言苦、永不言败、永创一流的科技人才队伍。凭借这支队伍长期不懈的拼搏奋斗，七部在火箭导弹、巡飞武器、宇航型号等领域攻克了一系列关键技术，取得了一系列研制成果，有力支撑四川航天实现了从单一批生产基地向具有自主创新能力研究院的战略转变。

第四章 卫士人物

本章重点刻画了卫士人的杰出代表的奋斗传奇，他们勇于担当、敢于亮剑，矢志不渝，将青春奉献给四川航天卫士事业。

“人活着总要做点事”

——黎玉贵和“卫士一号”不得不说的故事

■ 李　畅

2018 年 6 月

前记

“卫士一号”是 062 基地（四川航天技术研究院的前身）技术抓总研制的第一个陆军用多管火箭武器系统装备。该型号从 1986 年开始调研论证，直到 1999 年完成第一个军贸合同，前后跨越 13 年，开创了四川航天自主研制军贸型号产品的先河。13 年的研制历程中，有成功的喜悦，也有失败的沮丧；有漫长的坚守，更有收获的欣慰。老一辈卫士人经过艰苦卓绝的努力，克服了难以想象的困难，终于成功研制出卫士型号系列产品，为企业创造了可观的经济效益和良好的社会效益，同时也培养造就了一批以黎玉贵总设计师为代表的战术武器型号设计和管理人才，积累了丰富的经验和教训，为四川航天转型升级发展、顺利实现“三个转变”奠定了坚实基础。黎玉贵在 2006 年我院首届技术创新大会上被授予“科技功臣”称号。

怀着对“卫士精神”寻根溯源的心情，去年年底，我连续两次专程赴渝探望已经年逾八旬的黎总，今年五月又专程邀请黎总到七部为青年员工讲述卫士故事。前后超过 10 小时的促膝长谈，让我对这位白发苍苍的老人与他一生挚爱的卫士一号火箭武器之间的不解情缘，从略知一二到逐渐熟悉，再到感同身受，身心仿佛都经历了庄严的洗礼。访谈中，黎总数十次提到“人活着总要做点事”，不但没有让我觉得老人年迈絮叨，反而让我更加深切地感受到这位卫士型号的奠基人和开创者奉行一生的为人处世准则。这是他的“初心”，更是他想

要传递给我们的最朴实无华的“卫士精神”。

黎总多次提到，卫士型号能够走到今天殊为不易，其间经历了太多艰辛和挫折。退休赋闲后，他屡次提笔想写下和“卫士一号”不得不说的故事，但终因各种原因未能如愿，如今更觉年事已高，力不从心。笔者整理多次与老人交谈的记录，结合前期“卫士精神”访谈中的所见所闻和多方收集的历史资料，进而形成以下文字，力求还原黎总当年带领“卫士一号”型号队伍成功完成我院首个军贸型号项目的真实历史，姑且算作黎总简单的回忆录，诚望可以了却老人多年的夙愿，并谨以此文向所有曾参与过卫士一号火箭武器系统研制的老一辈卫士人致以最崇高的敬意。

“想当一名工程师”

时间回到20世纪50年代中期，青年时期的黎玉贵还在达县高中读书。由于刚解放不久，国家百废待兴，当时全国范围内都在号召广大青年积极投身国家建设，青年黎玉贵的心中早早地埋下了一颗“想当一名工程师，想为国家做点事”的思想种子。

由于家里是农民出身，从小看到父母长辈种地很辛苦，黎玉贵最初立志报考的是长春拖拉机制造学院，想要研制出先进的拖拉机设备来改善农民耕种条件。

然而，就在高中即将毕业那年，他无意中在一本苏联杂志《知识就是力量》（黎总直到现在还能清晰记得杂志名的俄文发音）上看到一篇科普文章，大概描绘的是对未来科技发展状况的设想，其中讲到了宇宙航行、登上月球等航天知识。这篇文章对年轻的黎玉贵触动很大，仿佛一下子戳中了他的兴奋点，如饥似渴地读完后，心中那颗工程师梦想的种子似乎终于找到了成长的方向。

似乎冥冥中自有安排，不久后北京航空学院（北京航空航天大学前身）来川招生。由于黎玉贵平时学业成绩优秀，又是共青团员，组织上就找到他，问他是否愿意报考。此事正合心意，黎玉贵毫不犹豫地填报了第一志愿，并于1955年顺利考取，先是就读飞机设计系，三年级后转到导弹系学运载火箭总体设计。

1960年毕业后，黎玉贵由于表现优秀而被学校留下来，在运载火箭教研室担任助教。虽未能如愿当上一名工程师，但他还是服从组织安排，踏踏实实做好教书育人工作。担任班主任期间，他坚持跟学生做到“三同”，即同吃、同住、同活动。学生上课时他坐在后面听，下课后就给学生答疑，被学生们爱称为“万能助教”。现在想来，这种干什么事都认认真真、一丝不苟的作风不正是一名优秀的型号设计师所必备的品质吗？如果不离开学校，我相信黎玉贵在北航也一定会是一位优秀的教授吧。

20世纪60年代后期，文化大革命浪潮滚滚而来，各大学校的学生“造反”运动风起云涌。身在北航的黎玉贵顿时陷入了彷徨：“父母含辛茹苦供我读书，在学校又拿国家助学金，毕业后一直是想做点事来回报党和国家的培养锻炼。现在怎么突然感觉就没事干了……”这种彷徨一直持续到70年代初，在学校偷偷看书研究水轮机、农耕机和水力发电的黎玉贵突然得知国家三线建设的062基地和064基地就在老家达县，如果能回到那里工作，除了能与家人团聚外，更重要的是就有机会成为一名真正的工程师为国家做点事了。

1973 年，黎玉贵向组织申请调动，从繁华的首都北京回到了条件十分艰苦的大巴山深处，进入 064 基地 7317 所工作。那时由于基地还处于基础建设时期，没有承担具体的型号研制和生产任务，他这个教书匠就跟着大家一起什么活都干，搬过砖瓦沙石，搞过机械维修，当过食堂管理员，甚至还喂过猪……虽然还是没有如愿当上工程师，但黎玉贵仍然毫无怨言地尽力干好自己的每一份工作。我访谈过的几位老同志对他的评价都如出一辙："领导叫干什么就干什么，无论干什么都要干好。"工作之余他也没闲着，利用业余时间温习专业知识、自学计算机、巩固外语……因为成为一名工程师的梦想仍深藏于心。

机会总是留给有准备的人！1978 年，基地要承担某海防型号的生产任务，决定在 7303 厂建总装生产线，需要从 7317 所借一位技术干部去下厂指导。这可是真正的工程型号任务，虽然当时所里很多同志都不愿意去，但等待已久的黎玉贵却主动站了出来，要求到模线组承担最重要且难度最大的模线样板设计工作。其间虽然受到一些人的非议和排挤，但他始终兢兢业业，坚持把活干好。就这样，他留在了 7303 厂，从一名普通的模线设计员干起，一手一脚地逐步建起了整套生产线，其后，在该生产线上组织完成了一个军贸型号的批量生产和一个研制型号的加工生产任务。黎玉贵也凭借自己的努力一步步成长为工厂的副总工程师、总工程师乃至基地的副总工程师，实现了自己青年时期的梦想。

"老黎，那就由你来负责吧"

时间来到 1986 年 8 月，062、064 两个基地已经合并为 062 基地，当时承担的战略型号批生产任务即将结束，军品处于空白状态。此时正值两伊战争期间，长城工业公司给原航天部汇报，某国急需一种远射程的弹道式无控火箭系统，具有较好的市场前景。原航天部领导考虑到 062 基地承担国家任务少，又没有自研型号，就提出希望基地能够承担这个项目的研制任务。其他院论证后都认为这个项目技术难度大、不愿意干，基础更为薄弱的 062 基地有能力啃下这块“硬骨头”吗？对此，包括部分基地领导在内的绝大部分人并不看好。

时任基地副总工程师的黎玉贵得知消息后，觉得此事大有可为。他学的就是导弹总体设计，又当了12年专业教师，在空气动力学、弹道计算等专业领域积累了深厚的理论功底。虽然以前在厂里也组织完成过两个型号的生产任务，但毕竟不是自己亲手设计开发的产品，内心深处始终还是觉得不满足。“国家花钱培养我多年，我有这个技术能力，我还能为国家多做点事。”

于是，黎玉贵主动向基地申请承担调研工作，抽调7304厂研究室主任杨光裕、692厂总工程师刘克斌、7317所高工陈永康、基地科技处副处长葛司亮组成5人小组，先后奔赴宣化炮兵指挥学院、北京炮兵论证中心、原航天部三院、四院等多家单位，经过一个多月的调研，收集掌握了大量国内外无控火箭弹发展现状资料。经过调研，黎玉贵亲手整理编制了《60~80公里弹道式无控火箭调研报告》，心里初步形成了型号的总体方案设想。

1986年11月26日，062基地总工程师陈绪铭主持召开了无控火箭弹初步方案汇报会。会上，与会专家激烈讨论、各抒己见，大部分人都认为基地缺乏型号研制基础，承担该任务难度太大、风险太高。经过深思熟虑的黎玉贵再也不愿放过这难得的机会，当即站起来表态：“我认为可以干！”并向与会人员详细阐述了自己设想的“积木组合式”研制思路，即充分利用基地各厂所和国内同行已有的技术基础、成果，采取集成创新的方式完成研制任务。他有理有据的发言让还有些犹豫的陈绪铭总工进一步坚定了信心，“基地需要自己的型号产品来支撑后续发展”，陈总当即点将黎玉贵：“老黎，那就由你来负责吧！”

黎玉贵没想到，他在会上的这一表态发言竟成为卫士系列型号战术武器得以在四川航天生根、发芽、壮大的一个历史关键转折点。也正是由于他的这一表态发言，促使基地领导作出正式向原航天部申请研制立项的决定。

1987年6月8日，062基地正式致函中国长城工业公司，申请立项研制DW-300弹道式无控火箭（四管）武器系统。7月3日，陈绪铭、黎玉贵等在北京向原航天部科技委汇报“无控火箭武器系统总体方案设想”，听取汇报的有时任航天部部长李绪鄂、副部长孙家栋以及三院院长梁守槃等。能面对面地向这些重量级人物汇报，黎玉贵虽有些紧张，但更多的是兴奋。

汇报中的几个小插曲至今还让他记忆犹新。有老专家听完汇报后质疑弹的长细比太大，弹在空气动力作用下可能会断。对这种问题，从学校出来的黎玉贵自有一套方法来应对，他也不直接反驳，而是拿出了手上准备的国外同类无控火箭弹资料和计算方法，经过比对和计算便化解了专家心中的疑问。更有甚者，一位名头颇大的专家直接问他以前是干什么的，在得知他以前在学校当过老师的经历后，竟调侃道："你是教书的，不行！"这时，黎玉贵可不敢谦虚说自己不行——那样说可能就把任务给丢了——而是理直气壮地大声回应"我行"，并给专家一一细数自己学过的空气动力学、弹道计算、结构强度、发动机等专业基础知识，系统阐释自己的"积木组合式"集成研制思路——战斗部找谁做、引信找谁做、发射车找谁做……听着他丝丝入扣的讲述，看着他坚毅自信的眼神，老专家也不由频频点头表示认可。就这样，黎玉贵的专业和自信征服了众多与会的老专家，方案设想得以顺利通过原航天部审查。

1987 年 9 月 8 日，原航天部综合计划司正式下发《关于无控火箭研制工作的通知》(〔1987〕计规字第 071 号)，标志着型号研制工作正式拉开序幕（在军贸出口审批时，该型号被正式定名为卫士一号无控火箭武器系统）。当时已经 52 岁的黎玉贵放弃了基地副总工程师的职务，挂帅担任该型号总设计师，将他的下半辈子与"卫士一号"牢牢地绑在了一起。

"要么自己明白，要么就找一个明白的人"

1988 年 1 月，062 基地抽调 7317 所、7146 所、7306 所主要技术力量在重庆石桥铺组建了重庆航天机电设计院，成立无控火箭弹研究室专门从事"卫士一号"研究设计工作，黎玉贵亲自参与挑选成立了 18 人型号研制队伍（后来大家都爱将他们称之为"十八勇士"，具体人员是黎玉贵、张成明、王恒旭、刘虎彦、李族安、杨俊杰、许忠昌、李德全、周成平、宋世俊、石茂全、梁一兵、李善学、杨光裕、刘克斌、葛司亮、李大文和贾冠军）。

队伍虽然有了，但包括黎玉贵本人在内的所有设计师原来都没有从事火箭弹工程型号研制的基础和经验，之前虽然经过调研有了初步的方案设想，但真正开展具体研制工作时依然困难重重，加之国际市场的风云变幻对型号研制进度的要求十分急迫，队伍面临的困难和压力可想而知。而作为总设计师，绝大部分的压力都集中在黎玉贵身上，在学校担任“万能助教”期间养成的科研作风和科学精神在这个时候发挥了作用。

黎玉贵带领设计师队伍开展了更为广泛深入的调研分析，在“积木组合式”总体研制思路的基础上，大胆制订了9个月就完成所有方案设计和地面试验工作并开展飞行试验的研制计划。

1988年11月10日至18日，在某试验基地，6发无控火箭弹首次飞行试验获得圆满成功，验证了火箭弹的总体设计方案和发射方式的可行性，创造了当年立项研制和靶试成功的奇迹。

笔者在查阅历史资料和访谈过程中发现，前人对这9个月研制历程的记载或描述往往都是一带而过，基本只说了结果，对过程的描述都不多。虽然笔者曾亲身参与型号研制工作多年，但至今仍然难以想象，在当年那种条件和环境

下，在如此短的时间内白手起家，要完成如此艰巨的任务，研制队伍究竟是怎样做到的。

那么，究竟是什么秘诀让黎玉贵能够带领队伍顺利完成这看似不可能完成的任务呢？带着这种疑问，笔者在访谈中专门就这段历史询问了黎总。黎总回忆了研制初期很多技术问题的解决过程，如大地解算、弹道计算、气动计算等。82 岁的老人对各种参数指标、专业术语、工作原理等，至今仍如数家珍，“这种计算方法谁最在行，那个单机设计依靠谁，战斗部外包给哪个厂，发动机研制单位当时又出了哪些问题……”黎总就像教授自己的学生一样，恨不得把整个设计方案和研制过程都向我和盘托出。

武器型号研制是一个极为复杂的系统工程，而一个人的知识结构和工作经验毕竟有限，哪怕是总设计师也不可能把各分系统、各单机方方面面的专业知识都掌握得全面透彻，这就需要充分地依靠和用好各专业领域技术人员。“好多事情我知道自己干不了，但我知道谁能干得了。”黎总反复向我强调，“要么自己明白，要么就找一个明白的人。”现在想来这或许就是一位总设计师能够始终做到胸有成竹、心里有数的秘诀吧。

首飞成功后，062 基地于同年 11 月 21 日向原航天部上报了《卫士一号无控火箭武器系统技术规格书》。12 月 9 日，时任原航天部副部长刘纪原听取 062 基地卫士一号无控火箭研制情况汇报，在充分肯定前期工作成绩的基础上对后续 01 批研制工作作出进一步指示。

1989 年 3 月 15 日，062 基地下发了《关于下达卫士一号 01 批研制计划的通知》，正式启动 01 批研制工作。经过型号队伍一年有余的辛勤努力，01 批 15 发火箭弹产品于 1990 年 4 月 29 日顺利通过出厂评审，并于 5 月 14 日至 24 日在某试验基地完成了飞行试验，其中 3 发单射、三组（每组 4 发）齐射试验均获得圆满成功，全面考核了武器系统的可靠性、协调性和射击精度，射击密集度达到当时国际先进水平，标志着武器系统已经达到军贸出口技术状态的要求。队伍两年多的辛勤付出到了收获的时候，总设计师黎玉贵仿佛看到了希望的曙光……

“坚持为胜利之本”

命途多舛!

型号研制成功后，黎玉贵和他的设计师队伍却久久没有等来预想中的军贸大单。因国际形势发生变化，原来提出需求的客户已经消失，新的军贸合同尚没有踪影……

怎么办?型号研制前期投入的经费已超过千万，后续完善设计和设备维护还需要持续的经费投入。基地已明确指示：“鉴于目前形势及拿军贸订单可能性很小的情况，加上资金又十分紧张，连吃饭都存在问题，因此，‘卫士一号’后续凡需投入资金的工作暂停。”与此同时，设计院也向军品所下达了经营指标，除了自己养活自己外，还要上缴基地相应的管理费。多年的心血面临付诸东流的险境。是放弃，还是继续坚守?这些难题都摆在了总设计师黎玉贵的面前。

“惟其艰难，方显勇毅；惟其磨砺，始得玉成。”有着坚强意志的黎玉贵没有向命运低头，因为他坚信自己的产品是有前途的，国际市场一定还会有需求，客户丢了没关系，我们还可以继续找。“只要方向对头，就要坚持做下去!”黎玉贵的坚毅和执着感染了与他一起奋斗的“战友”们，为了实现心中的梦想，他们在经费短缺的逆境下硬是咬牙坚持了下来。

那时，黎玉贵除了担任“卫士一号”总设计师外，还兼任重庆航天机电设计院下属军品所的所长，上级停止给军品研制拨款后，所里工资发放都成了问题。“没有钱就自己挣钱，自己发工资。”黎玉贵带着所里一班人一方面继续做好型号的设计完善，配合军贸公司加强产品推销，一方面组织部分精锐队伍开发短平快的民品项目，走“以民养军”之路。就这样不仅养活了自己，也基本维持住了型号完善和地面装备维护所需的经费投入，重要的是保持了一批核心队伍的稳定。

就这样，一熬就是 6 年!其间虽然于 1992 年与某国签订完成过一个某 122 型号射表编译的技术转让小合同（35 万美元），1994 年以后也陆续有一些外方代表团前来考察、洽谈，但“卫士一号”走向国际市场的大门始终没有敞开。

直到 1996 年 4 月 18 日，在中国机械进出口精密公司的努力下，经过外方多达六次的现场考察，最终与 K 国签署了卫士一号多管火箭武器系统技术转让与生产许可合同、供给合同以及靶试合同（K 项目），合同金额对于当时的 062 基地来讲堪称巨大。合同要求中方必须在 4 个月时间内完成 20 余发火箭弹的生产和飞行试验演示，如果靶试被确认为“不成功”，不但后续合同全部终止，中方还应退还预付的演示验证合同款（100 万美元），如果延期八周，外方有权兑现银行担保函。

机会千载难逢，压力无比巨大。已经年过花甲、满头银发、本可颐养天年的黎玉贵再次挑起了重担，他十分清楚这可能是他最后施展才能的机会，他暗自下定决心，“一定要给自己悉心呵护的型号一个圆满的交代，一定要给国家、给单位、给跟随他一起十年奋战的战友们一个圆满的交代。”

在黎玉贵的带领下，型号队伍制心一处，不分昼夜地加班加点，将前期完善的成果尽快落实到产品上，仅用了 3 个多月时间就完成了卫士一号 02 批产品靶试验证（9601A 任务）前的所有准备工作。

1996 年 9 月 22 日至 10 月 4 日，队伍在某试验基地分两个阶段开展了飞行试验。第一阶段预试，发射 5 发，第二阶段为外方进行演示，发射 17 发（含 4 组齐射 16 发），全部获得圆满成功，各项指标满足合同要求，以外方国防部次长为团长的代表团当场签署了靶试验收结果证书。

1997 年 1 月 10 日，K 项目军贸合同正式生效，标志着 9601B 任务（含 237 发火箭弹生产、技术培训、非标及专用设备生产、技术文件转让及生产线和厂房建设）正式启动，黎玉贵和设计师队伍还没来得及回味成功的喜悦，又马不停蹄地投入到更加艰巨的工作中。

1998 年 5 月，经过一年多的辛勤工作，终于迎来了上考场交卷的时候，产品交付前外方须进行靶试验收。5 月 7 日 ~8 日，在外方到来之前，队伍在预验收试验中完成了一发射程 40km 的单射和一组 4 发射程 81.5km 的齐射，飞行结果均正常。

5 月 12 日和 16 日，外方代表团分别进场。5 月 17 日上午，首先为外方进行了一发射程 40km 的单射，结果正常。根据与外方协商结果，再用 2 发火箭弹进行射程 40km 的连射考核最小射程和近炸功能，用一组射程 81.5km 的齐射考核设计精度，这样就可完成靶试验收。

5 月 17 日下午，2 发小射程连射再次取得成功，胜利的曙光仿佛就在眼前。就在大家都准备一鼓作气夺取最后胜利的当口，意外出现了：5 月 18 日 4 发齐射时，2 发进入落区，2 发发生空炸！经过艰难协商，外方同意再抽取 8 发进行两组齐射的加倍考核。5 月 19 日上午，第一组齐射飞行正常，第二组齐射再次出现 2 发弹道空炸的故障。外方当场表示拒绝验收！

突如其来的噩耗给黎玉贵和设计师队伍带来了空前的压力和挑战。5 月 20 日至 21 日，在中国机械进出口精密公司的积极斡旋下，基地派出代表在北京与外方代表团进行了长达两天的艰苦谈判，争取到了一次补充验收靶试的机会。留给黎玉贵的时间只有 3 个月，他立即带领设计师队伍投入到紧张的归零工作中。然而归零工作进展并不顺利，由于配套厂无意中的误导，因气动加热导致引信误动作引起的空炸故障被错误地定位在了战斗部装药上。8 月 21 日，在正式补充验收试验前的预试中，队伍进行了一组射程 38km 的齐射，4 发火箭弹全部发生空炸，再次击碎了黎玉贵成功的希望。此时，外方验收代表团已经抵达北京，如果再往后推迟就意味着违约，后果不堪设想。

值此生死攸关之际，黎玉贵再次展现了一名总设计师的担当。他在充分征求引信和战斗部配套厂家的意见后，利用火箭弹即使不配引信也会落地碰炸的特性，大胆提出了改装引信的应急方案，上报基地领导和上级领导决策。栾恩杰副总经理作出紧急批示："稳定队伍情绪，同意采取措施。"8 月 22 日，批抽检补充验收试验正式开始，经过引信改装后的两组 4 发大射程齐射成功；24 日，2 发连射小射程落入预定区域。试验圆满成功，外方当场签字确认验收合格！打赢了生死仗，黎玉贵看着欢呼跳跃的伙伴们，眼中早已饱含热泪……

1999 年 7 月，K 项目技术支持完成第三阶段生产线验证工作。此前，已顺利完成空炸故障的归零工作，并对已交付外方的引信进行了全部更换，消除了故障隐患。7 月 23 日，在基地副主任陈治高带领下，黎玉贵率队在外方完成了一组 4 发实弹靶试，取得圆满成功，标志着 K 项目军贸合同完美收官。

2000 年 4 月，062 基地通过中国机械进出口精密公司与某国又成功签署 D 项目军贸合同，并与该国建立了长期合作关系，带动了后续一系列军贸合同的签订。

在回忆上述这段艰难曲折的历程时，黎总多次提到“坚持为胜利之本”“我们之所以坚持下来，主要还是对自己有个信念，一定要有所作为”。

结语

2004 年 7 月，以这支研制队伍为基础组建成立了基地研发中心（2008 年 9 月挂牌成立第七总体设计部），黎总作为顾问仍不辞辛劳地关心支持着队伍的成长和型号的发展。为了解决弹道计算只有少数人掌握的问题，年近七旬的黎总自己编写教材，连续 20 多天利用晚上业余时间开班授课，手把手地带着大家推导演算，彻底解决了研制队伍弹道计算的技术短板。为了卫士型号的快速发展，年逾古稀的黎总作为专家仍长期奔走于各类技术评审会上，为年轻的研发团队保驾护航。近些年来，黎总虽已回渝安养晚年，但他时时刻刻都关心着七院和七部的发展，经常会给院领导、型号两总打电话，了解型号的研制进展，提出自己的意见和建议……

“自小刺头深草里，而今渐觉出蓬蒿。时人不识凌云木，直待凌云始道高。”用唐代诗人杜荀鹤的这首《小松》来形容黎玉贵的成长过程和“卫士一号”的研制历程，笔者感到十分贴切。访谈中，黎总给我们背诵了一段毛主席说过的话：“在生产斗争和科学实验范围内……人类总得不断地总结经验，有所发现，有所发明，有所创造，有所前进，停止的论点，悲观的论点，无所作为和骄傲自满的论点，都是错误的。”他说，自己当初之所以选择干“卫士一号”，并一直坚持到最后，出发点不过就是觉得人活着总要有所作为，总要做点事！

凌云壮志铸成铭

——追记七院某型号系列总设计师张成明

■ 王晓彦

2006 年 8 月

2005 年 9 月，肃穆的礼堂，哀乐低回。九月菊簇拥着一个纯净无私的灵魂。

“航天痛失排头兵，七院永逝先锋人。”巨幅的挽联道出了人们对这位科技工作者的无尽哀思和敬意。

“张总、张主任、老张……让我们送你最后一程。”院领导来了，与他合作交往过的单位代表来了，海军、总参的领导来了，调离单位的老同事来了。泪眼凝视着他形销骨立的遗体，凝视着他严肃安详的面容，人们排着队向这位尊敬的战友做最后的道别。

“老天你为什么这么无情？为什么不让他再干五六年，无憾地离开人间？”相濡以沫的妻子悲恸地说。

“老张，你怎么说走就走？”两个多月前与他在靶场并肩作战的战友难以相信眼前的事实。

“张主任，您思索多年的型号设想还没来得及一一展开，您不能走啊！”听着亲人呼天抢地的哭喊，听着同事、朋友泪雨如飞的叹息，七院研发中心副主任、某型号系列总设计师张成明静静地躺在鲜花翠柏中没有作答。

是啊，他太累了。忙碌一生的他睡着了。他把自己的一腔碧血和追求融进了型号研制事业，英年猝然离去，他把自己的生命永远、永远地停留在了54岁。

为了争取任务，他长年奔波在外

他说：“我是个苦孩子，这点苦这点委屈算啥。”

1951年10月1日，张成明出生在陕西安康的一个贫苦家庭。为了减轻家里的负担，品学兼优的他，初二就被迫辍学在家。“穷人的孩子早当家。”他做过小工，拉过板板车，后来又到农村广阔的天地去插队，过早地品尝了生活的艰辛。1973年，因表现突出，他被单位推荐上了大学，从来没有想过还有机会走进大学课堂的张成明如获至宝，暗暗下定决心要在技术上学出点名堂。他如饥似渴地吸吮着知识的营养，因学习踏实用功，被同学们选为学习委员。1976年，他满怀憧憬地走进了航天这片沃土。

仗着自己年轻时干过体力活，单位有什么重活、累活，他总是抢着干。初到三线到处是热火朝天的工地。周末机关经常组织义务劳动，身板结实的张成明从不吝啬自己的力气，扛水泥、搬钢管，他一溜烟地跑在队伍前面。“吃苦耐劳，勇挑重担”，这位初涉社会、肤色微黑的小伙子给人们留下了深刻印象。一路走来，他更是将这种作风、品格在工作上发挥得淋漓尽致。

记得有一次，某型号模样弹从沟里运到设计院，一发模样弹少说有500多公斤，望着重似小山的模样弹，搞后勤的同志找了几个民工来搬，也许是弹太重了，几经折腾，也没搬进去。当时已是重庆机电设计院副院长的他看到了，二话没说，撸起袖子，让一个民工下来，肩挑背扛，硬是把模样弹挪进了库房。

由于历史的定位等原因，七院的研发任务少得可怜，作为一名科技工作者，他清楚要改变这种局面必须从型号预研上打开突破口。在各种场合，他大声为预研工作疾呼，并全身心地致力于航天预研工作。他像不知疲倦的蜜蜂，围着项目南来北往地收集资料、调研、论证。由于知识产权保护等方面的原因，到调研单位经常会吃“闭门羹”，频遭冷遇，对此，他一笑了之。这么多年，他跑过多少单位，受过多少委屈，没有人能数得出来。在研发中心，翻阅出差单，粗略地估算，仅2004年一年他出差在外的时间就有120多天。

与他共事多年的老同事，至今还清晰地记得有一次，到北京出差的前夜，他的肚子突然剧烈地疼痛起来，被送到医院急诊室。急性胆囊炎，输液、吃药，经过一夜的治疗，他的脸色仍然很难看，体力明显不支。妻子劝他请假，别出差了，他说啥也不肯。第二天，揣着医生开的口服药，他准时登上了飞机。见他这么玩命，同事朋友好心劝他悠着点，他总是笑着说：“我是个苦孩子，从小受的苦比这大多了，这算啥。”与张成明打过交道的人讲，他身上没有官气，也没有知识分子的清高，他有着农民般的吃苦耐劳和质朴。这种似乎与生俱来的品质，无声地浸润在工作的方方面面，看似点点滴滴、平平凡凡，但铸就了一个科技工作者无私忘我的高尚品格。

2001年国庆，在成都工作的张成明回到了重庆的家中，正在外地上大学的女儿张玮也回来了。聚少离多的一家人该好好聚一聚了。女儿兴致勃勃地撺掇着一家到重庆周边景区游玩，可除了妈妈响应，任她说破了嘴皮，父亲就是不接茬。从10月1日到10月7日，一连七天，父亲不是在书房里写写算算，就是找人来商量工作。那个大假，家里充盈着张成明和同事说到兴头的笑声和激烈的讨论声，可张玮和妈妈连看电视都不能把音量开大了。

张玮不明白，为什么父亲总是这么忙，在她的印象里，还是上大学的时候，父亲带全家到北京旅游过。更令她吃惊的是，到北京无数次公干，熟稔于图书馆、科技展览馆的父亲，竟也是第一次游览故宫和地坛。北京的风景名胜留下了一家人快乐的足迹。那次他们拍了很多照片，记录了一家人游览名胜的温馨和幸福。那是全家第一次外出旅游，也成为仅有的一次。

事情已经过去好几年了，张玮到现在也不知道，就是张成明和同事们在这个不同寻常的大假开始谋划的项目，已成为七院型号研制工作的一个里程碑。

“这辈子能为国家干成一两个型号，那就太美啦!”

虽然时光已过去了二十多年，但他说话的神情至今历历在目。

从跨进航天的大门，他就为自己立下了一个志愿，这辈子要为国家干成一两个型号。记得是20世纪80年代，他从一本杂志上看到，美国有3个年轻人自筹经费搞探空火箭，深受启发，美国人有胆识做的事，我们中国年轻人也可以做，他渴望在自己的专业领域做出一番事业报效国家。

为了尽快在工作上独当一面，他虚心向前方来的老专家求教，业余时间查阅大量的技术资料，甚至连别人的技术报告也不放过。在技术上他不迷信，敢于提出自己的观点，年轻的张成明很快在业务上崭露头角，先后参与了多个型号的研制工作。

20世纪80年代，七院自筹经费开始了某型号的研制工作。时任该型号总师的黎玉贵提起他的得力助手张成明依然唏嘘不已，说很少见到一个人对技术工作那么痴迷、那么执着。作为型号副总师，从总体方案到具体设计都倾注了他的大量心血。由于这是七院的第一个自研型号，从技术到管理都没有成熟的经验可以借鉴，系统的衔接上有时会出现一些空档，遇到这种无人管的事，他总是毫无怨言地揽在手中。某型号装填车和发射车设计时由于忽略了对接，造成装弹不畅，在他的倡导下，增加了一个定向装置，解决了这个棘手的难题。为了解决火箭弹装填费时费力的问题，他巧妙地设计了一个吊具，亲自画好图，并用纸板做成模型，交给相关的同志实施完成。后来该吊具获部科学技术进步奖三等奖，作为主创人员，他却主动位居成果第三完成人。用他的话来说，谁排在前谁排在后并不重要，重要的是要把这项工作很好地完成。

从普通技术员，到预研室副主任，总体室副主任、主任，军品所所长，设计院副院长，研发中心副主任，在型号战线他一干就是30年。30年来，他共获得6项部级科学技术进步奖。其中一等奖1项，二等奖1项，三等奖4项，对许多人来讲，这足以自慰了，但在永无止境的科研道路上，他并不满足，总希望在型号领域多干出点事来。

2004年7月，院里组建了研发中心，一批来自全国各地的优秀人才汇集在四川航天旗下，整个院的科研氛围空前浓厚。被任命为研发中心副主任兼某型号系列总设计师的张成明更是感到浑身有使不完的劲。他跟许多人讲，现在科研环境这么好，我们赶上了好时候，要加把劲，多出成果，快出成果。

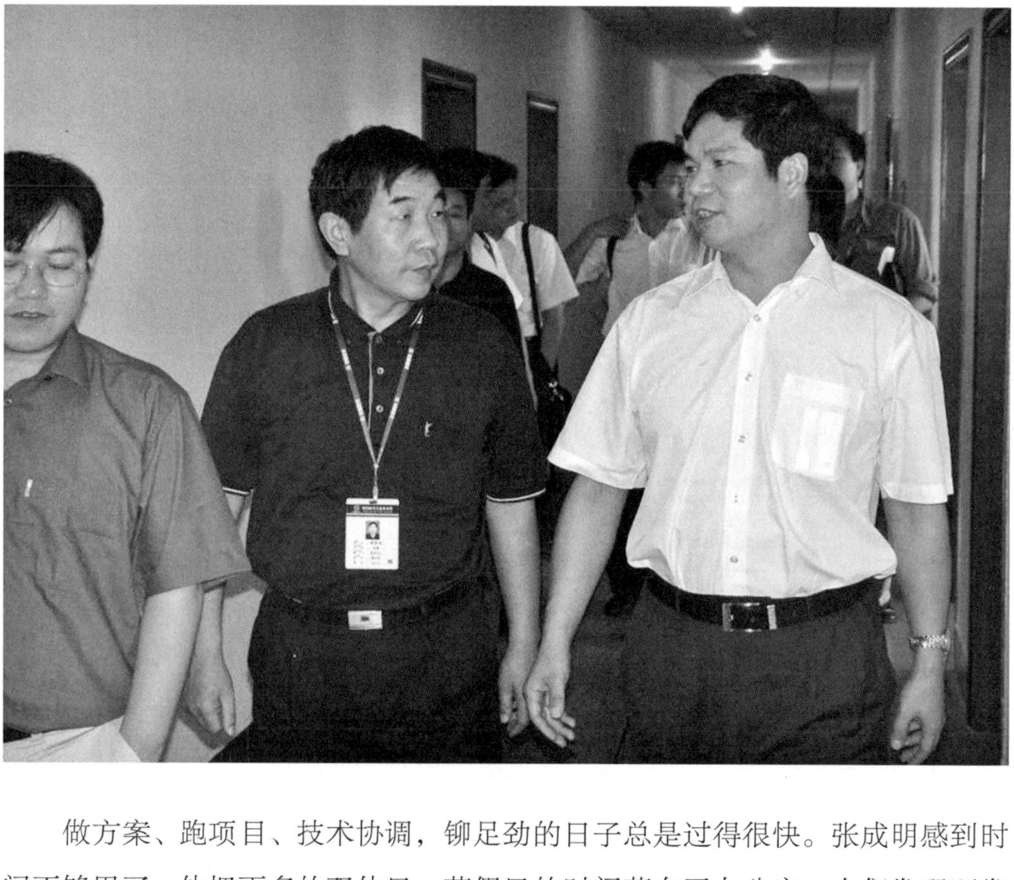

做方案、跑项目、技术协调，铆足劲的日子总是过得很快。张成明感到时间不够用了。他把更多的双休日、节假日的时间花在了办公室。人们发现研发中心周末往返重庆的班车上很多时候少了张成明的身影。那段时间他经常加班到深夜，遇到不清楚或需要讨论的问题，他等不到天亮，一个电话就把老伙计们从梦中叫醒："不好意思，你帮我算算这个数据对不对?"事后，他也会一再地向别人道歉。但遇到了问题，他依然会迫不及待地打电话叫醒人家。

敬业只是平日的一种工作表现
但在病魔袭来时，更升华为一种精神力量

在317所，在重庆航天机电设计院，在研发中心，在张成明工作战斗过的地方，提起他，人们不约而同地用了一个词：敬业。敬业只是平时的一种工作表现，但一个人十几年、几十年如一日地坚持下来，就早已超越了工作层面，成为一种令人肃然起敬的精神力量。

2005年开春，乍暖还寒。张成明感到背部疼痛难忍。办公室给他送文件的小蔡，常看到他在处理完工作的间隙，平靠在沙发上舒缓背部的疼痛，"张主任，您应该去医院看看!"

"没事，可能是年轻时干重活落下的毛病。等忙过这阵再说吧。"他不在意地说道。是啊，年轻的研发中心有许多工作需要他去操持。作为中心副主任，型号科研管理负责人，他要跑各用户单位沟通汇报、组织各类方案论证评审；作为型号总设计师，他要全力以赴安排好靶试前的各项准备工作，那段时间他依然像没事人一样地从早忙到晚，凌晨一两点钟回寝室休息都算早的了。

2005年6月中旬，试验队进驻靶场。身为总师和试验队副队长的张成明成了试验队里最繁忙的人。在靶场与张成明同住一室的研发中心技术人员王祖彬回忆起这段日子，满眼是泪。"那时候，他每天吃得很少。我还开玩笑地说，是不是饭菜不合口？不行，搞点特殊化！现在想起来，他那时的病已经很重了，但生活上工作上没有丝毫特殊。打靶时，为了争取好的发射窗口，队员们凌晨3点钟起床，他也3点钟起床。"

落区组的文忠萍清楚地记得，每次打完靶，落区组的同志们在茫茫戈壁找寻试验残骸时，在首区急切想知道结果的张成明就会率人驱车赶过来。100多里崎岖不平的路，让身体健康的人都觉得不舒服，重疾染身的张成明当时又怎么受得了呢，我们已不得而知。一下车，看见搜寻队员，他老远就会大声问

道：“怎么样啊?”当听说结果不错时，不苟言笑的他，也会抿嘴露出孩子般灿烂的笑。

2005年6月的戈壁滩，满眼的荒沙砾石，一丛丛的骆驼草向人们昭示着生命的顽强，也成为张成明生命里最浓重的底色，在人们的心头四溢流淌。

靶试在一天天地顺利推进，背痛、腹痛、腰痛、四肢痛，疼痛感变着法子转换部位，痛彻骨心。“老祝，我痛得没法忍受。”一次，一向忍耐力极强的张成明在与妻子的通话中无意说漏了嘴。“怎么了，你要看病啊!”妻子一再叮嘱。他搪塞道：“吃了药好多了。”在靶场，张成明被试验队的同志押解到医院，匆忙回答医生的询问后，就匆匆返回。靶场如战场，他深知总设计师可不能下火线啊!

强忍着病痛的折磨，张成明完成了他人生中的最后一次靶试任务，病魔也肆无忌惮地侵袭着他的身体。在候机大厅，广播里传出请旅客登机的声音。张成明起身去拎随身携带的旅行箱，不过几公斤的小皮箱，他拎起来，一股剧痛直刺手心，手又无力地放下。同行的研发中心特装室主任梁一兵一把把箱子拿过去，担心地劝道：“张总，你这病看起来不轻，回去得抓紧到大医院看看。”“行，等回去处理完工作，我就回重庆瞧病。”张成明语调轻松地说道。回到成都，他起草了详细的靶试报告，对此次靶试作了认真总结。对于这次被各方认定为成功的靶试，他有着太多的遗憾。在许多场合，他检讨道，都怪自己的身体不争气，如果精力再好一些，工作会做得更细致、周到，靶试的结果肯定会更好一些。

2005年6月23日，从春到夏，忙得脱不开身的张成明，要去重医看病了。天麻麻亮，疼痛得一夜无眠的张成明起了一个大早。一向走路如风的他步履明显变缓，从6楼家中下到4楼，不到40步台阶，脸上冒出了细密的汗液。“要不，我找个人背你?”妻子体贴地问。“别，别去麻烦人。我这是出差太累了，休息两天就好了。”张成明解释道。看着明显消瘦、脸色灰黑的丈夫，祝恒萍忧心忡忡，想埋怨丈夫几句，可话到嘴边，又咽了回去。做了几十年夫妻，张成明一工作起来，就什么都不管不顾的，说了多少回，他一丁点都没改。也许不会有什么大碍，一路上，她宽慰着自己。但无情的现实很快击碎了她的幻想。

检查结果显示，晚期直肠癌，并伴有转移症状。

在重医急诊室，医生诧异而惋惜地问祝恒萍，怎么这么晚才来就诊？他可能永远没法想象，就是眼前这个癌症晚期病人，除了开春时候上医院拿点止痛、消炎药外，没请过一天病假，20 多天前，还带着试验队在条件艰苦的戈壁滩做试验呢。在张成明去世后，人们收拾他的房间，发现了许多止痛、消炎类的药瓶。目睹此情此景，在场的人无不为之动容、流泪。

研发中心一位新进大学生感慨地说："以前看先进人物的事迹，讲他们如何带病坚持工作，甚至献出宝贵的生命，我总有些半信半疑，但是发生在张总身上的感人事迹，让我改变了看法，我看到了一颗以国为重、为事业献身而跳动的火热的心。"

宽广的胸怀，无言的手势，他留下了绵延无尽的爱

在住院化疗时，为防止病人交叉感染，医院规定探视者要戴口罩。遇到同

事朋友来看他，张成明总是让守护的人给他自己戴上口罩，“天热，我一个人戴就行了。”

“老祝，这些年难为你了，本想在成都安了新家，让你过几天舒心日子，可这一病，看来是不能补偿你了。”看着在病床前忙忙碌碌的妻子，他内疚地说道。一年前，单位搬到成都后，给每个员工购买了一套住房，房产公司几次打电话催促他办手续，他总是口头上答应得好好的，一转过身就忘到脑后了，直到生病住院，在病床上才办理了住房手续，成为研发中心最后一个办手续的人。“你不怕错过时机，耽搁了自己的大事?”“该属于自己的，怎么都跑不掉，不属于自己的，跑了又何妨!”对于生活他总是那么乐观豁达。

张成明的话，让妻子祝恒萍的心里酸酸的。“瞎说，你会好起来的。”牵手相扶 30 年，她深深地了解，在丈夫的心里有工作，有亲情，唯独没有他自己。碰到有同事搞新型号研制，他如果有这方面相关资料，总会热情主动地拿出来，让别人参考。在研发中心，不少年轻人接受过他的帮助、指导，他无私的精神感染着身边的每一个人。

与张成明同住一幢楼的邻居至今还念念不忘，有一年春节前夕，张成明住的单元楼垃圾道堵了，打扫卫生的清洁工也请假回家过年了。不能让大家臭气熏天地过节吧，张成明回家换了一身旧衣服，从一楼一层一层地捅，硬是花了将近 1 天的时间，疏通了单元的垃圾道。整个人蓬头垢面，像叫花子似的。而他，倒像中了头彩似的高兴。

在重庆，一套不大的三居室，屋内陈设简单，几乎没有什么像样的家具。这是张成明的家，看得出主人的日子并不宽裕。走进厅堂，在阳台上，摆着一个布满横七竖八针线修补的皮沙发。不了解的人，准会认为他们的生活太节俭了，其实这是视技术为安身立命之本的张成明为了让女儿练就一手过硬的缝合技术的杰作。他亲自划破沙发，让女儿去缝，在那上面去寻找皮肤的感觉。睹物思人，物是人非，坐在布满伤疤的沙发上，张玮感受着父亲无言的爱。父亲去世后，她选取了一张父亲到国外参加技术交流时的单人照，放在家里电脑屏幕上。照片上的张成明，神采奕奕，目光清澈，笑容满面，体态健硕。她希望父亲永远那么健康，那么精神。

长兄如父，长嫂如母，远离故土的张成明，多年来，总是竭尽可能地去接济弟弟妹妹。弥留之际，他始终放心不下生活窘迫的弟妹们。又一次昏迷，苏醒后，已说不出话的张成明，看着妻子，伸出了右手手掌，用左手一个一个地掰右手手指，一遍又一遍，妻子明白了他的意思，凑到他的耳边说道，你是要我帮帮弟弟妹妹们，张成明点了点头，无力地闭上了眼睛。

这是他在这个世界上做的最后一个手势。他独自去了一个冰冷的世界，却把爱和温暖留在人间，让亲人、朋友、同事、邻居，许许多多熟悉他的人们长久地缅怀和感动。

“型号就像我的孩子，请帮我照顾好！”

“医生，请给我转院。”做了直肠癌切除手术，病情刚稳定的张成明向医生请求道。医生奇怪地看着他，“这个病人生存意志强烈，一直很配合治疗呀。”

“我希望一边化疗，一边上班，我要转到成都去。”他道出原委。在他的一再强烈要求下，张成明被转到成都华西医大附属医院。手术后的张成明身体很虚弱，伤口痛得根本没法坐，他却要求接机的同志，先去龙泉驿，让车子拐进航天城看一眼。当汽车驶近航天城，远远地看见日思夜想的科研大楼，张成明很激动，脸上露出了难得的笑容。那天他的精神显得很好，对前来看他的同事、朋友说，自己感觉好多了，很快就会回来跟大家一起工作了。语气透着兴奋、激动。谁知，这竟成了他的最后一眼，住进医院后，他再也没有出来，再也没有跨进他魂牵梦绕的科研大楼。

张成明生病的消息，在人们心中激起阵阵波澜。院长贺东风、党委书记黄亮等院领导多次到医院探视，并做出指示，要求有关部门尽一切可能挽救他的生命。人们纷纷前去探视，鲜花摆满了病房。

“老张，唐总来看你了。”祝恒萍在他的耳边轻声说道。睁开眼，看着昔日并肩作战的战友，他想坐起来，但全身布满管子只能抬抬身子。“现在型号进展得怎么样？”

“老张，你放心，一切按计划在进行。”

“弹道的计算问题解决了没有?”他提醒道。

当听说载荷的问题已取得进展，他连声说道：太好了，太好了。临走，他一再不安地说：“麻烦你们了，多帮我照看着点。”在他的眼里，这些正在成长的型号就像他的孩子，他牵挂着他们。

在他去世前的二十多天，老朋友、某型号总师张银洪去医院看他，听说某型号即将被列装的消息，他有些黯然的眸子突然闪出一丝光亮，他紧紧拉着张银洪的手说：“祝贺啊，现在的形势太好了，好好干!”言语中掩饰不住的羡慕和对工作的渴望。

“爸爸在生病住院期间最大的愿望就是能够重新回到工作岗位。”张玮流着泪说道。无情的病魔没有给他机会，也没有给他时间。2005 年 9 月 8 日下午 4 时，他带着对事业的牵挂走了，他带着割舍不下的亲情走了。他走了，却分明地在人们心中树起一座无字碑。他报效祖国的凌云壮志挥洒在蓝天大地，他纯净无私的心灵像川流不息的岷江水时刻诉说着对航天事业的深情和眷恋。

杜文：只为疆场那道美丽弧线

■ 仝先刚

2011 年 8 月

引子

每一次的试验成功，杜文都认为这种体验更像是一种速度与激情，一飞冲天，让他信心百倍。

从无控到简控，再到精确制导，一路走来，潜心于火箭武器系统研制工作的杜文，不断瞄准更高的技战术指标，多次刷新了火箭武器系统的纪录。

地震“冲击波”无阻抢进度

2009 年 10 月，西北戈壁滩某发射场。发射车犹如“钢铁巨人”般高耸着脖子凝视远方，某火箭弹进入发射前 1 分钟准备阶段。

在数百米外的杜文，虽多次参加靶试，但此情此景仍让他心跳加速、忐忑不安。

“10、9、8……”伴随着震耳欲聋的声响，看到火箭弹奋力弹射而出，一飞冲天，划出一道美丽弧线，杜文心潮澎湃。

作为院首次涉足全程精确制导的火箭弹，其研制历程一波三折，充满了艰辛。

2007 年 9 月，杜文走马上任，担任该型号总设计师。从一开始，他就体会到了时间的紧迫与任务的繁重。

在型号研制的关键时期，院领导提出了型号全面质量整顿“四个目标”，要求各型号队伍在作风、技术、管理和能力上实现全面转变和提升，一切工作要围绕成功这一目标来开展。

2008 年 5 月 12 日，汶川地震发生，距离震中仅 90 余公里的成都龙泉受到严重波及。杜文和研制人员风餐露宿，克服地震带来的不利影响，抢进度，攻难关，将能想到的地面试验全部完成。

原本 2009 年初实现首飞，但在临近节点时，某部件外协厂家却提出终止协议，不能继续提供产品。

产品都要验收了，怎么能就此终止？杜文据理力争，却没有结果。他不气馁，短时间内又奔赴各地，重新寻找新的外协单位。

面对激烈的市场竞争形势，早一日首飞成功，就有可能早一日占据有利位置。

从到达靶场的第一天起，他就带领参试人员进行各项准备工作。白天与试验队员坚守测试现场，晚上他的房间就成了整个试验队的会议室。虽然出征之前，已进行了上百项的地面验证试验，但在正式靶试的前一天，问题又出现了：

弹上产品与遥测系统不匹配。

顿时，紧张氛围笼罩着每一个人。

杜文心里清楚，越是在紧要关头，越要冷静严谨，决不能让产品带任何问题上天。当晚，他带领设计人员对控制系统的每个参数进行重新确认，直到凌晨 2 点多才将问题的根源找出。

时间在一分一秒地过去，当听到距落点极佳并取得了该类型号历史上最好成绩时，杜文再也无法压抑激动的心情，兴奋地与同事们一一击掌、拥抱，欢庆胜利。

面对困难，杜文一直敢于不断接受挑战。从当年 10 月底至 11 月中旬，杜文和他的团队顶住了压力，经受住了考验，该型号 3 次飞行试验均获圆满成功。这一喜讯也得到集团公司领导的称赞。

身为“光杆司令”的总设计师

采访中，杜文曾多次用“幸运”二字来描述自己的成长经历：“赶上了好时候，碰到了好师傅。”而事实上，每次“幸运”的背后都饱含着他无畏的选择和默默的坚持。

1968 年，杜文出生在贵州普定县的一个普通家庭，从小学、初中到高中，他的成绩在班里一直名列前茅，物理成绩长期排名第一。

杜文 16 岁参加高考时，报考了北京航空学院导弹设计专业，因此引来了周围同学的质疑：这个专业今后是要进山沟的，苦日子你还没过够啊。

但这些质疑并没有让杜文退缩，他依旧坚持了自己的选择。

导弹设计专业的学习是枯燥的，但杜文却过得如鱼得水。热爱学习的他经常泡在学校的图书馆里，在闲暇的时光，他还会拿起心爱的吉他弹奏一曲。

1988 年，毕业后的杜文被分配到重庆航天机电设计院工作，成为一名设计师。

在新的岗位上，杜文浑身有使不完的劲儿，连续加班，跑外协厂家，经常凌晨三四点起床协助试验队做各项准备工作。

在“搞导弹不如卖茶叶蛋”的 20 世纪 90 年代，杜文所在的设计院同样面临着自负盈亏、自谋生计的现实。

杜文清楚地记得，当时身边很多同行都陆续离职下海，包括曾和他志同道合的 3 个大学同窗。但是杜文依旧选择坚守这个岗位。谈起这段坚守，直到今天，杜文仍非常感激当年的恩师黎玉贵总设计师。

杜文说：“黎总一直坚持研究工作，主动申报预研课题，带领整个团队摈弃浮躁与杂念，一心做一个优秀的技术人员，黎总的表率给了我很大的榜样示范力量。”

2004 年，院研发中心落户成都，型号研制进度明显加快。杜文出任型号总设计师，但他却高兴不起来。

各分系统设计师严重短缺，他这个总师俨然一个“光杆司令”，从弹上设备到地面测试、从参数设置到螺钉螺帽的选定，都需要他亲自抓。为了能为团队引进更多的高素质人才，杜文多次来到各大高校，扮演起了招聘人员的角色。

型号产品的每道工序、每个零件，杜文都亲自过问，事无巨细。在产品总装测试时，他一直与总装人员坚守现场；待各分系统都测试完毕后，他还要再检查一遍。对每一个问题，他都不轻易放过，原因、定位、机理必须要搞清楚并通过试验验证。

杜文的事无巨细，有时让年轻的设计员有些不理解，觉得过于较真。但杜文却并不这么认为。他耐心地给大家讲解其中的缘由，消除大家的顾虑。在他的心里，型号研制来不得半点马虎，稍有疏忽就有可能带来不可想象的后果。

2005 年 8 月，杜文首次抓总的某简易控制火箭武器系统迎来了首次飞行试验。然而，事情并不像想象中那么顺利。第一次的飞行试验结果，让他难以置信：落点纵向距离目标点相差甚远。上级立即要求试验队迅速查找原因，不解决问题不允许进行后续试验。

归零的会议从早开到晚，开得异常艰难。这样的艰苦分析持续了 10 天，直至查明原因。接下来，该型号的两次靶试均获得圆满成功，成为院当时第一个带有控制系统、射程最远、精度最高的型号。

这样的经历犹如人生的一次炼狱。杜文坦言，为了查找一个原因，满脑子都在琢磨，以至于有一次在他走路时，直接撞到了树上才回过神来。

“鬼门关前走过，还怕什么”

2003年中秋节前夕，在某设计方案即将完成时，杜文却经历了人生中最惊险的一幕。

起初几个月前的咳嗽，他并没有在意，只是随便吃点药草草了事。然而长期的高强度工作引发支气管炎的发作，气短、胸闷、哮喘这些症状，折磨得杜文难以入睡，情急之下，妻子拨打了120急救电话。

急救室里，仪器的指示灯闪烁着他微弱的生命特征，医院下达了杜文的病危通知书。危急关头，医生决定切开气管，立即实施手术，进行最后努力。几天后，杜文才从昏迷状态中清醒过来。

提起这惊险的一幕，他总是笑着说：“鬼门关前走过了，我还怕什么。”

与死神的“约会”之后，大病未愈的杜文并没有改变忘我工作的状态。

面对研制领域内的多项技术空白，多年来，杜文主动加强导弹总体、空气动力学、控制系统等多学科、多领域的钻研和学习。

有一次，为了能多请教一位知名专家，他和同事就在专家工作的附近租了个两室一厅的房子，十多个人睡觉就挤在卧室，狭小的客厅摆上电脑就成了办公室。一个多月的求学之路，大家每天早上7点起床工作，抓住一切机会看书、请专家上课，共同摸索着设计的基本方案。

“杜总好学无畏的精神既让我们佩服，又让我们感动。他的一言一行深深影响着我们。”杜文的徒弟，如今已是七部软件研究室主任的博士后宋勇仍非常感激杜文的言传身教。

宋勇说：“记得2006年刚来时，杜总就主动给我们定下学习计划，罗列相关书目，并将自己的书籍拿来与我们共享。他一直提倡民主发言，有时大家凑在一起，会为一个问题争得面红耳赤，但这个过程让我们受益匪浅。每次产品总装时，他都会带领我们设计人员前往现场，了解产品总装的整个过程，这对我们后期的设计工作启发很大。”

杜文认为从事型号研制一定要吃透技术、吃透状态、吃透规律，这是对研制人员实实在在的要求。要做到这些必须要不断加强学习，提升能力。杜文十分重视每一次试验后的经验总结以及每一次归零报告的整理分析。在他眼里，每一次试验都是一次宝贵的经验总结和提升能力的机会，每一个技术归零报告都是一本生动的活教材，这些对于自身能力的提升至关重要。

近年来，在杜文的带领下，通过主动加强各专业组的学习和能力建设，鼓励和发动设计人员学习一些重要和关键的冷门专业知识，姿控和制导专业已由原先的一两名人员发展到了两个专业组，培养出多名骨干。

有一次，在表彰大会间隙，有记者问他，是什么让他这样一直无畏付出。杜文的回答很淡然：“是航天事业的自豪感和成就感激励着我不断前行。”对他而言，型号研制俨然已是生命中最重要的使命，融入血液，成为精神。

繁忙的工作之余，杜文在 2006 年又报考了西南交通大学的在职研究生，并在 2008 年获得了项目管理专业工程硕士学位。

劳动模范不“劳动”

随着型号飞行试验的捷报频传，近年来，多项荣誉也向杜文纷至沓来。

2007 年，杜文荣获中国航天科技集团公司授予的“劳动模范”称号。当他将这个消息告诉妻子时，妻子打趣地说：“你这个劳动模范在家里可从来不劳动。”

虽是一句玩笑话，却让杜文印象深刻。多年来，他全身心投入到型号研制工作中，与家人相聚的时间少之又少，家中的事务更是无暇顾及。这让他感到有些愧疚。

“工作上取得的这些成绩离不开家里人的支持和付出。”提起往事，杜文有些激动，声音也哽咽起来。

他曾经算过，这些年下来，去北京出差的次数比去成都市区的次数都要多得多。

2004 年，杜文从重庆航天机电设计院调往研发中心。来到成都龙泉后，他就长期在外出差，举家搬迁的重担就落在了妻子一个人肩上。

收整、打包、搬运、押车，妻子一人忙前忙后，跑上跑下，将整个家从重庆搬到了成都。搬家的繁杂与艰辛，都是妻子一个人承担，身在外地的他只能在电话里关心一下进展，嘱咐一下妻子注意身体，放下电话又埋头于工作。

如今已上初中二年级的女儿早已习惯父亲的忙碌与长期出差。虽然杜文多次允诺陪家人外出游玩，但这一天直到 2009 年才姗姗而来。这一次是他工作 20 多年第一次请年假。游玩的地点就在成都附近，可是在游玩途中，因为工作上的诸多事宜，他的电话一直响个不停，原计划一周的行程压缩到了三天便打道回府了。

如今的杜文，只要一有时间，就会陪着女儿去打羽毛球，晚饭后一起散散步，这对他来说已是莫大的享受。

每一次成功都意味着新的开始。2011 年 3 月，某新型全程精确制导火箭弹又一次刷新纪录。对杜文而言，所有的艰辛付出只为疆场那道美丽的弧线，只为腾空而起，直刺苍穹的壮丽景象。

采访印象：

杜文是一个忙碌的人。为了工作方便，他将办公室选在了七部，这样可以随时和设计人员探讨问题；在型号研制期间，他定会“游走”在各分系统研制的现场关注进展；作为院科技委成员，随着众多研制型号的“提速”，他要参加各类评审会议。记者对他的采访也是见缝插针。

杜文是一个幽默的人。他将每次在靶场上连续数十天缺乏睡眠的日子当作笑谈，将走路途中想问题撞上大树作为谈资，将喉部那道救命的伤疤当作“人活一口气”的佐证。跟他聊天，是一件快乐的事。

说到型号研制的艰难过程，他会一笑而过，没有多少言语；一旦提起靶场的故事，他就有些激动，言语也自然多了起来。

型号成功的喜讯，掩藏了平日里太多的艰辛与付出。作为记者，与他的采访过程，时而让人紧张，时而让人激动，时而又让人揪心。采访结束时，记者不禁也想送给杜文一个祝愿：愿他多加强锻炼，拥有一个“国防”身体，这是工作的本钱。

杨宇彬：困境里蹚出一条路

■ 唐通全

2009 年 7 月

院某型号在多年的研制过程中，希望的曙光和挫折后的沮丧总是如影随形。该型号历经了两代四川航天人多年的艰辛付出，但来自新领域的挑战和新技术的难题仍然是他们面对的一道道难关。多年不断的财力物力大量投入，谁不期待取得新突破的喜悦和成功后的欢欣鼓舞呢？

2008 年冬，该型号飞行试验取得成功，冬至春来，该型号再度取得连续 3 次飞行试验成功，全面验证了型号各项总体性能指标，达到合同的要求，最终为该型号鉴定划上一个圆满的句号。这一突破扭转了七院多型号连续失败的被动局面，极大鼓舞了研制队伍的士气，也带动了其他型号的研制工作。

打破坚冰的欣慰一扫多年来笼罩在型号队伍头上的阴霾，型号研制步入一个新的拐点。而该型号的突破与一个人息息相关，他就是 42 岁的七部常务副主任兼型号总设计师杨宇彬。

一

作为院重点研制项目的该型号，支撑着四川航天自主创新的梦想。为了实现这个梦，这群铸剑人在研制的征途中义无反顾地进行着艰苦卓绝的跋涉。

在大西北，发射车如钢铁巨人，威武地矗立在荒无人烟的戈壁滩上，在目光的极尽处，则是湛蓝的天空和发黄的戈壁浑然一体。自 2005 年始，随着一次次震耳欲聋的轰鸣，飞向蓝天的利箭并未喷射出一道道绚丽彩虹。发射，失利；再发射，再失利。梦，一次次被撕成无数碎片，失利的阴影长久地笼罩在人们的心头。

多型号研制、高密度试验的现实，使四川航天人不得不承认“十年磨一剑”已是历史的语言。尽管在繁重的科研生产和型号任务面前，我们创造了一次次成功，但潜在的危机也在暗中“涌动”。

2008 年 4 月，研制型号飞行试验再遭挫折，这是一次惨重的失利，它的影响波及全院上下，紧接着全院开展了型号全面质量整顿，型号归零工作也按部就班地展开。而一场突如其来的地震打破了原来的工作节奏，致使归零和质量整顿工作持续了近半年之久。

成都盛夏，酷暑难当，七部人也像久旱的秧苗一样渴望下一场甘霖。就在这个不同寻常的夏季，院决策层为调整充实七部领导班子，开展研发保障条件建设，提高总体设计、技术抓总和技术协调能力，决定从一院引进技术领军人才充实七部。2008 年 8 月，杨宇彬走马到任。

这是一段最艰苦的时期。到任后的杨宇彬满脑子都是工作：整顿，归零；攻坚，克难。他，将型号总设计师的职责演绎得淋漓尽致，他带领型号队伍、带领七部人唱响了一曲铿锵的争气歌：搏在今朝，勇夺成功。

秋去冬来，杨宇彬迎来了他在七院的第一次飞行试验。

相对前面院所的大型号而言，七部研制的型号虽然结构没那么复杂，涉及的学科、领域等也没那么多，但研制型号受市场合同的时间限制，技术状态要求高，更要确保首次飞行成功、次次成功，不允许有任何闪失。

接手这样一个“烫手山芋”的杨宇彬，即便是经历过大型号洗礼养成了沉稳的大将之风，此时多少都有些诚惶诚恐。毕竟现在面临的型号，很多技术以前没接触到，很多技术的未知点还有待突破，设计师队伍的信心也可以说降到了谷底。一个参数错误、一次技术决策失误，都可能影响到飞行试验。他的脑神经，一头连着可能是一个数字或者一根形同发丝的导线，一头却是沉甸甸的责任和七院科研队伍的尊严。

多年从事科研生产的一些老专家坦诚地说过：航天是一个既让人钟爱又让人胆怯的行业，是“成败论英雄”的职业。“战战兢兢，如履薄冰”八个字，一定程度上也代表了老一辈航天人谨慎的职业态度。对此，杨宇彬有着深刻的体会。

他清楚地记得，院长龚波对他说，七部人要重塑信心，不要有压力。在后来的日子里，杨宇彬的一言一行，就是向周围的同志示范和传达一种信心。虽然大家期望值很高，都渴望能有所突破，但他决不给队伍施加压力。

2008 年 11 月，杨宇彬带着飞行试验队伍开进了戈壁。这是一个寒冷的世界，没有风，只有干冷无情地噬咬着试验队员裸露的脸、手，像千万根小针扎透肌肤，直刺骨髓。夜幕降落，四周一片寂静，仿佛整个世界都冻僵了。

就在 11 月的一天，明丽的阳光从天上泻下来，暖暖的如笔下淡淡朱红流满了黄色的戈壁，流遍了发射场，流进了试验队员的心里。这天，型号总师杨宇彬组织的第一次飞行试验获得了成功。

归零靶试成功了，试验队员们无不满怀喜悦。但此时杨宇彬并未感到轻松，萦绕在他脑中的是如何完成好后续定型工作。

他一直坚持认为，失败了要知道原因，成功了也要明白成功之所在。型号研制就是要扎实地、一步步地去完成每一个阶段性工作。

当 2009 年的日历刚刚掀开时，该型号靶试又获成功；时隔一月，再度成功。

2009 年 4 月，东北大地的天空，湛蓝得如水洗过。发射场上，发射前的准备工作紧张有序地进行着，杨宇彬眉宇间充满了自信。这份自信，源于高度深入细致的工作。为了定型飞行试验的成功和万无一失，杨宇彬几乎释放了所有的能量，他带领队伍把所有异常点都排除得干净透彻，难怪飞行前他会如此平静如水。这天是 26 日，研制型号定型飞行试验获得圆满成功。

站在广袤的黑土地上，无论身材多么魁梧的人，都显得十分渺小，如同蚂蚁一般。可是，人的潜能一旦充分发掘出来，人的力量，又是多么伟大。

川西与东北，虽然相距千里，但是在这一时刻，院领导和许多人跟靶场试验队员一样都在密切关注同一件事。院致贺电飞到了靶场，紧紧地拥抱一下吧，在这种及时鼓励和有力支持的接触中，杨宇彬和他的团队无不欢欣鼓舞。那天夜里，试验队员激动得难以入睡，当不懈努力和辛勤的汗水与胜利的欢悦融汇到一起时，怎能不激起感情的浪花。一位年轻设计师用一句著名的歌词抒发自己的心声：风雨之后见彩虹。

二

风雨过后见彩虹。

风雨伴随搏在今朝的人。

彩虹属于勇夺成功的人。

对于成功，杨宇彬是这样理解的：航天产品，不是一般的产品，必须做到一次成功，次次成功。

长期从事大型号研制，历经 20 载航天岁月，杨宇彬磨砺出一种严谨顽强的科研作风。实践的丰富，经验的积淀，理论的成熟，更使他步入事业的盛年。七部的研发团队是一支年轻的队伍，长期从事小型号研发，彼此能不能找到共同的结合点呢。

但从事航天型号研制，挑战、超越是一种共同的语言，掌握科学技术的人，连精神语言都是相通的。

在质量问题归零困难重重的严峻时刻，杨宇彬准确分析了造成型号失利的关键技术问题，带领研制队伍采取针对性措施，解决了技术难题。

2008 年，北京。七部派去的攻关人员夜以继日地工作着，向专家请教，分析查找问题，时间如水般流逝。快 3 个月了，攻关人员也有自己的一点想法，也发现了问题。但到底是不是这个问题，如果是，下一步该怎么解决？谁也不敢贸然做出结论。

这是归零中一个非常重要的关键技术问题。北京的专家也知道有问题，会影响到飞行试验，但也只能是提供自己的分析思路和建议。

谁敢拍板，拍了板，问题又怎么解决？

正当大家徘徊迷茫之际，杨宇彬及时地出现在大家面前，他果断指出："这方面的问题肯定存在。"并坚定地说，"解决问题的方法也是有的"。他拿出相关资料，关于问题分析、关于强度确认、关于技术状态，等等，一一亮出自己的见解……

问题被快速定位，大家也豁然开朗。杨宇彬是通过大量查找相关的资料、文件和试验结果，并结合国内外以及他本人在型号研制中长期积累的经验和遇到的类似问题来分析诊断、进而准确定位问题的根本所在，明确下一步改进方向。第一次接触该型号，就显示出他的自信和果断。

发现问题抓住不放，解决问题一抓到底。杨宇彬就是这样带领型号设计师队伍着手去进行改进方案的设计工作，论证不同的方案，再组织相应的试验，根据试验的结果选择最优的改进方案。一步步扎实有效的工作终于迎来首战告捷。

2009 年元旦前后，杨宇彬又带领型号队伍，全身心地投入到新一轮改进方案的设计工作中。对上次靶试的结果进行分析梳理，要在短时间内完成下一批次产品的方案改进工作，要完成各项地面试验、完成总装测试……

研制型号交付在即，不敢有丝毫的懈怠。要在去靶场前把所有问题解决好、控制好状态，任何一个异常点都不能放过；要考虑多种因素，保证设计的正确性；为达到进行飞行试验的技术状态，为满足飞行试验的要求，杨宇彬与他的团队，常常加班加点到夜深，久久地煎熬着自己的心灵。

2009年新年的钟声，就在他们的忙碌中悄悄地敲响了，而他们甚至没有留意……

“要建立自己的设计、试验规范，提升型号研制基础管理水平。”这是院长龚波对七部科研管理提出的要求。

杨宇彬也是这样传达和执行龚波院长的要求，他经常向大家强调：决不能用试验代替设计，不允许用飞行试验代替地面试验；地面试验包括各项试验，是充分验证各个环节的正确性，验证设计的正确性的手段，飞行试验是综合考核手段。

他认为，真正的技术管理，是设计对产品负全责。谁设计，谁负责，而不是谁签合同谁负责。他提出，产品的验收就是责任的转移。

“你设计完就扔了，你验收完就走人，这不行！你要到现场去验收，要深入到整个产品生产、试验的过程中，掌握每个细节。比如工艺实现性如何？工人理解透没？哪里是关键？哪些有难度？你要与工人密切地交流，及时地反馈，力求在设计上达到要求，工艺上可实现性强。责任的转移还在于确认关键性技术参数是否符合设计要求，确认质量是否满足性能要求，是否满足技术条件要求；试验条件是否按规范执行，实行技术参数一致性管理，最后才签字画押。”

不管干哪一行，都要讲“行规”。干型号研制的“行规”就是严格按航天的标准执行，要设计状态受控，工艺状态受控，生产状态受控。杨宇彬说：“这些标准实际上都应该完全装到自己脑子里，掌握在自己的手中，只有这样，才能实现型号整体的完成。每个人是这个型号的一部分，把标准都掌握了，产品才有可靠性，才能按质按时完成任务。”

杨宇彬的谈吐思路清晰，极富逻辑性和针对性。这或许也是作为型号总师的一种象征：慎始慎终，慎言慎行。“慎”的作风体现在杨宇彬尊重客观规律，慎重对待型号研制中的每一个技术问题，做好充分的技术认证和科学试验，确保飞行试验稳妥可靠、万无一失的行为之上。

每到靶场，杨宇彬总是立即组织型号总体、分系统人员召开技术分析会，对后续的技术工作进行部署安排；在靶试动员会上，对准备工作、人员到位情况和其他靶试工作安排，都要一一落实到位；在技术要求上强调“试前认真复查、注意数据比对、尽快分析数据、及时处置情况”；对靶试条件，气象条件组织相关人员充分沟通交流，形成共识。这一系列规定动作都建立在杨宇彬慎思笃行的精心组织下，使每一步、每一个细小环节都滴水不漏。

有一次，分系统设计师找总体设计人员会签一个文件，总体人员认为改动不是很大，就签了。文件传给杨宇彬审批时，他发现改动欠妥，立刻召集总体相关人员，杨提出疑问：“这个改动能不能通过充分的论证？符不符合技术状态更改的五项原则？”后来总体重新计算了一轮，拿出完整的报告报给杨总，他才批准放行。这件事给了设计师们很深的启发。

“为什么”“琢磨透”是他一贯讲求的关键词。他倡导，我们的任务都可以用更卓越更科学的方式方法来完成。计划任务怎么完成？哪些该分成小项？今天干什么？明天干什么？这些要琢磨透，做到心中有数。

“严慎细实”4字，是中国航天的科研作风，是中国航天人的特质。杨宇彬确实也具备这种特质，可以说“严慎细实”在他身上得到了完美的体现。

三

“作为一个技术负责人，需要学习高精尖技术，但作为领导者，更要时刻牢记李占文书记讲的‘责任比能力更重要’。”

他说，现在这支队伍进步快。但毕竟队伍很年轻，还要带，要悉心培养。首要是带领他们把任务完成好，接着才是需要“两总”培育队伍，要留点东西给后来者。话虽朴实，却很深刻。

时任集团公司总经理马兴瑞曾经在一次全国组织工作会上做了题为“开展创新人才队伍建设”的发言，用“人才的高度就是事业的高度”这句话来说明人才培养的重要性。

老一辈航天人给后来者留下了宝贵的精神财富，他们的作风体现出两大特点：意志力强，抗挫折能力过人；工作严慎细实，眼见为实。曾有航天老专家这样评价七部年轻的设计师们：这帮小字辈充满热情，理论知识和演算水平都很高，但的确存在对工作对象的实质性认识不够深入，缺乏系统性思考，遇到问题时不习惯从事情的源头进行定性分析，喜欢绕着问题走的现象。

杨宇彬认为，专家的话语点到了要害。他按院领导的要求，在提升队伍作风上狠下功夫，努力要带出一批能够钻研技术、吃透技术、把握关键、识别风险、吃透状态、顽强拼搏、扎实工作的设计师队伍。

在靶试现场，有人就问一名试验队员，这一批次都能打，你能确定首先打哪发？她想了想没回答出来：“我入职七部晚，第一次参加靶试，不太了解情况。”

她刚参加工作不久，对于有些技术问题没把握，这很自然。但从另一角度去思考，事业得后继有人，只有新人逐步真正成才，才能算一笔宝贵财富。要成才需要加强技术水平的提高，更需要传承科学作风的“薪火”。这，也很自然。

有一次，去落区的 4 名队员，准备工作没做好，忘记了带水。这天因为气候恶劣，取消了试验。在落区苦苦待了一整天的队员，没喝上一口水，多多少少有些情绪。杨宇彬还是批评了他们，说参加试验在方方面面都需要更加细心，更需要发扬航天人特别能吃苦的精神。

这样的要求其实并不苛刻。多年前杨宇彬参加一次靶试，凌晨 4 点就赶往落区，第二天中午才返回，期间仅仅吃了一顿饭，仍然圆满完成了任务。尽管那时他是型号总师，但他始终认为严谨细致、确保成功、吃苦奉献的靶场作风，任何一个靶场人员都不应例外。

七部近几年引进了近 200 名高校毕业生，数字能反映出成绩，但也能让人看出问题。在这支队伍中，由于历史的原因，缺乏富有经验的成熟的技术骨干，这就使得许多 30 岁以下的“小字辈”在型号研制中挑起了重担。他们学历层次高，理论水平高，精力充沛，但缺乏对航天系统工程足够的了解。

杨宇彬常说，干一个型号，一般要达到 4 个目的：干成一件事；学到一些东西；给单位留下一点技术沉淀；交一群朋友。

“杨总讲得真好，对我们人才培养非常有启发。”那位年轻的女设计师说。有一次在靶场吃饭的时候，杨总对她说：“你回去之后，通过你这个型号成功的东西，及时地与其他型号结合起来思考，跟大家多交流，在更大范围内应用起来。”“杨总调强的是团队的进步。”如今，七部在人才培养和专业建设方面倡导多进行专业交流，多进行型号之间的技术交流；倡导及时总结，学会积累，经验共享。

当年刚毕业的杨宇彬不会干，也是两总带着他干。那时他感受到，从学校毕业出来的学生，欠缺工程实践经验，设计过程出现的问题往往都是缘于在课本上没有讲的生产研制的实际问题。他告诫自己，要多多融入年轻人的设计工作中，及时给予帮助、启发、指导。在做某部段初样设计方案时，他提醒设计人员，各部分要注意什么问题，它的形状、技术参数要达到什么要求。一位年轻设计师充满敬意地说；“在型号研制中，‘两总’们做事特别认真，特别细致，这样手把手地教我们，对我们的成长帮助太大了。”

七部年轻设计人员多，杨宇彬经常强调风险意识，要求每个设计人员都要主动在各个设计环节识别风险。他打了一个简单的比方："谁都明白一个理，自己的孩子该怎么养大，大人时常都在关注、观察孩子，出现了什么异常，生病了吗？有了病就要及时上医院诊断，吃药除病。设计工作就是设计人员的孩子啊。"

2009 年 5 月。杨宇彬以"型号风险识别与控制"为题，为七部团员青年做了专题技术报告。

讲者，切入实际，着眼大局，逻辑严密。

听者，如雷贯耳，大开眼界，受益匪浅。

对于目前这支年轻的队伍，杨宇彬发出感慨："他们确实很年轻，可喜的是，这支队伍有了很大进步。"

七部的"小字辈们"也有了自己的认识：对待型号研制，要知其然，更要知其所以然；对待型号研制，勿以"细小"而不为，尤以吃透技术、把握规律为重。

四

在一院工作时，杨宇彬就爱尝试新东西，当副总师那时，他对研制新型号总有自己的新思路。问他最大的挑战是什么，他回答：涉及高风险，接受不重复的东西。

组织上决定安排他到七院，他毅然放弃了许多人为之向往的工作和生活，单身奔赴成都，在龙泉买了房子，并积极动员妻子女儿来成都工作、读书。"这么多年来，我很少顾及家庭，但家庭给予了我太多的支持。"

他从北京来到成都，从一院来到七院，他没把自己当客人。他带着把四川航天发展好、建设好的愿望来到七院，与七部人"狭路相逢"了，他把他的憧憬、他的命运与四川航天紧紧地联结在了一起。

他是在山区里长大的孩子，上初中那时，上学往返一趟要走 7 公里山路，进入高中，学校离家更远了，一去一回有 50 公里路，要走 10 多个小时。高考时他填的第一志愿是昆明陆军学院，梦想着将来可以做一名身着绿色军装的军人。如果命运顺从了杨宇彬的最初理想，那么中国航天领域无疑少了一个出色

的技术人才。偏偏在体检时，部队的医生说："小伙子身强力壮，可是你的肝长得大。"山里长大的孩子嘛，肝都大。就这样，一个不是问题的问题，使得当军人的想法只能永远留在杨宇彬年少的梦中了。

杨宇彬没想到，若干年前的"问题"青年没进成军校，入职航天后却经常需要解决一个个问题，攻克一道道难关，分享一次次成功。他也没想到，自2004年始的几年间，他相继捧走了国家科学技术进步奖一等奖1项、二等奖1项；两次分获国防科工委科学技术进步奖二等奖和一次获得中国航天工业总公司科学技术进步奖二等奖。2009年1月，他又获得七院院长特别奖。"我的成绩，得益于中国航天事业对自己多年的培育；研制型号目前所取得的新突破不属于个人，它属于整个团队，属于七院；要特别感谢长期呕心沥血地关爱七院研制型号的集团领导、专家和兄弟单位专家的热心支持、指导。"

今天的杨宇彬无暇去回顾曾经取得的成绩。于他来说，航天人永远没有句号，每一天都是新的起点。在新的起点上，他要迎接更大的挑战。他展望着往后更加有挑战性的研制工作；他在思考七部自主研制型号发展方向；他在思考今后一个时期建立健全创新体系，增强科研创新能力，集中有限资源重点发展具有前景的项目，以技术创新推动创新型科研总体建设。

路在脚下，路在前方。杨宇彬将与自己的团队一道，用更多的胜利，为四川航天的科学发展编织一个个成功的花环。

梁一兵：横刀立马　试比天高

■ 罗　伟

2005 年 7 月

他温和、谦虚、幽默，做事一丝不苟。

他是某型号副总设计师，又是一名普通的科研设计人员！带着对航天事业的执着追求，他在航天系统的一个科研岗位上数十年如一日，默默地奉献。在无数次惊涛骇浪般的困难和挫折面前，他一如既往，横刀立马，敢与天公试比高。

他，就是梁一兵，高级工程师，中国航天科技集团公司 2004 年优秀共产党员，七院研发中心特种装备室主任，七院自研型号“卫士一号”“卫士二号”及某型号主任设计师，某型号系列副总设计师。

从投身航天事业至今，他主要承担了海防导弹 ××-4 号弹综合电器安装设计，承担了多个型号武器系统火箭弹发射车总体设计；承担了卫士一号火箭弹装填运输车液压及控制系统的设计。其中卫士一号火箭弹装填运输车是我国目前最先进的火箭弹装填运输车，该车填补了国内远程火箭弹装填车的空白。这一项目的成功研制，为国防现代化建设做出了重大贡献，为四川航天创造了良好的经济效益。

铁杵成针，宝剑锋从磨砺出

在型号任务的研制过程中，哪里有困难，哪里就有梁一兵的身影。2002 年 9 月，根据军方要求，需要对某火箭弹发射车进行总体改进设计。这一改进设计，不但难度大，而且周期短。如果不对设计进行改进，势必影响到整个武器系统的整体技战术指标的实现。梁一兵率领室里的同志，果断地接下这一任务。为了吃透关键技术，顺利完成该型号任务的改进工作，他带领研究室的同志冒着高温，在噪声极大的钣金车间作实体测绘。为了保证项目的可靠性和科学性，需经过多次试验，充分论证。在车间，饿了，啃一块干面包；渴了，喝一口矿泉水；困了，就趴在桌上打个盹，几乎是不下火线，结果一待就是一个月。最后，梁一兵亲自设计试验方法，保证了型号研制成功，圆满完成了某火箭弹发射车的改进设计任务。

2003 年 5 月，“非典”在全国上下闹得沸沸扬扬。当时，梁一兵为保证某火箭弹发射车的改进设计项目的进度，在“五一”加班期间，因劳累过度，引发了胆囊炎和胰腺炎。住院治疗期间，医院曾下达过他的“病危通知书”，但这位刚强的汉子在病痛中，始终没有忘记自己的工作，始终关心着型号研制任务。当病情刚刚控制下来，他不顾单位领导和同事的劝阻，坚持带病工作。

梁一兵是一个爱学习的人。平时，工作再忙、再苦、再累，他也不忘记挤时间学习。他的座右铭是：让学习成为常态，让思考成为习惯。这种孜孜不倦的学习动力来自两个方面：一是“被逼”的，一是发自内心的主动需要。

用他的话来说：作为一个设计师，我必须逼着自己学习，因为每一个新的型号都涉及全新的领域，必须不断学习知识，不断提高自己的设计水平，才能设计出合格的产品。

刻苦的学习和不断的实践为梁一兵的设计工作拓展了广阔的空间，提供了广阔的思路，同时他在实践中培养了独特的思维方式和思维角度，经过他设计出来的发射车不但性能稳定可靠，而且成本低。

临危不乱，敢与火箭试比高

作为多个型号发射车的主任设计师，梁一兵不但要承担大量的设计工作，还要参加各种型号的靶场飞行试验。

在靶试现场，梁一兵总是身兼数职，不但要主管火箭弹发射车、火箭装填运输车，还要测量炮弹的落区，对发射车进行校正。火箭发射后，火箭筒的温度很高，装弹是件极其危险而又艰苦的细致工作，对于搞设计的同志来说那就更难。可每次装弹的时候，梁一兵总是走在前面，不怕苦，不怕累，是冒着生命危险去工作。

2005年6月，梁一兵作为发射车的主任设计师参加了卫士一号火箭弹的飞行试验。为了更好地分析火箭与发射车之间的相互关系，火箭发射时，他在发射车后面用DV机摄下火箭弹的飞行轨迹，根据拍摄的情况作比对分析，为靶试分析、发射车改进设计提供有力数据。每次打完一组弹后，他总是亲自指导操作人员对发射车进行维护，经常与同志们一起擦炮灰、对导向部分进行涂油等。从靶场回来，梁一兵常常变得很黑，因为每次发射后他都要深入第一线察看发射车的车身情况，察看点火器装置，冒着高温对炮身进行校正，事后还得察看炮弹的落点情况。大家在吃饭的时候，经常是看不见他人影，同志们相互一问，才知道他还待在试验现场，检查装备。作为一个副总设计师，梁一兵经常深入第一线，承担起第一岗的工作，对于任何一个细节，他都认认真真，亲力亲为。正是在梁一兵等同志的努力下，才使得飞行试验有了一次又一次的成功。

用梁一兵的话来说：火箭弹其实就像人，就像是自己的孩子，只要你认真对待他，认真对待每一个细节，他还是很听话的。

凭借着20多年的工作经验，特别是在液压传动、机械设计、继电器逻辑电路设计等方面有独到的研究，梁一兵多次作为专家组成员及火箭弹发射车专家被派到客户所在地，对火箭弹发射车及火箭弹发射过程做技术指导，并对发射车、装填运输车底盘及指挥车提出改装技术要求，得到需方专家的一致好评。

克己奉公，无私奉献做先锋

作为一名共产党员，作为型号线上的一名科技工作者，梁一兵对政治理论学习有自己的见解。他认为：思想是行动的先导，是行动的指南，没有先进的思想，就没有创新的行动。在平时的工作中，他坚持学习党的先进理论和思想，深刻理解和正确掌握解放思想、实事求是、与时俱进的科学精神。以身作则，身体力行，用所掌握的理论知识分析问题、解决问题。作为七院研发中心第三党支部书记，梁一兵有空就和同志们一道，学习、宣传党的方针政策，并要求大家贯彻到实际工作中去。他经常说："每一个共产党员都是一面旗帜，作为一名知识分子，要更好地发挥先进模范作用。在平常的工作和生活中，他为同事树立了一个良好的形象。"

在科研工作中，他也正是这样要求自己的，为的就是搞好科研工作，尽可能地为单位、为社会创造更多效益。

2004 年，梁一兵被中国航天科技集团公司评为"优秀共产党员"，院"双十佳共产党员"。面对这些荣誉，周围的人都对他充满了羡慕，可谁能知道，这些成绩的背后，他比别人付出了多得多的努力和代价。在 20 世纪 90 年代，单位效益不好，许多同志忍受不了清贫的生活现状，纷纷"下海"。面对种种诱惑，他断然拒绝了登门拜访的私企老板，毅然留下来从事自己钟爱的火箭弹发射车的研制工作。工作繁忙的时候，家人都会准时打电话来催他回家吃饭。可几个小时过去了，电话响了一遍又一遍，他却还在聚精会神地埋头工作。

2004年7月，他服从院的安排，别妻离子，从重庆来到成都。这样，就更加不能照顾家了。家里一个四五岁的小女儿和其他家务重担，就全压在了爱人的肩上。平时，他因为工作繁忙，任务很重，也很少能回家团聚。许多人开玩笑问他图什么，他笑笑答道："干了那么久的型号研制工作，我对发射车就像自己的孩子一样，放不下啊！再说，一个人总要有点儿责任心，不要辜负大家的信任吧？"

正是这种对航天事业的无限热爱，为祖国国防事业奉献的坚定信念，使得梁一兵在工作中不畏艰难，艰苦奋斗。他不光在型号研制工作中作出了突出贡献，还带出了一帮有干劲，专业技术和业务技能扎实的航天接班人。

蒋昱雯：最浪漫的事

■ 都晓芸

2016 年 4 月

“我能想到最浪漫的事，就是和你慢慢变老。”这首《最浪漫的事》大家肯定都不会陌生。我们今天的主人翁蒋昱雯，现任七院国际合作部副部长，原 7102 厂战术型号指挥，2015 年获得院长特别奖，2016 年获得集团公司首届“感动航天”人物荣誉称号。

她能想到最浪漫的事就是和七院卫士系列战术型号“相知”“相恋”“相伴”，风风雨雨 20 余载，她们之间的点点滴滴的“欢笑”，成就了她的“恋人”——七院战术型号国际知名火箭弹品牌的伟业。今天，就让我们走进她们最浪漫的事。

她们的“相知”“相恋”，还得从她的父辈说起。早在孩提时代，蒋昱雯便从航天系统里工作的父亲那里知道了许多关于航天的故事。特别是父亲身上散发出的浓郁“航天味”，让当时还是黄毛丫头的她，心里烙下了深深的航天情结。她从小就立下鸿鹄之志，要成为一名像父亲那样优秀和出色的航天人。后来，她的成长轨迹便打上了航天印记，读书考学，她主动选择了和航天相关的专业，毕业择业，她毫不犹豫地踏着父亲的足迹进入航天工作，以“航二代”的身份开启了她的航天旅途。

如果说没有父亲这一位老航天人的熏陶，她就不可能与航天结缘，也正是这种航天缘分的“搭桥牵线”，让正是芳龄年华的她，与正处于创业之初的院战术型号卫士火箭弹“相知”，并“走火入魔”般地投入，为了战术型号的发展需要，她从自己最熟悉的航天第一站 7304 厂辗转到当时略显陌生的 7102 厂。她从普通的设计人员、科研带头人、副总工程师到战术型号指挥，一路与战术型号“相伴”，与她一起成长、一起见证发展的道路。

创业艰难百战多。一切都是未知领域，一切都是探索求发展的过程。7102 厂作为七院战术型号的总装厂，挑起了研制生产的重任，她作为 7102 厂战术型号主要技术负责人，牺牲了太多的女同志的柔情似水，展现给外人的更多的是刚强果断的“女汉子”，抱定“人一之我十之，人十之我百之”的拼搏精神，她和七院其他同事一道在七院战术型号拼市场、拼发展的艰难道路上跋涉前行。

在战术型号研制初期，这个问题急需解决，这个技术急需攻关，这个瓶颈急需突破，这些“声音”日夜萦绕着她，化解型号研制生产中的问题成为当时她生活的全部，型号生产现场就是她的“家”，数不清多少个日夜，寒来暑往，她和研制生产团队一道从早上 8 点连续工作到深夜 9 点，甚至她连吃饭的时间都舍不得空出来，以机床设备为“餐桌”，方便面和盒饭就是她的“营养大餐”，也正是这种废寝忘食的工作劲头，让她留下了胃痛的病根。她的这种拼劲，也感染着团队里每一位成员，她就是大家的顶梁柱，一线工人提起蒋总，无不竖起大拇指，他们都有共同的心声：“蒋总既能吃苦又能及时处理技术问题，看着她做事积极认真的态度，我们还有什么理由不加快产品的生产进度。”

但是，百倍的付出不一定就能收获成功的喜悦，研制初期的战术型号靶场发射失利也是“家常便饭”，她也记不清楚，多少次大家抱团痛哭，这种泪水不是缴械的投降，而更多的是懊恼的自责。痛定思痛，在哪里跌倒就在哪里爬起来，失败打不垮航天人的意志，她在调整自己失落的情绪的同时，还要担当起鼓舞其他人斗志的重任，她时常跟团队的伙伴们说，百倍付出虽然不能收获成功，但如果没有这种付出那我们一丝希望都没有，我们一定要在夹缝中求突破。

阳光总在风雨后，当经夜不息的灯光，化为群星般闪耀的“亮点”，一切艰辛的付出，都化为了成功的喜悦和希望的曙光，正是她和团队伙伴们泪水的交织、汗水的积淀、智慧的结晶，为七院战术型号拼出了一条“血路”，靶场捷报不断，她也和自己的团队收获了幸福的“泪水”。

常言道：十年磨一剑。进入新时代，正是有了像蒋昱雯这些奋战在战术型号前线上卧薪尝胆、矢志不渝的同志们，七院战术型号才从无到有、由小至大、自弱变强，实现了从投入到产出的转变，开始收获自主创新的红利，终于拼出了发展的春天。喜讯不断，好事连连，军贸任务市场订单暴增。“严格恪守信誉，誓保履约成功，立足军贸强院，圆梦富裕七院。”是七院战术型号军贸任务各条战线上每一名航天人发出的铮铮誓言。而蒋昱雯就是其中重要的一员。

由于军贸任务的特殊性，队员们必须长期在国外工作，并且工作所在地的环境恶劣，生活条件都非常不好，很多地方能吃到一碗面条、喝一碗清水、一个礼拜吃个苹果都是极为奢侈的，大家的住宿条件也是极为简陋的，美其名曰的单独住房，其实就是由集装箱搭建而成的板房。另外，炎热的气候也是一大考验，当地每天室外平均气温都在 40℃左右，可想而知，板房内的温度都是常人难以忍受的。并且，考虑到安全、保密特殊性，大家的活动也受到严格限制，除了工作以外，只能在铁栅栏围起来的很小的地方活动，大家都自嘲被“圈养”了。

艰难困苦是压不垮“特别能吃苦、特别能奉献”的航天人。作为每一次外出的常客和“团长”，蒋昱雯在克服自身严重胃病等诸多身体不适的同时，还要负责把这支队伍的精气神带出来。每一次远征前，她强调最多的是，我们出国开展对外技术支持，代表的不仅是中国航天的技术实力，走出国门，我们每一位成员更要严格要求自己，要成为提升中国航天国际形象的代言人。

“大家身在异国他乡，在这么恶劣的条件下从事着高强度的工作，都不容易，我作为‘团长’没有理由不多想点、多做点。”她就是这样一个人，心里装的全部是工作和团队里的每一位成员，而没有给自己留丝毫空间。有一次，离大本营很远的一个厂房开始打地基，为了生产需要，必须派人过去协调。蒋昱雯和一名翻译坐了两个多小时的车，到现场进行技术支持。当时室外气温 40 多摄氏度，在没有任何遮阳的工具的情况下，她顶着烈日蒸烤，从上午的 10 点一直待到下午的 3 点多，连续五个多小时不间断地站在施工现场，不停地与对方交涉，讨论技术问题，或者是在现场到处查看，确认状态符合需求。

2015 年 10 月，在某项目技术支持期间，她身体出现严重不适，但仍然咬紧牙坚持高强度工作，最后还是在各级领导的强烈要求下，她才不情愿地回到成都，11 月，她在华西医院做了手术。住院期间，她的心思不是休养身心，躺在病床上想到的都是远在他国的工作，在简短的住院后，医生建议她必须回家静养，不然会有严重后果，并且要不定期到医院复查，但是，她把医生的叮嘱当作“耳边风”，同样，工厂领导也给她下了休息令。面对大家的劝说，她也知道自己身体的重要性，但权衡军贸任务，她想得更多的是，自己看到战术型号一路发展壮大，军贸任务有今天发展的春天是多么不容易，如果在自己手上受到影响，她不是工厂和七院的千古罪人了吗？！于是，在成都疗养期间，她坚持上午到工厂处理工作，下午抽时间去医院复查。2016 年 1 月，她在身体还没有达到最佳状态时就归心似箭地回到团队，继续着她漫长的国外技术支持工作。

行万里，隔重洋，最念是故乡。思念家乡，牵挂亲友，是团队军心稳定的重大挑战。“因为她是女性，那份女性独有的心思细腻，让她成为我们在外的‘大家长’，工作上的事情我们要找她协调、沟通和学习，她从不厌烦，总是耐心地解释指导。生活上我们吃什么水果，多久去超市采购一次，买哪些必需品，一大堆杂事都要找她。她总觉得自己在外的任务不光是工作，还有尽自己全力照顾好身边的每一个人。有时候，我们就觉得在外的这一家子人，因为她而多了份依靠。”长期一起外出的同事说道。在外工作，心里最大的困难其实就是每逢佳节倍思亲。回家，快乐，不回家，思念。由于项目常常是一个接着一个，有时候连春节这种对于中国人最重要的节日，队员们都无法回家和亲人其乐融融地团聚。长期在外的蒋昱雯更是能明白这份思念。2015 年的春节，因为临近某项目安装调试阶段，每一个人都不能离开。她就托人买来窗花、小红灯笼，自己装饰起来烘托节日气氛。大家还买来面粉，分工和面、擀皮、拌馅、包饺子。“我其实知道，我能做的很有限，但是我想让他们感觉到在外我们就是彼此的家人，节日，我们不孤单。”

蒋昱雯作为一个女性，长期带队在外从事技术支持工作，已经很不容易。她的背后，还有那些不为人知的辛苦和付出，压力不言而喻。她常年往返于各地，双休节假日经常加班，据不完全统计，2013年以来，为了军贸型号任务，3年间，她在国外的时间长达25个月，连续两个春节在国外度过，工作占据了她的大部分时间。人的精力是有限的，这必然导致她不能长期陪在家人身边，亲情的亏欠始终是她内心难以磨灭的心结。作为母亲，她错过了女儿中考等人生大事，现在女儿的婚礼也因为她的原因再三推迟；作为女儿，当母亲重病躺在病床上，她却不能在床前尽孝，只能在国外一个人煎熬地观望，这对一个柔弱的女子来说是多大的精神折磨……

保尔·柯察金曾说过一句话："人最宝贵的东西是生命，生命对于每个人只有一次，人的一生应当这样度过，当他回首往事时，不因虚度年华而悔恨，不因碌碌无为而感到羞愧。"蒋昱雯说："对于走过的这些年，我无怨无悔。"

她就是这么一位女性航天人，用她的青春年华传唱着她和七院战术型号最浪漫的事，陪她慢慢"变老"。如今，已到知天命的她，还继续着她最浪漫的事，用自己的行动诠释航天人的传奇，用无言的行动诉说着中国航天的明天。

王鹰：青春为科研燃烧

■ 闫子琴 / 彭涛

2012 年 4 月

2015 年的日历已经翻到了最后一页，对于 7105 厂研发中心主任王鹰来说，她即将迎来在 7105 厂奋斗的第 20 个年头。这些年来，她先后承担了多个国家重点型号产品的代设计任务，为企业型号研制工作作出了突出贡献，自己也从一名单纯、充满幻想的毕业生成长为一名可堪重任的优秀设计师。

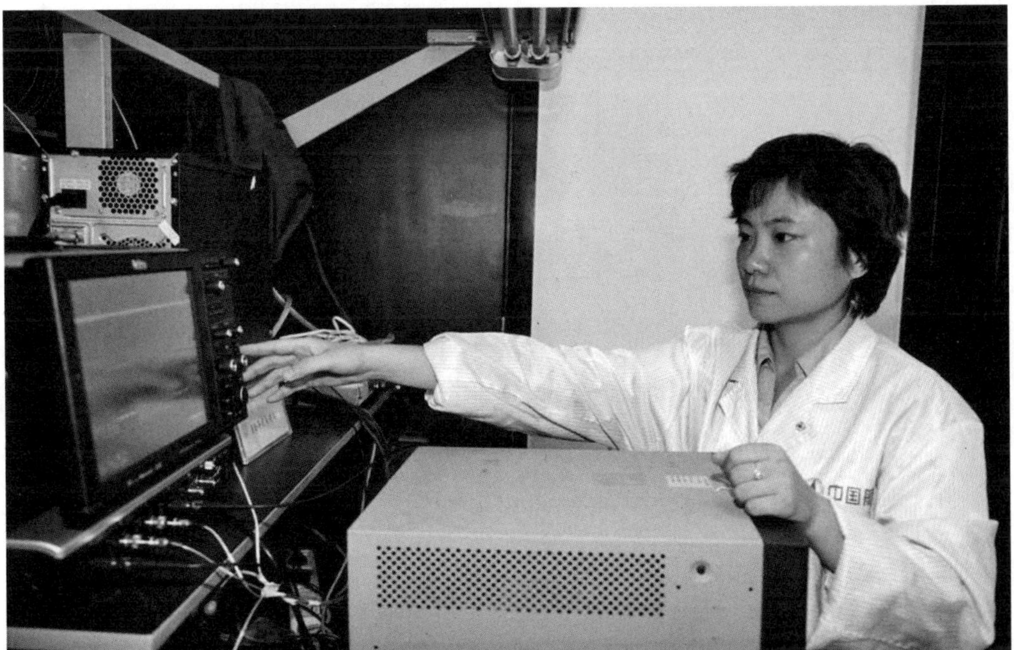

1996 年，毕业于哈尔滨工业大学自动控制专业的王鹰在工厂从事型号控制系统电子线路设计和综合试验工作。尽管上学期间积累了大量的理论知识，但面对工作中的重要任务，她仍然渐渐感到乏力。压力之下，责任面前，王鹰抓紧一切闲暇时间来提高自己的技术能力，她自学并掌握了单片机应用、计算机硬件及接口技术、信号处理、汇编语言、C 语言、Protel 线路设计软件等专业技术，还自找课题开展实际应用。经过 5 年的摸索和钻研，王鹰的技术实力越来越强。

2001 年年底，王鹰受命负责我院制导火箭弹控制系统设计任务。当时，我院在制导技术领域还属空白，企业的研发工作也刚刚起步，没有任何现成经验可以借鉴。

型号研制初期，为建立完整的数学仿真模型，王鹰和 5 位同事大半年时间都泡在北京，向相关院所的专家请教学习。由于经费非常紧张，王鹰和同事们就住在阴暗潮湿的地下室，忍受着北京夏天的闷热和冬天的寒风瑟瑟。为了加快研制进度，她像着了魔一般分析产品特性，“钉”在电脑前思索、谋划、计算，一坐就是半天。饿了，一个馒头一包豆奶粉就解决问题，有时甚至连上厕所都是一路小跑。在那些没日没夜的日子里，同事们已记不清她有多少天废寝忘食和通宵达旦了。

功夫不负有心人，她终于摸索出一种全新的、满足总体精度要求的方案，并突破了多项关键技术，解决了该型号研制中遇到的瓶颈问题，开创了我院研制具备控制系统型号的先河。

人们都说，“万事开头难”，而在型号研制上，从零到一的突破更是难上加难。多年从事型号研制工作的王鹰更能深切地体会到技术创新的重要性。她先后领衔完成了多项集团公司科技创新基金项目和院级创新基金项目，突破和掌握了一批核心技术，其研究成果也获得了国防科学技术进步奖二等奖等荣誉。

随着企业快速转型发展，专业技术能力应该如何建设？已是研发中心主任的她经过充分思考，组织力量梳理细化了研发中心各专业，最终成立 17 个专业组，在充分分析用户需求、专业技术发展方向、研制型号需求的基础上，制定了控制、雷达两大专业及各研究室、专业组的专业能力发展规划。

长年累月的加班，让她与青年技术职工多了许多交流和沟通的机会。她也特别重视青年人才的培养和使用，面对办公桌上一份份图纸，她常常与青年设计人员挑灯夜战，不厌其烦地对每个设计环节进行探讨、修改，直到问题得到最终解决。

她常对年轻人说："年轻人要静得下心，多思考问题，把技术吃透。"她鼓励各专业室广泛开展技术交流，为青年设计人员快速成长提供了良好平台。如今，许多年轻人已经在型号中独立承担制导设计任务，多名青年成长为型号技术骨干，促进了企业制导专业和院自研型号的技术发展。

身边的人将王鹰的行事作风概括为"三快"：走路快，反应快，处理问题快。作为一名女设计师，一位主管科研的领导，王鹰是优秀的、成功的，但对于家人，她心中却有说不出的愧疚。

有一年，母亲病重住进医院，马上就要动手术。节骨眼上，她接到通知，必须立刻出差解决技术问题。手术后的第二天，她就把母亲接回了家，请了个保姆，就匆匆踏上征途。

如今的王鹰更加忙碌，型号进度和质量必须保证，专业能力建设一定要满足企业发展需求，两项重担一肩挑。

曾有人问她："一个女人，这么拼命干嘛？"她的回答很简单："我是航天人，我热爱我的工作！"这朴实的回答代表着她的信仰，也在自信地告诉世界，在以王鹰为代表的研发团队的不懈奋斗下，企业技术发展和型号研制将快速推进，转型发展的脚步将稳健向前，未来必将更加美好！

杨德良：用生命铸就忠诚

■ 章　勇

2012 年 10 月

他二十年如一日，艰苦奋斗、无怨无悔，把最美好的青春献给了祖国的航天事业；他不分白天黑夜，刻苦钻研、自力更生，带领舵机组研发了多个具有自主知识产权的电动舵系统；他始终孜孜以求、勤勤恳恳、爱岗敬业，把工厂当成了家，把同事当成了兄弟姐妹；他不善言辞、为人谦和，在与人交流时总是轻声细语、面带微笑，没有丝毫架子：他就是 7111 厂副总工程师、研发中心主任设计师杨德良，在研发中心大家都亲切地喊他德哥。

德哥1990年进厂，在原机动处一干就是10年，工作兢兢业业，无怨无悔。2001年年底，七院启动某自研项目，我厂接到了电动舵系统的研制生产任务。由于之前诚实的工作态度、出色的工作成绩以及在集成电路设计方面的突出能力，德哥被抽调到原技术处负责该电动舵系统的研发工作。当时我厂生产的全部是液压伺服机构，电动舵系统对于我厂来说属于全新课题，既没有技术储备，又缺少相关资料，难度之大，可想而知。但德哥并没有被困难吓到，他一头扎进电动舵系统的研发中，没有现存的资料，就自己动手找，上网、去图书馆、去书店，凡是能想到的地方他都不放过；遇到技术难题，他就去相关大学或研究机构调研。记得有一次他听说四川大学有一位老教授在这方面很有研究，便风尘仆仆地赶去向他请教，但让他没有想到的是，迎接他的却是一盆冷水——在他说明来意并介绍相关情况之后，老教授很认真地告诉他："体积这么小的舵系统很难实现这么大的功率，至少到目前为止我还没见过。"德哥失望而归，但他并没有气馁。他又先后去西北工业大学和哈尔滨工业大学找相关专家请教。功夫不负有心人！经过不断摸索，反复计算试验，不断分析改进，我厂第一套电动舵系统终于诞生了！经过严格测试，该舵系统主要性能参数都满足设计要求，于2004年5月底交付七院。德哥笑了，笑得很腼腆。在该舵系统研制最艰难的时刻，他总是不断告诫自己："既然决定做一件事就一定要坚持到底，决不能轻言放弃。"

2005年年初，德哥突然接到一个紧急任务，要在春节前交付一批某型号电动舵系统。此时离春节只有几天时间，而该批舵系统还有繁重的测试任务，几天完成几乎不可能，德哥身上的压力骤增。但他并没有退缩，更没有向上级反映困难，而是默默地理清头绪，迅速合理地安排每天的工作量，然后带领项目组加班加点、埋头苦干。他自己更是连续几天通宵达旦地工作、不眠不休，终于在大年三十的早上完成了所有工作，将这批合格的舵系统交付给任务方，而他却只给自己放了一天假，在大年初一陪伴一下父母、爱人和孩子。大年初二早上，天下着蒙蒙细雨，当他背上行囊准备出发时，爱人默默地送他到小区门口，他在门前停住了，回过头，看着爱人依依不舍的眼神，嘴角动了一下，欲言又止，爱人却已经明白他的意思，对他说："我知道留不住你，就是把你的人留在家里，你的心也会飞走，你放心去吧，我会照顾好爸妈和孩子。"他就这样匆匆赶往七院的总装测试现场，因为那里还有很多问题等着他来解决，他的心已经提前飞到了那个地方。他总是这样忘我地工作，几乎放弃了每一个假期，只是在夜深人静时，他的心总是隐隐作痛，那是他对家人深深的愧疚。"自古忠孝难两全"，他总是这样安慰自己。

2006 年上半年，一批某型号舵系统在产品总装测试时出现了问题，产品性能不符合要求，经过多方分析研究，问题出在其他单位生产零部件擅自使用了与原定材料存在细微差别的材料，而舵系统对该零部件的材料特性特别敏感，稍有不同就会造成测试数据出现较大偏差，可眼看着交付日期日益临近，使用原定材料重新加工该零部件已赶不上交付日期，申请延期交付就可能会给国家带来重大损失。怎么办？德哥陷入了痛苦的思索。很快他就有了新的思路——通过修改控制电路和控制程序来消除因材料问题导致的测试数据偏差。找到解决问题的途径之后，他兴奋不已，几乎每天都工作到凌晨三四点钟，实在困得受不了，就趴在办公桌上睡一会，醒了继续干活。在他的感染下，整个项目组每天都在废寝忘食地工作，经过不断修改、反复试验，终于使产品的性能达到了设计要求，在交付的当天，德哥长出了一口气，放松了已紧绷多日的神经，微笑着对身边的同事说："今晚可以睡个好觉了。"突然他的笑容却僵住了，因为他发现自己的半个身子已失去知觉，坐在那儿整整 30 秒一动也不能动，细心的同事发现了他的异常，惊慌不已，赶忙将他送到了医院。医生后来告诉他这是由于连续的高强度工作，缺少必要的休息造成的间歇性神经麻木，并郑重地告诫他这样会对身体造成很大伤害，以后千万要注意。德哥在医院中发起了高烧，在爱人的悉心照顾下，在病床上躺了十几天，身体才慢慢恢复过来，却从此落下了头痛的毛病。曾有人不止一次地问他值不值得，他却说："既然我做了这个事情，就一定要把它做好。"他爱人也曾不无抱怨地说："他呀，也只有在生病时，才会陪在我身边这么多天。"

德哥工作上勤勤恳恳，却从不计较个人得失。在别人抱怨工资低的时候，他却在埋头苦干。于是荣誉也在不经意间向他走来，2007 年，德哥因在七院某型号的研制生产中作出了突出贡献荣立二等功；2008 年，德哥又因参与研制某型号多管制导火箭控制系统荣获国防科学技术进步奖二等奖；2009 年，德哥被评为厂里的劳动模范；2011 年，德哥被集团公司授予航天贡献奖。面对这么多荣誉，德哥却总是谦虚地说："我做得还很不够，厂里、院里和集团公司给了我这么多的荣誉，这会激励我更加努力地去做好每一件事。"

2009 年，德哥应邀参加七院某型号火箭弹的实弹打靶试验。当时现场气氛非常紧张，每个人都默默注视着发射场。随着烈焰的喷发，两发火箭弹竟然先后打入同一个靶坑。现场沸腾了，大家尽情地欢呼，尽情地手舞足蹈，尽情地相互拥抱。德哥泪流满面，他感觉以前所有的付出都在那一刻得到了回报，自豪感油然而生，这一辈子都忘不了！

“拼命三郎”杨祖奎

李　梅 / 谭晓波

2005 年 11 月

技术工作对于我这个党务工作者来说，简直就是隔行如隔山。近日，也不知有多少次了，笔者曾与万欣公司技术部的杨祖奎部长相约，想进一步了解、收集他作为集团公司优秀共产党员的先进事迹，但每次都因他太忙而未能如愿。情急之下，笔者走进了技术部，走进了与杨部长朝夕相处的同事们。通过几天的走访、谈心，在我脑海中，一个技术干部——杨祖奎的形象越来越清晰，越来越深刻，久久挥之不去：中等的个子，结实的身板，坚实的脚步，忙碌的身影，正如他身边的一位技术主管所说的那样，“咱们的杨部长啊，干起工作来，简直就是拼命三郎!”

如饥似渴忙“充电”

1987年，杨祖奎从华北航天工业学院工模具设计制造专业毕业后，在064基地7317研究所当设计员。1988年他又利用业余时间参加了成都电子科技大学机电一体化本科班的成人自考学习。通过3年的寒窗苦读，杨祖奎成了同年参加该专业自考的47名“同学”中的3名幸运者之一。其间，在1990年初，他调到原7303厂技术处从事工艺工作，这一干就是8年。

从2003年初到2005年的近三年中，从技术部负责人到技术部部长，杨祖奎主持了“卫士一号”“卫士二号”和“D-1”多个系列、多个型号的技术工作。军品地面设备，对他来说，也是一门新学问。杨祖奎更是注重从干中学——从实践中增长知识，增长才干；边学边干——不断地把理论知识运用于实践，指导实践。3年的不断学习，不断实践，使他从一个军品地面设备的门外汉成为这一行的行家里手。

忙碌的身影

2005年8月27日，星期六，上午8点30分，技术部值班工艺员叶彬接到了生产现场情况报告：刚技改投入试运行的等离子切割机在加工首件产品时出现故障，急需技术指导。接完电话后，小叶二话没说，立即赶往产品加工现场。8点40分，本不该值班的杨祖奎同往常一样，来到办公室加班。刚踏入办公室，得知生产现场的情况后，他急忙奔向等离子切割机加工现场，与操工员、技术员一起对零件进行电脑排样、编程、套料，直到加工出第一件合格产品，才轻松地离开现场，这时已是上午11点30分。

2005年2月底，D-1批产任务在七院正式启动。从4月上旬开始，技术部上下全面投入了该项目的技术准备工作。为使该项目能尽快投入生产，公司限技术部在3个月内完成所有的工艺技术文件的编制和绘图工作。对技术部来说，凭现有的人手要在3个月内完成该项目2400余份工艺规程文件的技术准备，真可说是时间紧、任务重、压力大。但军令如山，时间就是生命。从2005年4月上旬起，除每天8个小时的正常工作外，技术员们在杨部长的带领下，每晚至少要加班3个小时，并几乎牺牲了所有的周六、周日和“五一”大假的休息时间。在杨部长的带领下，通过大家的共同努力，到6月底，技术部提前十多天完成了该项目装填车、发射车所有的工艺文件的编制工作，使该项目的零部件提前投入生产，为确保该项目产品的进度赢得了宝贵的时间。

杨祖奎还经常奔忙于公司与外协厂家之间。据不完全统计，仅D-1项目就有几十个协作厂家。为确保外协产品的质量，杨祖奎和该项目的技术员要经常到各外协厂家进行技术交底和现场指导，及时解决处理外协加工过程中出现的技术问题。2005年7月的一天，上午11时，成都某外协厂家打来电话，咨询D-1项目某零件加工的技术问题。得知消息后，他立即动身前往，现场协助解决，等问题得到圆满解决后，已是下午5点。他谢绝了对方的挽留，急忙赶回龙泉，仅用了10分钟，随便找个馆子，吃了一碗面条，又赶到办公室，开始了新的忙碌。

咬住问题不放松

杨祖奎有一股钻劲，凡是遇到什么技术问题，只要问题没得到彻底解决，他就决不放过。

电子屏蔽方舱是公司未来发展战略中作为军民结合的一个重要项目。杨祖奎和总工程师宋伦汉、副总工程师韩才关一道，来回奔波于北京、武汉、陕西、成都，进行市场调研和厂家考察，收集信息，制定方案。经过近一年的前期预研和方案论证，2005年上半年，该项目正式投入试制生产。大板是方舱的重要部件，为确保其屏蔽保温隔热效果，试制中采用2.5m×10m的整块专用铝板，该铝板价格非常昂贵。为节约成本，对外，杨祖奎进行市场调研，了解材料性能；对内，他广泛征求技术人员的意见，集中群众智慧；对上，与两位总师主动沟通工艺方案、论证方案、优化方案。通过不懈的努力，他成功地解决了在批量生产、铝板采购量大的情况下，不完全采用整块铝板，而是充分利用铝板加工后所剩边角余料的工艺技术难题。这一工艺难题的解决，可为公司节约成本 200 余万元。

为提升公司的生产能力，确保以 D-1 为代表的军品加工精度，2005 年上半年，公司决定对设备进行局部的技术改造，技术部主持了技改方案论证工作。杨祖奎加班加点，严格把关，“货比三家”精心筛选厂家，组织技术人员认真讨论方案、优化方案、审定方案、四易其稿。按此方案选购的平板对接纵缝自动焊机、数控火焰等离子切割机、数控铣床、折弯机、线切割机等设备，为公司节约资金 200 余万元。

凭着这股钻劲，从 2003 年以来，杨祖奎带领技术人员完成了储运发射箱导轨、箱本体、机架，侧角齿轮、板簧和齿弧架等多项工艺攻关，成功地解决了某型号发动机燃烧室壳体焊接、尾翼的成形与加工等多个关键技术难题。

也是凭着这股钻劲，近两年来，杨祖奎撰写了多篇有价值的论文：《卫士二号储运发射箱导轨加工焊接技术》《卫士二号回转机焊接变形控制》《卫士一号板簧加工工艺的探讨》等。

在技术部，有一个雷打不动的会议，那就是每周至少 1 次的部门内部业务培训会。每次培训会由杨部长主讲，内容主要是对员工进行技术培训、分析解决近期工艺技术问题，每次培训时间至少半个小时。近两年，公司陆续从高校引进了一批技术人才，为使新进大学生尽快成长、成熟，杨部长大胆给年轻人压担子、派任务，让他们在实践中锻炼成长；同时，抽出时间与他们交流思想、探讨问题，对他们提出的技术问题总是耐心地给予解答，对他们工作中出现的错误也从不指责，而是悉心引导。

终于等到你上靶　还好我们没放弃

■ 刘红梅

2017 年 5 月

我始终认为自己是被骗上某型号这条船的，是的，没错，是被骗的。记得 2016 年的 8 月份，坐在我后边的王进一脸认真地问我说：“老刘，想不想做某型号的制导设计？跟‘卫士三二’‘卫士三号 A’很相似的型号，很简单。”那时的我对这个型号可以说除了名字之外一无所知，为慎重起见，我没有立即答应，很谨慎地对王进说：“让我考虑一下。”接下来的日子，我不紧不慢地做着手里的其他型号，内心并没有很急迫地接下这个型号的想法，可每次见到王进的时候，他总是一脸期待的样子，就差把“快接吧，快接吧”这几个字写在脸上了，我估计我一辈子也忘不了我跟他说“好吧，我来做某型号的制导”时，王进一脸开心的样子。可是，如果时光能倒流，我真的想穿越回去，问一问王进，某型号和 32、3A 哪里很相似了？哪里简单了？明明是个“巨坑”好不好！可是如果你问我是不是后悔接这个型号了，我会毫不犹豫地告诉你：“没有。”我很庆幸我当时接下了这个型号！因为这个型号团队是一个充满激情、创造奇迹的团队。

“很拼”的总师和总指挥们

这个型号的总师和总指挥们很拼，对我们的影响很深刻。刚接手该型号的时候，我给自己的定位是：按时完成计划，不让研制进度耽误在自己身上。有一天，龙洪飞副总找吴璋和我安排工作，工作安排完了后，龙总笑着对我们说：“你们要多学习，我现在也在跟着我师兄张岳东学控制。”我知道我的见识浅薄，可听到这句话我的感受真的只能用“震惊”来形容。后来在控制系统遇到困难，需要总师帮助把关决策时，他也确实提出了一些建议，证明他说的“学控制”真的不是说说而已。还有姚锡刚副总，从最初的不精通控制，通过不断学习，到最后对控制系统非常熟悉，不断地帮我们出谋划策，这些我们都会铭记在心。当然还有定海神针般的王伟、杜文以及彭勇，正是他们用行动把我的工作状态从“被动地完成计划”转变为“主动地思考如何才能让自己的设计变得完美”，因为总师和总指挥都这么拼了，我还有什么理由不努力？

“一切都不是事儿”的陈松涛

我跟90后的陈松涛已经是合作第二个型号了。松涛主要负责控制综合工作，他对自己管理的产品了如指掌，对自己要做的事情门儿清，因此在松涛的身上似乎永远看不到“紧张”两个字，好像一切永远都在掌握之中，一切都是有条不紊地进行着，一切都能解决，一切都不是事儿。从他的身上我看到了七部未来的希望，是的，细致而又沉稳，这不正是我们最需要的吗？

“最好的合作伙伴”吴璋

人都有多面性，很难用一句话来概括一个人，可是对我来说，用“最好的合作伙伴”这句话来形容吴璋是再合适不过的了。在控制团队中，吴璋负责姿态控制系统的设计，我负责制导系统的设计，姿控和制导是两个需要密切配合的系统，可以说是互相依存，因此在控制团队中我俩打交道最多。我不知道出管试验遥测数据滚动姿态角振荡，吴璋的压力有多大，我只知道通过咨询专家、挑灯夜战改进设计，终于解决了飞行末段滚动姿态角振荡之后，吴璋脸上的笑容有多心满意足；我不知道我们一共做了多少条弹道的仿真试验，我只知道试验后期的我们通过听转台转动的声音就能判断弹道是否会发散，是否应该立即停止仿真来保护转台，这其中所花费的心血有多少；我不知道带上导引头后，控制方案和参数我们修改了多少次，我只知道仿真试验的落点精度从几百米提高到2.5米之内，这一路走来，吴璋做事是多么地认真、细致；我不知道导引头抛罩后，弹体的静稳定性增加，舵效降低，舵控能力总是不够用，切除还是不切除落角约束项在我们的脑子里盘算了多少次，我只知道在切除和不切除之间左右为难时，我们一起做了多少细致的分析；我不知道在转场评审时，面对那么多评审专家的提问，吴璋的内心是否紧张，我只知道他把制导和姿控的情况准确、清楚地传递给了专家，以便专家帮我们把关，一分不多，一分不少，一切都刚刚好；我不知道大射程飞行试验时，我们的落点总是在距靶板一步之遥时，他是不是也是一样的失落、沮丧，可是我知道小射程飞行试验时，他在落区是如何地卖力，事无巨细地将落区的情况传回发射阵地，大家都在说“小璋璋总是在加台词”，其实我知道，你是希望自己把工作做细致一点儿，我们上靶的几率就会增加一些……

90 后的“娟姐”

李娟虽然是个 90 后，可在我们控制团队中，不管是 80 后还是 90 后，都称呼她为“娟姐”，原因无它，只是因为她做事认真。娟姐从入职后就开始负责某型号的导引头，我接手这个型号时，对激光半主动导引头知之甚少，娟姐比我好点儿，在研制过程中，可以说我们是互为见证人，见证了彼此对激光半主动导引头由“懵懂无知”到“了然于胸”的过程。每每我因为导引头仿真出现各种各样的问题而焦头烂额时，娟姐总是尽心尽力地帮助我们分析问题，积极地找外协厂家解决问题，虽然过程很痛苦，可娟姐的成长是大家有目共睹的，是呀，勤快、努力加耐心，娟姐有什么理由不成长？

“专业仿真”的兵兵

宋力兵在团队中被亲切地称为“兵兵”，虽然话不多，但他总是兢兢业业地做好自己的工作。在结题飞行试验时，由于控制算法优化后需要仿真试验验证，吴璋、姚天问和我连夜从靶场赶回单位进行试验。当时是周末，本来兵兵家里要搬家，可他接到电话后，二话不说，赶到实验室开始试验的准备工作，当我们从机场赶到实验室时他已经把准备工作做完，又与我们一起连续工作 16

个小时直至第二天凌晨1点把试验验证工作完成才回家。虽然这件事情的起因并不美好，但对我来说，这是一件值得铭记的事情，因为它见证了我们的拼搏和团结。

“分分钟搞定问题”的姚天问

姚天问虽然是软件室的人，可我更习惯把他当做“自己人”。记得控制系统更改方案时，需要根据试验结果不断地更改软件，天问总是随叫随到，无论多复杂的更改总是“分分钟搞定”，每每看得我目瞪口呆，不断地夸他做事麻利。还有天问的仿真试验数据翻译软件，真的是“秒秒钟”把试验数据翻译完成，以至于我刚开始使用时，总是不放心地问天问：“这么快，是不是翻译有问题？”

“包治百病”的王进和胡洲

该型号“鸭式布局+固定尾翼”的结构特点，以及激光半主动末制导技术对我们控制团队来说，真的是非常大的挑战，没有任何成功的型号可以借鉴。我记不清楚我们解决了多少难题，但我记得每次遇到问题时总有两个“最佳外援”在支持我们，只要有难题，找他们两个准没错。有时遇到的问题很棘手，王进总是一脸无奈地说：“老刘，我已经‘蜀驴技穷’了，连压箱底儿的东西都掏出来了。”开始的时候我总是很沮丧，觉得这个问题无药可救了，可是很快我就发现，原来王进有很多箱子，这个箱底儿掏出来之后，还有其他的箱子，源源不断。还有坐在我对面的胡洲博士，对棘手的问题总能快速地手起刀落，药到病除，不仅帮忙解决问题，还要抽丝剥茧地讲解原因和原理，丝毫不会因为不是自己负责的型号而不尽力。

当然，控制团队中还有许多应该被铭记的人，比如“导引头百事通”向静波博士，落区激光照射刘光兵、乔培玉和宋嘉钰，可能还有其他被我遗漏的人，就留给其他人去一一记录吧。

跟随着这个型号的研制一路走来，其间经历了许多的挫折和沮丧，也得到了许多的帮助和鼓励，有太多需要感谢的人，也有太多值得我铭记的事情，也终于可以说出那句一直压在最心底的那句话："终于等到你上靶，还好我们没放弃。"

型号老兵的新战场

——记七院 2018—2019 年度劳动模范马建国

■ 吴　军

2020 年 6 月

“把单位的事情当自己的事情干，把型号产品当自己的孩子看，才能把事情做好……”近日，在七部第一研究室党总支的一堂微党课上，总体室副主任设计师马建国作为主讲人，动情地回忆起 109021 型号的那些人和事：“郭峰总师经常对我们说的这句话，我牢牢记在了心里，并为他的这种踏实做事的精神所折服。”

马建国，战术型号战斗部设计的老兵，他自参加工作以来，在型号研制一线战斗了 15 年、奉献了 15 年，对待工作从不挑剔，对待同事从不怠慢，先后从事 4 个型号多型战斗部的设计工作，设计质量高，战斗部性能可靠，产品安全性好，始终表现出作为一名航天科研人员“严慎细实”的工作作风，为七院战术武器型号发展作出了积极的贡献。由于业绩突出，他曾被授予“优秀共产党员”“主任特别奖”“四优示范共产党员”“青年岗位能手”等多项荣誉，并参与申请国防专利 13 项，发表专业技术文章 16 篇……在今年七部首届劳动模范评选表彰中，他被评为“七部劳动模范”，同时荣获七院 2018—2019 年度劳动模范表彰奖励，是实至名归的“双料劳模”。

引战专业的老黄牛

回想起自己刚工作那会，马建国记忆犹新：“工作之初是积累与学习并重的过程，自己本领没练好，就应从基础的事情做起，一点一滴地积累知识、锻炼技能。”他最先是在原战斗部室从事引战设计工作的，室里经验丰富的老前辈充当领路人角色，经常勉励年轻人要“主动多干事，不管大事小情”。在他们的指引下，他从零部件图样、航天设计标准一点点学起，从产品改进设计、归零试验验证一步步干起，在“边学边干、边干边学”的3年里，他力求把小事做实、把大事做细，精益求精、精于积累，力争做到对每一项工作了然于胸，这也为他以后的工作打下了坚实的基础。

2008年，七部倡导加强型号自主创新能力，马建国和几个年轻人着手开始第一个战斗部的自主设计工作。面对新的技术领域，从子弹选择到中心爆管的设计，从战斗部力学试验到静抛试验，他们不断总结摸索，终于在2010年完成鉴定工作，并生产200多发产品交付外方。“一线科研人员必须要有自己的抱负和想法，有了好的想法，就要静下心来，一步一个脚印，踏踏实实去做，不要总想着成功或失败了会怎样。”回忆这段经历，他深有感触。

2011年，马建国加入工程兵项目，第一次负责了布雷战斗部策划、设计、试制、试验整个过程的工作，其间得到很大锻炼。他坦言自己非常享受在研制过程中一次次突破技术难点的快感，尤其是每当遇到问题的时候，都会有领导支持和同事帮助，整个团队一起想办法、解决问题，让他觉得充实而有归属感。这一阶段，他完成了心中迄今“最引以为豪”的事：109022布雷弹的战斗部真正实现了创新设计，实现了“一弹三雷”，从方案阶段到正样机阶段结束，飞行近200发火箭弹，战斗部均未出现过技术问题，为该型号后续任务的顺利完成奠定了坚实基础。

在战斗部室工作的那些年，他养成了一个习惯——“每天不迟到、不早退、完不成任务时主动加班”。他称这得益于当时室里老一辈航天人的言传身教——“不让工作在我手中延误、不让差错在我身上发生、不让质量在我手中降低”。他把“三不”工作习惯一直保持了下来，不仅从一个新手成长为引战设计的大拿，更成了同事们眼中名副其实的“老黄牛”。

总体设计的千里马

2018年，是马建国“转型”的一年。这年3月，因机构调整，他被调整到总体组从事精确破障总体论证与设计工作。在其他人看来，离开原本干得风生水起、驾轻就熟的引战专业，在“不惑之年”去到需要自己从零开始、“白手起家”的总体设计领域，似乎有点得不偿失吧。起初他也有疑虑：“对我来说是跨了专业，面对很多新知识，还是感觉有很大压力，有时会问自己‘我能行吗？’”在短暂纠结后，他迅速调整心态，在心里给自己暗暗鼓劲，“只有努力才有收获，勤能补拙，要么不干，要干就干好。”工作中，他不懂就问，积极向同事请教；工作之余，他也把主要精力都放在了钻研型号工作和学习总体知识上了。慢慢地，他在总体的新战场渐入佳境。

一次，他所在的型号队伍承接配合军方开展了某艇载箱式制导火箭破障系统论证工作。该任务繁琐细致，对设计人员的专业知识和工作细致度都要求极高。从方案论证到目标成本，再到科研经费审价，个中艰辛旁人难知。在论证过程中，审价工作十分辛苦，需要处理大量设计数据和提供大量证明材料，他与同事一起熬了好几个通宵，梳理工作流程，一项项对材料进行细化、量化、比对，那一段时间他走路带风，“恨不得自己能长出三头六臂来”，说起当时紧张的工作状态，他这样描述自己。功夫不负有心人，就这样抽丝剥茧，他和同事们汇总了众多有效数据，整理了系统明晰的证明材料，最终形成了理想的价格审查方案。

2019 年，109021 项目公开招标后，摆在型号队伍面前的是一套全新的武器系统研制需求，复杂程度高，时间紧、任务重，两级领导高度重视。这一年，他自知身为总体的新人，一定要付出多于常人的努力，决不能因自己的技术水平和能力不到而影响项目研制的进展。他每天早早来到单位，从型号的大纲、原理、设计方案进行深入学习，一本本厚厚的专业书在他的桌子上越堆越高，又慢慢变少。晚上，他总是最后一个离开办公室，有时一边走路，嘴里还念念有词，同事们都笑他“走火入魔”。凭着这份执着，他成功完成了 109021 项目方案与初样阶段设计、样机试制等多项工作，组织或参与完成了多项地面试验和飞行试验，参与解决了弹长减短战斗部开舱抛撒等技术难题，筹划组织了竞标产品总装测试，为竞标产品按质按期交付提供了坚强保障。

“这是我的专业，也是一种乐趣，我无法自拔。每当看到一个个难题迎刃而解，那种幸福感和满足感无法言表。”说到型号研制中的事情，马建国的眼睛熠熠生光。初心不改十五载，矢志不渝启新程，在他看来，一路走来，无论是干引战，还是做总体，变化的是岗位，不变的是初心。他说：“希望自己能为国家、单位、家庭做点事，把事做好，希望亲手设计的型号能早日竞标成功，成为用户登陆破障的利器、保家卫国的盾牌。”

第五章 卫士风云

本章突出表现了卫士人在靶场飞行试验中无惧风霜雨雪、酷暑严冬，一次次斩获成功的精彩事迹。

天军转战三千里　一剑曾当百万师

——203 飞行试验备忘录

■ 万惠华 / 夏博隆

2002 年 5 月

2002 年 3 月，062 基地 203 任务试验队正式组建。基地主任刘红旗亲自挂帅兼任试验队第一队长，某型号总指挥杨忠任队长兼试验队临时党委书记。

某型号的研制是基地倾力加强自主研发，实现创新图强，实施第三次创业的重大举措。该型号某项目批抽检靶试是 203 飞行试验的首要任务，也是列入集团公司 2002 年责任令考核的重大飞行试验之一，这在基地自研型号的历史上还是第一次。

一

3 月 22 日凌晨，成都航天宾馆。基地主任刘红旗亲自为整装待发的试验队壮行。亲切诚挚的慰问，语重心长的嘱托，寄予了领导对靶试成功的美好祝愿。每一个参试队员都真切地感受到肩负的责任，坚定了靶试成功的决心和信心。

3 月 24 日凌晨，经过了 3000 里征程，试验队按预定计划抵达靶场。与此同时，先期出发的装运列车也安全抵达。

来不及洗去满身的征尘，更来不及领略大漠风光，试验队迅速开始产品卸车工作。一天的紧张工作下来，产品安全卸车并入库，等候靶试前的检查、测试。

3 月 25 日，是全世界炎黄子孙终生难忘的日子。试验队员亲眼见证了“神舟三号”飞天的壮举，切身感受到作为炎黄子孙的骄傲。

同一天，参加“神舟三号”发射任务的集团公司副总经理许达哲来到试验队驻地，亲切看望了203任务试验队队员。许副总经理对靶试工作作出三句话指示：要抓安全、抓质量、保成功；靶试成功就是效益，一次成功就是最大的效益；要“翻箱倒柜搞‘双想’，千方百计保成功”。领导的指示简短明了，掷地有声，是压力，也是动力。

二

3月26日，试验队与参试部队技术交底和靶试节点、进度协调工作完成，203任务试验队成立暨动员会召开。以此为标志，靶试进入全面开展和规范管理阶段。

阳春三月，万物复苏。江南莺飞草长，杂花生树。但西北戈壁，春天却姗姗来迟。狂风刺破靶场的静谧呼啸而来，沙尘席卷着料峭的春寒孤烟而去。倔强繁茂的骆驼草、苍老遒劲的胡杨，在渺无人迹的荒漠中是一道特殊的景观，盘桓在军绿色的地面设备前，眼前的一切景观仿佛都在诉说着岁月的沧桑和西域的苍凉。

靶试前的准备工作迅速展开。在产品的检测中，从总体到分系统，从整机到零部件，从外观到功能，几十张表格，几千个数据，都要进行认真仔细的检测、审核和判读。

飞行试验来不得半点疏忽大意，更来不得丝毫马虎。靶场只有“严、慎、细、实”的要求，只有一丝不苟的作风。试验队领导、质量组、技安组的同志在整个检测过程中都现场跟班，严格要求，严格把关。

经过连续5天紧张的工作，各种检查和系统合练程序完成，所有问题都对照航天科研生产管理和质量管理的有关规定进行了归零。

3月31日，某项目批抽检靶试转场评审会召开。各方面的专家畅所欲言。气氛是民主的、热烈的，评审是认真的、充分的。各专业组报告如下。

某产品开箱检查情况良好！

发射系统运行正常！

装填系统运行正常!

指挥系统运行正常，系统合练正常!

一切都预示着武器系统可以参加靶试，评审通过了!

4 月 1 日晚，第一阶段发射前动员会在试验队食堂召开。调度组对靶试计划、节点做了精心安排，质量、安全当然是试验队领导在靶场警钟长鸣的问题，各组组长代表本组队员表达了务求必胜的决心。

兴奋、紧张、激动、期待、焦虑，大家战前的情态各不相同，但都是期待靶试的成功。

三

4 月 2 日大清早，试验队出发了。经过两小时的行程，准时到达发射阵地，展开装备，开始合练，一切都模拟实战。

12 时，合练完成，全系统运行正常。

14 时 30 分，发射程序启动。令人意想不到的事发生了：发射车出现故障，发射意外终止。

有人提议，再试一次。

在此关键时刻，试验队领导表现出独有的沉着、冷静和果断：要求立即启动应急指挥程序，人员和装备撤离阵地，查清故障原因！问题没有归零前，不能发射，这是航天用血换来的教训，绝对不能违反!

此时，戈壁滩上天气突变，乌云密布、狂风骤起、黄沙弥漫。

首次试验就遇波折，参试队员内心受到的冲击丝毫不亚于一场突如其来的沙尘暴。在靶场，成功决定一切。初战遇挫，参试队员都感到了一种无形的压力。

沧海横流，方显英雄本色。在困难和挫折面前，试验队很快就显现出空前的凝聚力。没有人指责，没有人埋怨，大家很快就投入到故障的分析查找中去。

靶试牵动着基地领导和广大干部职工的心。

刚从北京赶来的基地主任刘红旗，很快得知了这一情况，一到靶场就直奔指挥中心，向集团公司汇报了现场情况。

当晚，刘主任组织召开专题会，向试验队领导、两总系统和有关人员传达许达哲副总经理“要查明问题，不要就事论事，要举一反三”的重要指示，亲自对故障的查找、分析、归零和举一反三工作做出部署。

归零小组成立了，有关技术人员也赶来了。经过对发射系统的认真检测、会诊，故障复现了，问题找到了，技术人员很快进行了整改和归零。

紧接着，一场全方位的举一反三和“双想”战役打响了。从试验队领导到参试队员，从每个岗位到每个环节、每个程序、每项操作，大家都认真进行“双想”，把问题一一提出来。

4 月 5 日，靶场质量问题归零评审会召开。评审组对故障机理、故障定位、归零情况及“双想”提出的问题进行了认真评审，一致同意转场发射。

试验队再次进入战前状态。

四

4 月 6 日，风和日丽，戈壁滩一望无垠。正是飞行试验的绝好天气。

阵地上，产品经过认真检查后，飞行试验进入发射程序。

起吊、对接、装填。一切都严格按操作规程执行，一切都井然有序。

发射管炮口高昂，蓄势待发，使人不禁想起苏东坡豪迈而苍凉的词句——“会挽雕弓如满月，西北望，射天狼。”

“30 分钟准备！”

一个巨大的探空气球腾空而起，越飞越高，越飞越远。

“5 分钟准备！”

3 颗红色的信号弹拖着曳光，划出 3 条美丽的弧线，消失在辽远的天空。

最让人魂牵梦绕的时刻就要来了！所有的人都屏住了呼吸，心都提到嗓子眼了，空气停止了流动，时间在一刹那间凝固了！“5、4、3、2、1，发射！”

15 时 31 分，随着天崩地裂的一声巨响，电光闪闪、烈焰冲天、飞沙走石，火箭弹拖着长长的尾焰拔地而起，似闪电撕裂长空，似惊雷震彻寰宇，似彩虹横卧碧波。

落区传来消息，发射圆满成功！

16 时 30 分，四发齐射。

更雄奇、更壮观、更惊心动魄的一幕出现了，4 发火箭弹好似 4 条出海的蛟龙破空而去，古老的西北高原又一次感受到天军的震撼。

责任令任务完成了！

欢呼、雀跃、热泪，整个试验队沉浸在胜利的喜悦和兴奋中。一袋干粮、一瓶矿泉水，就成了阵地上午餐的全部。战地午餐分外香！

捷报飞跃戈壁太行，飞抵巴山蜀水，飞向大江南北。贺电似飞鸿递信，似青鸟传音。科技集团对靶试获得圆满成功给予了高度评价：某项目抽检靶试成功“对确保集团公司完成全年型号任务具有重要意义，对树立航天品牌、打造航天产品良好的声誉和形象作出了重大贡献！”

美酒是对成功最好的注解。试验队员欢聚一堂，频频举杯，共同庆贺 062 基地这一盛大的节日！

五

第一阶段任务完成后，队伍相当疲劳，迫切需要调整。但从试验基地得到了消息，随后几天的气象条件非常好，非常有利于进行飞行试验。

时间就是效益，为了尽可能缩短靶场滞留时间，试验队领导决定发扬连续作战的作风，一鼓作气，乘势完成第二阶段靶试任务，尽早地完成自研型号验证性搭载试验。

试验队很快又发动起来了。检查、测试、评审、“双想”、归零，一切都是轻车熟路，但一切都严格按程序进行，不遗留死角，不放过疑点。

第二阶段靶试按照新的调度计划展开……

4月9日，2发弹靶试圆满成功！

4月10日，2发弹靶试圆满成功！

4月16日，2发弹靶试圆满成功！

6发三个不同状态弹种全部取得圆满成功！尤其是最后一发弹的无控操作达到了有控的精度，为整个飞行试验划上了一个圆满的句号。

至此，203任务提前12天胜利结束！

六

在花环和欢庆的背后，我们不能忘记试验队里这些英雄的个体。

3月15日，装运列车行至广安，突降大雨，弹车篷布积水，随时威胁着产品安全。押运队一方面与铁路部门紧急协调，一方面积极组织排险，冒雨将积水舀出，重新对支架进行加固处理。车行至宁夏中卫一带，遭遇沙尘暴恶劣天气，夜间温度低至 -10℃，不少同志手、脚严重冻伤，仍顽强坚守岗位，出色地完成了押运任务。

3月28日下午4时左右，正在进行地面设备检查的试验队员，突遇沙尘暴和降雨。狂风裹挟着雨水、沙尘，肆虐地袭击着试验队员，大家就像一群与井喷顽强厮杀的石油工人，满脸是泥，眼睛里、鼻腔里、口腔里沾满了沙尘，但为了保证靶试进度，这群血性的男儿就是没有撤退。同一时间，地面设备样柱通过性检查需要对管道内部进行打磨。7303厂的赵国庆、蹇明政顶着沙尘暴，一头钻进细长狭窄的炮管，克服了常人难以忍受的困难，坚持把两个管道打磨完毕，保证了样柱的正常通过。

3月29日，新增高速摄影标志喷漆任务，面对时间紧、任务重，现场无专职喷漆工和场地受限制等困难，7304厂的杨吉轩同志自告奋勇地承担了这一工作，在产品组其他同志的协助下，从画标记图、刻标记字膜、粘贴标图到喷漆标记，仅用1天半的时间就圆满完成了任务。

4月6日，大客车在执行任务途中发生剧烈颠簸，造成7146所吴界益同志腰部压缩性骨折。身处指挥车组关键岗位，为了不影响发射任务，界益同志咬紧牙关，忍着剧痛，在经过短暂的治疗后，又迅速返回发射阵地开展工作。靶试进入第二阶段后，他不顾医护人员劝阻，坚持从病床上爬起来，不顾路途颠簸，赶到阵地参与靶试。

……还有很多这样的英雄。因为，试验队是一个英雄的群体。

在即将结束这篇飞行试验备忘录的时候，我们不禁想起了这样的两句诗：“雄关漫道真如铁，而今迈步从头越。”基地第三次创业虽然关山重重，但是，拥有这样一支“特别能吃苦、特别能战斗、特别能攻关、特别能奉献”的队伍，我们还有什么人间奇迹不能创造呢？

一段尘封的往事

■ 石茂全

2017年11月

还记得那是30多年前无控火箭首次靶试的时候，那时候科技发展水平远不如现在，存在着许多事先难以预料的风险。

那一天早晨，我们一到达发射场地，就感受到了不一样的严肃气氛。以发射车为中心，约300米半径的范围内，到处都有荷枪实弹的战士们在守卫着，不同的时间节点，只允许佩戴相应臂章的人员进入发射场坪开展工作。在离发射车约100米的地方，赫然停着几辆消防车，消防战士们早已经严阵以待。在消防车的旁边，是一辆崭新的救护车，坐着部队医院派来的医生和护士，以备不时之需。参与试验队前期工作的其他同志，被远远地隔离到数百米之外，只能够通过高音喇叭里传出的口令来感知发射现场的工作进程。所有的操作人员都默默地、静静地关注着高音喇叭里面传来的一道道口令，全神贯注地完成属于自己的“规定动作”。

我有幸代表总体部负责了这次发射环节的技术把关工作，与发动机生产厂的主管设计师、发射车生产厂的设计师共同组成了现场发射的3人小组。按规定，所有操作工作由发射车厂的设计师实施，我们另外两人则是全程跟踪，为这个责任重大的操作者保驾护航。

很快就到了最后的“一分钟准备”时间，我们3个人已经完成了火箭弹与发射车的电气连接工作，撤离到距离发射车约七八十米的地方，藏身于一座异常坚固的钢堡之中。钢堡里面的我们，通过有线电话跟指挥所保持着直接联系。透过钢堡上预留的小窗口，还可以清晰地近距离观察发射车的现场情况。一号指挥员发出最后10秒的倒计时口令，几秒钟以后，那个静静地置于发射筒内的大家伙就要带着一种气吞山河的豪迈气概直上九霄。此时，所有的试验队员们，都不约而同地随着高音喇叭里面的口令齐声高喊："10、9、8、7、6、5……点火！"

发射按钮随即按下，所有人都在期待着那条"火龙"腾空而起。但遗憾的是，在点火口令发出以后，那空旷的发射场坪依然还是冰冷地保持着原状，空气似乎都被凝固住了，呈现出死一般的寂静。此时最紧张的人，除了总师和现场指挥外，恐怕就是负责最后操作的我们3个人了，但是此时的我们也完全无计可施。

根据这套发火装置的技术特性，一旦按下远距离发控盒上面的发射按钮后，位于车上发火装置内部的自保电路就会立即开始工作，将点火电源不间断地送到电爆管上，确保电爆管获得足够的能量能够被引爆。一旦发生了这样的异常情况，加上去的电源就无法远程撤销，这就意味着：弹上发动机的点火器随时都可能被点着。但是，点燃的具体时间就没有人可以预测了，现场陷入了一种无法描述的尴尬境地。

时任试验基地总工程师的是胡世祥同志，他对我们这个项目给予了高度关

注，“卫士”这个代号就是他亲自确定的。这一天，他就在离发射点仅200米左右的现场指挥所里，亲自指挥着这一次的发射任务。看到这样的情况，他立即召开现场紧急会议，寻找解决问题的办法，我们承担现场发射任务的3个人也被要求悉数到场。

会上，我简要介绍了前面描述过的技术状态，提出了自己的见解：要解除当前这种火箭弹不受控的尴尬局面，只能登上发射车，在发射车的驾驶室内，尽快切断发火装置的输入电源。当然，此时上去肯定会有风险，但是，如果不上去，任其像一枚不定时炸弹一样摆在那里，绝不是一件好事情。从发射按钮按下到现在，已经近20分钟过去了，电爆管依然未被引爆，足见已有异常情况发生。假如是电源根本就没有加载到位，事实上就不存在人身安全方面的担忧。最担心的就是电源确实加上去了，但是由于加载线路不良，比如发火回路存在接触电阻过大的情况，此时，送往电爆管的电能还不足以让它立即起爆。但是，经过长时间的热量积累之后，处于这种情况下的电爆管仍然可能最终被引爆。不过，我们今天已经等待了这么长的时间，尽快解除危险的机会一直都是存在的。同时也可以说，解除危险的机会一直在流逝。假如我们解除危险的行为坚决一些，1分钟左右是可以处理完的。

现在这种情况，让谁登车进行检查成了摆在大家眼前的一个难题。在性命攸关的人生选择面前，我们卫士人决不退缩，各单位相关领导及在场的工作人员纷纷主动提出要登车去进行检查。经过综合研究，决定由我和发射车厂的文主任一起登上发射车，切除车上供电电源，消除事故隐患。

在我们快速奔向发射车部位时，明显地感到，在我们的身后还有人也在朝着发射车奔跑，在离发射车不到200米的地方，现场警卫战士大声喝令跟在我们后面的那个人，让他停止向前。此时，我才发现，那个人是我们试验队的现场记者。警卫战士不允许他进一步往前，但他却抱着那台沉重的摄像机，再三请求警卫允许他上去做个实况记录。虽然他最终也没能突破警卫战士的原则，但是，他那种高度的敬业精神，给我留下了难以磨灭的记忆。

接下来的事情就没有什么悬念了，我们上去后，第一时间切断了输入电源，这一枚弦上之箭总算是安全了。警报成功解除，我们赶紧对事故原因进行排查，并回到指挥所作了汇报。当天的发射任务虽然失败了，但是，在我心中留下的记忆，却是永远也无法抹去的。从那以后，我们自主研制了发控装置，从技术层面上确保了再也不会出现这样的尴尬情况。在靶试的管理流程上，也及时地做了修改和优化。

在卫士系列前进的征程中，究竟还有哪些经验和教训值得吸取，相信每一个卫士人都可以从中找到属于自己的答案。

大漠里的完美神话

——院某型号火箭弹飞行试验侧记

■ 蔡　旭 / 席滔滔 / 王　溯

2011 年 8 月

“5、4、3、2、1，发射!”随着指令的下达，某型号火箭弹如出鞘的利剑，划破长空，直插大漠深处。几分钟后，火箭弹精确击中目标。试验队员们紧紧拥抱在一起。每个人都感到激动、喜悦，流下了泪水。

此次飞行试验的成功，通过了首飞验证的 4 项技术成果，创造了七院型号首飞的纪录，标志着七院在精确制导武器系统研究的道路上迈进了一个新的里程，为建党 90 周年献上了一份贺礼。

阳光下，如潮的鲜花和掌声中，隐约还闪烁着队员们夜以继日付出的汗水和努力。

除夕钟声敲响倒计时

随着 2011 年新年的钟声，该型号飞行试验进入准备倒计时。对于该型号的设计人员来说，这个春节注定是个忙碌的日子。

除夕的前一天，许多设计师留在了仿真试验室，一遍又一遍地完善半实物仿真试验验证设计方案。大年初三，设计人员便陆续返回工作岗位，开始了春节后第一天的工作。

2 月 22 日，型号顺利通过方案转到阶段评审。在接下来近 5 个月的时间里，设计人员放弃了正常的假期休息，与时间赛跑，坚持“610”“710”工作制（每周工作 6 天或 7 天，每天工作 10 个小时），完成了靶试准备工作。总体副主任设计师刘正敏博士坚守在型号工作的第一线，几乎把办公室当成了自己的家。他白天组织技术协调、工作汇报，到处都能看到他的身影，晚上进行工作总结和部署，常常凌晨才回家。有人开玩笑说："我们室里的加班方便面几乎成了你的专用食品了。"他俏皮地回答："为了咱们的型号能有一个圆满的结果，就让我多吃几盒吧。"那段时间，对于设计师许超营来说是个重大考验。他在重庆上学的儿子马上就要参加高考了，而车间贮运发射箱的地面验证试验又离不开他。每天他只能在心里默默为儿子祝福。如今，他心中的一块石头终于落了地。"儿子还算争气，考得不错，我这个当爹的心里也稍稍宽慰了一些。"

高精度创纪录

7 月 1 日，试验队员踏上了飞行试验的征途。

为了确保此次靶试任务的顺利完成，试验队成立了临时党支部，组建了党员突击队，充分发挥党员的先锋模范作用，将党员"四优"示范标准带到了靶场，并提出了按制度规定安排生活、按流程开展工作、按细则进行测试操作、按标准比对数据、实事求是及时上报问题等针对性措施。

测试、数据分析、观察气象……各项准备工作紧张有序地开展。7 月 9 日，试验首次发射的前一天。试验队员装箱完成后回到驻地已是晚上 8 点多。9 点进行了转场评审。第二天凌晨 2 点，负责落区的梁国用、蔡旭等披着月光向 200 公里外的落区进发。

7 月 10 日 7 点 30 分，随着许超营、汪明乐小心翼翼地连接好起爆器，"炮手"郭朋杰按下发射钮，橘红色的火焰划出一道完美弧线，横挂天际，精确命中目标。

首飞成功，队员们没有被胜利冲昏头脑，而是静下心来仔细分析数据，大家都铆足了劲，为第二次发射做好充足准备。7 月 15 日 6 点 30 分，第二发火箭弹再次发射。历经漫长的等待之后，落区传来了令人振奋的消息：火箭弹再次精确命中目标，精确的落点创造了院型号首飞的纪录。

靶试期间，国防科工局系统一司副司长李歌，集团公司武器部副部长王万军，院科技委主任郭凤美，院长助理、七部党委书记邬岗，七部主任杨宇彬先后来到试验基地，指导试验准备工作，鼓励队员脚踏实地，认真对待每一个细节，确保了首飞试验的圆满成功。

大漠里的英雄背影

在靶场，壮丽的大漠风光，偶尔夹杂着飞舞的黄沙，日出日落，试验队员来不及欣赏。他们忙着对火箭弹进行测试、检查，在驻地对每一个测试数据认真进行比对分析，不放过任何一个异常点。经常奋战到凌晨，直到东方鱼白，才匆匆上床休息，迎接第二天的挑战。

孙立，是这次任务的技术负责人，亲自上阵带头拖弹、装箱，对飞行试验的技术流程进行总体把关，靶场上随处都能看到他的身影，试验结束，大家都发现他黑了、瘦了；刘正敏的外婆刚去世，他却没能见到把自己从小带大的外婆最后一面；控制系统设计人员李清霞在靶场巾帼不让须眉；发射车操瞄人员蹇明政每天不断地在发射车上爬上爬下，他还笑谈“这可锻炼了我的老胳膊老腿”。还有随队摄像师郑渝，为了记录每一个精彩瞬间，每次他都离发射点最近……

靶场上还忙碌着一群调度，林彦就是其中一个。林彦身体一直不好，加之孩子面临小升初的压力，原本没有安排他参加试验队。但作为资历最老的“老靶场”，他还是在试验关键的时刻还是出现在了靶场。

“凌晨睡觉，早上三四点起床。”每天早上都看见他在敲试验队员的房门。虽然每天都在注射针剂，但他一直坚持用饱满的热情和良好的精神状态去感染身边的每一个人。发射成功后，林彦终于支撑不住，倒在庆功宴会上。由于长时间没得到休息，他休克了。

就是这群大漠里的孤胆英雄，创造了一段狂风黄沙中的打靶神话。

昆仑山上的凯歌

——记某型号火箭弹高原飞行试验

■ 何明辉

2014 年 7 月

翻开中国地图和世界地图，高原山地占有不小的比例。我们研制的战术武器装备能否适应高原环境的作战需求，关系到国内外军方的订货和交付，关系到四川航天人的生存和发展。因此，四川航天开展了战术武器装备高原自然环境适应性研究，研制了某型号高原型火箭弹，在 2014 年 7 月中旬到昆仑山兵器高原试验靶场进行了飞行试验验证。

随着靶场指挥员“5、4、3、2、1、发射!”的口令下达，一发发火箭弹在震耳欲聋的轰鸣中，喷吐着白色的烟雾和红色的火焰，犹如出鞘的利剑一样，划破长空，向昆仑山深处的预定落区飞逝而去。通过观测和分析计算，某型号火箭弹高原摸底飞行试验取得了成功，标志着七院战术武器装备高原自然环境适应性研究取得了重大进展。

针对首次高原飞行试验，行政和型号领导高度重视。七部副主任张明星、型号总指挥苏凡、型号总设计师彭勇、型号副总指挥陈旭对试验过程中的操作、质量、安全、保密等方面提出了详尽的工作要求和注意事项，特别强调在做好飞行试验工作的同时一定要确保参试人员的人身安全和身体健康。

针对首次高原飞行试验，七院航天工程部型号二处组织了一支作风硬、业务精、身体素质好的试验队伍。虽然参试人员少，但涵盖了指挥、调度、检测、操作、技术、质量、摄像、运输、后勤、医疗等试验岗位。在杨廉处长和王小敬主管的精心组织和科学调度下，各项飞行试验工作高效、顺利开展。

此次在昆仑山兵器高原试验靶场进行飞行试验，而试验队驻地是在青海格尔木市区，两者相距100多公里远。全体参试人员每天早出晚归，不怕疲劳和艰险，乘坐越野小车翻越了绵延不绝的山脉，闯过了奔腾不息的河沟，穿越了崎岖不平的戈壁。

在海拔高度为4300米的靶场上，全体参试人员不惧头晕、脑胀、气喘等高原反应，不惧大风、阵雨、暴晒、寒冷等复杂多变的气候条件，发扬不怕疲劳、连续作战的精神，在各自的试验岗位上尽职尽责，圆满完成了各项工作任务。七部的总体室设计师陈洪在患有轻度感冒的情况下，仍然坚持上高原参加飞行试验，在参试产品、装备和人员间来回穿梭，兢兢业业地进行总体技术协调。7102厂的调度员王航，不怕落区的艰苦和可能的危险，对火箭弹落点进行认真细致的观察和测量。七部的弹体结构设计师尤春艳，不顾劳累，不怕暴晒成“黑妞”，在靶场上细心检测记录火箭弹参数和某项材料抗燃气流烧蚀的情况，坚持和男同志一起搬运火箭弹等重物，彰显了别具一格的巾帼风采！

七月的昆仑山，留下了全体参试人员团结奋战的足迹，见证了某型号火箭弹壮丽飞行的雄姿。而新的研制任务已接踵而来，我们需要继续发扬笃诚勤明、严慎细实的工作作风，继续在型号研制的征途中团结拼搏、攻坚克难，谱写更多、更美的胜利凯歌！

等待来自远方的信

——小记某型号飞行试验遥测系统队伍

■ 彭蓓雷

2015 年 12 月

“3分钟、4分钟、5分钟，接收到遥测信号，实时显示Ecu转速正常……”此时，远在几百公里外，正在落区等待空中启动遥测信号的七部系统设计师有着另外一种体验——只有时断时续的通信信号维持着和首区那一点点联系。

大家的脑海里忽然出现了“蒹葭苍苍，白露为霜。所谓伊人，在水一方”的古诗词。不过这里没有芦苇，只有遍地的骆驼刺，黄沙漫漫，积雪为霜，凛风为伴。

在清晨发射窗口时间，听不到首区发射的洪亮声音，看不到腾飞一刻的亮丽火光，有的是忐忑——等待来自那个方向的信号。

这之前，在型号领导的指挥下，队伍在试验场地对产品进行了长达两周的全面测试和仔细检查。为了验证低温下地面设备的启动情况，试验队伍不止一次在凌晨两三点、零下十几摄氏度的情况下起床测试。

在经过周密的部署、井然有序的合练之后，型号总指挥雷金华、副总设计师刘正敏各率一支落区队伍，提前两天，随七部的两台遥测车分别奔赴两个落区遥测接收点开展准备工作。落区停电的烛光晚餐，裹成“粽子”的试验队员，没有暖气的通铺间里的睡袋生活，遥测点篝火旁的整宿守夜，成了试验队伍奋斗过的痕迹。

“咬定青山不放松，立根原在破岩中。千磨万击还坚劲，任尔东西南北风。”大道至简，一分耕耘一分收获。地面遥测系统共布站8个，各站点接收数据正常。该部两台遥测车首次参与飞行试验接收信号正常，该部自研的某型号遥测仪也再次经受住了飞行试验的考验。

型号飞行试验取得圆满成功，遥测系统试验队伍备受鼓舞。使命犹在，他们已经迈出步伐，只为追求心中更大的梦想。

从冬到春 这夜胜利属于他们

——某型号飞行试验侧记

■ 谭金成

2017 年 5 月

凌晨 2 点，春日的靶场夜空繁星点点。月光下，七院某型号试验车队已经全部就位，缓缓开往发射阵地——两小时车程的野外。

“今夜月黑风高，正是靶试的天赐良机。”为了缓解困意，试验队员们开起了玩笑。

“今晚月亮这么亮，不应该叫月黑。最好也不要有风高，高空风太大，影响产品试验，还是‘月明风低’好。”七部总体室设计师马杰三句不离试验，此次型号飞行试验是新的机遇，也是新的挑战，马杰的压力全写在脸上。

到达目的地，-17℃不禁让大家打了一个寒战，停车、调平、检查……地面系统的试验队员顶着野外的寒风，一步步开展工作。

趁着准备工作结束的空当，试验队员赶紧吃干粮，补充能量。此时，夜空北方的启明星异常闪亮，他们仰望星空，享受着难得的闲暇时光。当一抹红霞出现在天边，全员立刻进入了“战斗状态”。

对讲机里不时传来各分系统的情况，“气球已升空，10 分钟后开始传输数据。”“标杆确认完毕，地面系统准备完毕。”“窗口时间为 7：00-7：30，择机发射。”

然而，临近窗口时间了，高空风速仍然强得超过试验要求。型号副总指挥袁洪在听取了地面组、弹道组和总体的意见后当机立断：“运用实时气象数据重新计算，准备发射！”

距离窗口时间已经不到 10 分钟了。试验队员又开始紧张起来，马杰细致地审核着每一个流程，不时提醒大家不要慌，要快，但不能乱。当对讲机里提示距发射时间还有两分钟时，地面设备组仍在紧张地做着复查工作。

“最后一分钟，跑!”地面组开始向远处狂奔。一声巨响在荒漠中散开，等到大家反应过来回头时，只剩一缕缕白烟印证着飞行的轨迹。

“中了!”两个字从对讲机里传来。这短短两个字，来之不易——野外条件太差，试验队员反反复复审核几种方案；没有平整的场地，试验队员就在简易的阵地铺设钢板、打钢钎；野外没有库房，为了确保产品安全，试验队员就寸步不离地守着……

整个试验历时 4 个月。去年 11 月，试验队员第一次到靶场时，这里还下着雪，今年 4 月，当他们最后一次试验成功撤场时，这里已不再只有光秃秃的白杨树，驿路梨花已经处处开了。

追梦　没有终点

——七部某型号科研摸底试验纪实

■ 席滔滔

2013 年 8 月

2013 年 7 月 18 日早 7 点 45 分，随着一声巨大的轰鸣，某型号产品拔地而起，向遥远的天际飞去。上午 10 点，传来捷报："落点精度非常好！"七部试验队员欢呼雀跃，这是该项目启动以来，第一次达到如此好的试验结果。试验组织方感叹："试验结果远超我们预期，你们把技术方案发挥到极致了！"

最精简的靶试队伍

在出征动员会上，这支由 7 人组成的试验队被上级领导称为“最精简的靶试队伍”，几乎每人都身兼数职，大家相互照应，俩俩形成 AB 岗，将每个人的作用都发挥到极致了。

负责总体的鲍亚琪很少待在宿舍，不是在库房，就是在基地协调。其袜子永远是左脚黑色，右脚白色，他认为在靶场一切以工作为重，至于袜子怎么穿，实在是一件不用去关注的小事。他带了三双袜子来试验场，回去的时候却只找到一只袜子，结果他一脚穿着袜子，一脚没穿，就这样上了飞机。一路上大家都在笑他，他倒是很淡定。作为型号总体，鲍亚琪承受的压力不是一般的大。一次型号发射后，雷测外推落点不理想，他当场直接倒在座位上，半天起不来。后来实测落点传回，发现实际上结果相当好，他才终于喜笑颜开。

调度何岭不仅全程保障试验队的食宿，还负责寻找产品残骸。他领着一帮人，在茫茫大草原里左找右找，只为发现如老鼠洞般大小的坑。何岭暴晒在烈日下，来回奔波，其辛苦可想而知。7 月的草原，草深及膝，有的地方还有积水，增加了回收记录仪和残骸的难度。然而只要何岭出场，这基本不算一件太难的事，当天上午试验，下午找到，晚上就能回收，效率很高。试验队撤场时，尚有一些残骸未找到，其他队员都走了，他一个人留下来坚守阵地，直到第二天找到才罢休。

刘中奇博士是试验队公认的“大牛”，他的脾气永远是最好的，工作上任劳任怨。他承担了记录仪数据读取等需要耐心的工作，也承担了记录仪充电、修复产品、抬设备等大量“体力活儿”。

技术能手黄鹏掌握着本项目最为核心的制导技术，试验一旦做完，最忙的就要数他了，一大堆试验数据需要进行细致的分析，“软硬通吃”的杨涛不仅负责写飞控软件，做好“软”的工作，还在库房参与设备检测、靶试准备等“硬”工作。

夜半钟声响起时

7月20日凌晨3点，鲍亚琪的闹钟疯狂地响了，他一巴掌拍“死”了闹钟。短暂的沉寂之后，他霍然起身，悄悄地拿好了对讲机，关门向试验场出发，这已经是他连续第三天4点半之前起床了。

这次试验次数多，状态复杂。很多日子里，试验窗口均定在早上7点45分，大部分队员在5点半就起床上阵地，而为了提前准备参试设备和进行试验技术阵地检测，鲍亚琪、刘中奇、杨涛等队员必须要更早地从床上爬起来。

试验过程并不是那么一帆风顺。某发型号产品试验后发现GPS收星定位存在问题，控制效果未达预期，试验队压力空前巨大。残骸解剖发现，灌封胶进入GPS天线体内部，存在降低天线动态性能的可能性。天线体已经被灌封胶牢牢地粘在了舱体上，总装后的产品不能再使用电动工具操作，只能靠手工小心地去除灌封胶。周围人直说，这简直是“不可能完成的任务”。型号副总师黎帮友第一个拿起了螺丝刀，一点一点地挖着灌封胶，手上磨起一个大水泡，刀刃也被摩钝，花了整整一个下午，居然成功了。接下来的几天，试验队上午靶试，下午去库房修复产品，晚上进行修复后测试，连夜分析当天的试验数据，愣是没让后续试验掉链子。

试验成功后的第二天中午，招待所食堂的大厨特意煮好两大盘东北大馅饺子，准备了几箱啤酒，大声喊道：“同志们，啤酒免费喝！”试验队平生头一回就着饺子喝啤酒，因为喜悦，大家都开怀畅饮。

7月的试验场，满是劲风和烈日的味道，20多天的拼搏，试验队终于迎来了成功。“这只是第一步，为研制型号的最终成功继续拼搏，为梦想的实现而勇敢去追！”这，是来自试验队员心中的呐喊。

我的卫士十年

——记第一次 A 国交装

■ 杨筱倩

2018 年 2 月

大学毕业那年，恰逢七部成立，我怀着对未来的无限憧憬，背上行囊，加入了卫士队伍的大家庭。我们这个大家庭的成员来自祖国各地，虽然以前素未谋面，我们的人生轨迹却因此紧紧交织在一起。

作为软件总体和系统管理软件设计人员，我亲历了国外某项目的研制生产过程，参与了 5 次国外交装任务和一次实操培训。不知情的人或许会认为这是个轻松的好差事，不仅有机会去国外看看，还可以顺便旅游一下，然而现实可就没有那么美好了。

转眼，我到七部已经 10 年，最难忘的还是国外某项目的第一次交装。当时正值夏季，最高气温超过 40℃，太阳疯狂地炙烤着大地，天空中见不着一片云。同去的小分队成员都是第一次出国执行任务，由于项目的特殊性，所有人对项目合同内容知之甚少，对整个产品经历将近一个月的海运之后会变成什么样子，都非常忐忑。沿途的异国风光，丝毫引不起大家的兴趣。长时间的飞行以及时差引起的不适还未来得及调整，工作便已安排完毕。

我们在营区的生活几乎全靠自理，几点吃饭不太清楚，有什么寝具不太清楚，饭盒、拖鞋、抹布、牙膏等最基本的生活用品，样样都要自己准备，一些急需的日用品等了一周才找人帮助买到。由于没带寝具，我只得在地板上凑合了 1 周，直到周末休息时，看到别人晾的被子都是一样的花色，才发现房间里其实配备了全套的寝具。这件事后来成了一个笑话，在交装小组时经常被人拿来打趣。

设备到达后需要我们自己去港口取货，原本大家想一起去，但外方只允许两人前去。前去取货的同事顶着烈日在船上爬上爬下，连卸下6套设备，这对体力和毅力无疑都是巨大的考验。他们把设备运回来的时候，已经是凌晨2点多了，皮肤晒得“黑里透红”。

产品被巨大的篷布包裹着，没有装卸工人，我们当仁不让成了搬运工。自己拿着刀进行拆卸。篷布特别重，一不小心就划伤了手，本想简单消毒处理一下，但由于语言障碍难以跟外方沟通，到处都找不到酒精和创可贴，只能用清水冲洗一下继续工作。设备清点工作又是精细活，附件林林总总几百个，交付清单全是英文，只能一个个比对核查，不能有丝毫马虎。靠着以往的经验和坚持到底的决心，两天过后，终于完成了设备的清点工作。

回程时间渐渐临近，为了确保任务完成，我们只能加班加点完成任务，厂房里面没有照明设备，晚上无法工作。经过与外方协调，架了两个探照灯，才解决了晚上工作的照明问题。

按照要求，产品交付前需要进行绝缘检查，没有专业的电气工程师，我们就靠着带来的文件，自己进行绝缘检查。对于一个有着60个孔，每个孔直径几厘米的接插件来说，要数清楚每个孔的位置，并按照表格插到正确的位置，一个人能坚持的时间顶多1小时。我们几个人只有轮流上岗，好在产品质量稳定，两天后顺利通过绝缘检查。

设备的外观受到船运的影响，布满了星星点点的污渍。清洗过程中，缺乏专业的清洁设备和热水，清洁剂也没什么效果，颇费了一番周折总算完成最后的清洁工作。外方人员不会驾驶，需要培训，我们7人小组分成1名司机、6名驾驶助理，帮助对方十几名人员掌握使用设备的方法。互相之间语言不通成了培训过程最大的障碍，每次交流都需要通过多次翻译。虽是困难重重，但几天下来，我们已经可以熟练地跟外方交流了，不过聊天的方式是语言和手势并存，倒也乐在其中。

12天交装过程，我们总是错过饭点，只能吃冷饭，也常常累得精疲力尽，体力透支。尽管如此，我们没有丝毫抱怨，沉醉在携手顺利完成任务的欣喜中。

无论有多少波折和障碍，困难一定能够被克服，任务一定能够完成，我们每一名“卫士人”都抱着这样的决心和信心，合作无间，不计得失。

都说刚参加工作的第一个 10 年是人生中最重要的阶段，我庆幸能够在“卫士”队伍中学习、工作、成长，不负时光，不辱使命！

走

■ 谭金成

2018 年 6 月

雅布赖，在蒙语里面是“走”的意思，我们队伍每次早上 4 点从成都出发，到达这座位于阿拉善右旗的小镇已经是下午 6 点了。几间小小的杂货店与餐馆，每条街道只有寥寥几人，一眼就能从镇头看到镇尾。而这就是我第一次全程参与的试验地点，也是我们队伍待了两个月的地方。

两个月的时间里，我们对这个地方变得熟悉起来，镇中心是最“高档”的“五阿哥酒店”，店里有蒙古特色的烤串；镇南边有盐厂，白茫茫的几座大盐山，像雪；沿着镇北走出去，是看起来矮矮的曼德拉山，此“曼德拉”非彼“曼德拉”，在蒙语里是“升起，兴旺，腾飞”的意思。如果你能坐上车，向西走，1 个小时车程便可看到中国第三大沙漠——巴丹吉林沙漠。而向东走，两个小时车程便是我们的发射阵地，而我这次试验最难忘的一个瞬间，就是在这里经历的。

那一瞬间画面异常美丽，蓝天白云，红日与皓月同在；荒漠黄沙，硝烟与靶弹齐飞。那一瞬间我能听见自己的心跳，能感觉到在这空阔的荒原里，在雅布赖的烈日下，我那叫“青春”的热血在燃烧，如同铁板上滋滋作响的烤肉。那一刻有激动，有释放，有期待，还有一点小小的感动。当听到对讲机里的“中了”的时候，大家拥抱在一起庆祝，我以为我会哭，可是我没有。因为这感觉太复杂了，有成功后的兴奋、自己付出得到回报的感动，还有来自身体的困意（因为这个时候离我们凌晨两点出发已经过去 6 个小时了）。

在回去的车上，我却并没有睡着，脑海里回想着这次如同电影画面的经历。来到七部快 3 年了，这算是我全程参与的第一个型号。从方案设计到跟产协调，从前期准备到靶弹试验，我有幸参与了每一个过程，就如同武侠小说里令狐冲修炼独孤九剑一样，从山洞里跟风清扬背诵心法，然后私下练习，假想招式，再到出洞对阵田伯光，有一种“知行合一”的快乐。

我看着窗外这一片片荒漠，真的不能称之为风景。风景应该是有起伏，像山；有波澜，如水。“世之奇伟、瑰怪，非常之观，常在于险远”，最美的风景往往在又险又远的地方，就像我来时的“路”：方案设计之初，在师父李辉的指导下一遍遍修改图纸；初步方案确立后，又面对总体马杰的“追命连环 Call”，“马总”在电话里一般都是三连问，而经验不足的我往往只能回答上一两个问题，而后续只能不断查资料和询问有经验的同志；方案确立后，这次的发射场地又在野外，我们又需要现场调整……而正因为“走过”这段路之后，那一瞬间的成功才变得弥足珍贵。

在航天的梦想天舟里，我的梦想都只是一块小小的甲板。而我这块小小的甲板，大概就是每次试验都以自己的赤诚之心对待工作，如同第一次这般，抱着学习的姿态，不忘初心，砥砺前行。

如果风景都是走出来的，那我就怀着梦想前行，带着赤诚上路。坐上航天的梦想天舟，乘风破浪！且行！

西北靶场行

■ 陈俊任

2017 年 12 月

被无尽的黄沙、荒漠包围的西北边陲小城，阳光充沛，常年少雨。2016 年年底，我跟随试验队来到这个人烟稀少之地，参加集团公司组织的大集成对抗演示飞行试验。

抵达目的地后，我们还来不及休息便马不停蹄地开始了测弹和试车工作。此时室外温度已经是零下，整日不见太阳，异常寒冷。队员们在室外进行操作的时候，常常被阵阵寒风吹得瑟瑟发抖，双手直打哆嗦。大家把能穿的、能戴的、能围的都用上了，虽然裹得严严实实，但仍抵挡不住寒风的侵袭。天气寒冷，试验队员的每一步操作却丝毫没有马虎，气候恶劣，但队员们的检查确认工作反而做得愈发仔细。

那些天，在我们的微信群里，试验队调度是最活跃的存在，有时大部分人都睡觉了，调度还在进行一些工作安排。那段时间，调度每晚必开 1 次型号调度会，对第二天的工作逐项进行安排部署。

跟我同住的是一个四川人，他每天晚上坚持跟老婆孩子视频通话，问问今天吃了什么，孩子乖不乖……每天都是幸福满满的样子。我跟他开玩笑说：“你这么恋家，来靶场干嘛，换个人来不行吗?”他说：“这个型号，别人来我不放心，我最熟悉，有问题好解决。”一个顾家的四川男人，心甘情愿离家千里远赴祖国边陲，为的是心中对型号的一份责任。同样的，试验队里还有已经离家两个月的司机师傅，他上一次靶试任务就出差在外，这次任务需要他，他二话没说立刻就从外地赶了过来。在试验队里类似的情况还有很多，

大家在工作中从不畏难，再多的艰辛也从不放在心上，只是对家人的牵挂让他们割舍不下。

终于，我们迎来了最终检验的日子，随着“10、9、8……3、2、1，发射”一声令下，一道白烟腾空而起，发动机推动导弹直入云霄，巨大的轰鸣声刺破大西北宁静的天空，仿佛是航天人心中的呐喊。不知道过了多久，从对话机里传来命中靶心的消息时，场上顿时一片欢呼雀跃。看着一张张朴实的笑脸，我明白了，正是大家脚踏实地、吃苦耐劳的实干精神支撑着型号产品取得今日的成绩，产品上凝聚的是我们的卫士精神。

“卫士人”的故事

■ 李金刚

2018 年 6 月

某个清晨，在丛林深处的山坡上，几只野兔正悠闲地啃着青草。突然，汽车的轰鸣声打破了这里的宁静，一台特种车和几辆运输车来到了山坡上，从车上下来几个人开始忙碌起来。这是用户随机选择的一块场地，没有手机信号，没有发射点坐标，没有气象数据，仅有一棵大树作为方位参考，在这样的环境条件下进行飞行试验，毫无疑问困难是巨大的。在接下来的时间里，天气就像小娃娃的脸，时而狂风暴雨，时而电闪雷鸣，时而艳阳高照，野外并没有可以躲藏的地方，大家的身体淋湿之后又晒干，晒干之后又淋湿，每个人最后都变成了“包公”。在他们不懈地努力下，几个“精干高效的人”分工明确，仅用两天时间就完成了所有试验任务，顺利完成了产品的交付。

同样在一片稻田里，一字排开的火箭弹发射车正静静停放着，几个人正在其中来回穿梭为火箭弹飞行试验做着最后的准备，待一切准备完毕后却在试验过程中出现了故障。面对来自用户的巨大压力，他们沉着冷静地分析着每一个环节，经过共同努力，很快就将问题定位在点火电源模块，他们将备件换上，最终顺利完成了后续靶试试验。其实在产品交付过程中，由于用户的操作不熟练、野蛮操作等诸如此类的问题层出不穷，大家都能耐心地给用户讲解，带着用户逐一排除和解决问题，得到了用户的认可，用户不禁向这些“耐心的人”竖起了大拇指。

时空穿梭，在软绵的沙地上，一群人正推着一辆又一辆陷在沙地中的汽车，珍珠大小的汗滴不停地从他们脸颊上滚落。他们是为了一批火箭弹产品的靶试而来，当车辆路过一段沙地时，由于沙地绵软，车辆陷入其中，外国客户见此情景，在如此高温的环境下，索性到其他车上休息去了，可这些人却如此倔强，他们下车推动着汽车艰难前进，不知过了多久，他们终于推着车通过了这段绵软的沙地，这就是四川航天人，一群“倔强的人”。

我认真听着“卫士人”讲述着他们的故事，突然间，我的思绪来到了拥有大胡杨、大沙漠的西部某试验场，2017 年 12 月某天深夜凌晨，-20℃，滴水成冰，大沙漠中有一辆车正在轰鸣作响，几个人正默默地检查着车的每一个系统——发动机系统、液压系统、电气系统等等。每次呼吸都是如此艰难，大家的手脚已经没有知觉，但每一个人却是那么投入。时间不知过去了多久，等到检查完毕，做好所有记录，带头的那个身材纤细的男人率先开了口，他对其他几人说：“这是天然的低温试验场，我们在这里验证的每一个系统、记录的每一个数据、呼吸的每一口冷空气都将对今后型号研制任务产生深远的意义。”冰天雪地是天然的试验场，这是怎样的心境！

他们的故事实在太多太多，不胜枚举，这一刻卫士精神变得那么鲜明、那么形象，在严冬酷暑中，在滂沱大雨里，在沙漠中，在高原上，卫士人的身影无处不在，卫士人正用他们的实际行动诠释着什么是卫士精神，他们在书写一个个动人故事的同时，也创造着辉煌。

难忘靶场的日子

■ 彭 涛

2009年12月

2009年12月8日，型号试验归来已有10天了，那让我有些不太习惯的鲜花和掌声时而回响在耳边，回想起在试验场的那39天，有太多可以铭记的日子，有太多可以诉说的故事。

曲折的日子

“一月两地三战三捷”，多么圆满的概括，但其实并不能掩盖其中的曲折。试验的曲折从还未出发就已经有体会了，三易试验地，时间紧迫，竞争激烈，必须先啃下最难啃的“骨头”。

第一战需要在陌生的发射平台上进行。而发射平台和我们的设备直到试验进场才有了第一次“握手”机会，而这次“握手”的开始却并不和谐。初次见面的两个“家伙”一点也不合作，老是闹别扭。在阵地合练过程中，一直有干扰出现，致使合练被迫取消，而两家各自检查了系统又都没有发现问题。局面不能僵持下去，我们决定做出让步，修改软件，增加抗干扰功能。

邹小松，年仅23岁，2008年入厂的软件设计，修改软件的任务落在了他的肩上。小邹第一次参加试验，是本次试验队里最年轻的队员，绝对的新人。他刚到试验地就患上了感冒，加之四川人不适应西北荒漠极度干燥的气候，嘴唇干裂肿得像香肠似的。也许是小伙子不好意思，戴了个口罩，免得大家议论他的嘴巴。

软件的更改一直进行到了凌晨2点才结束，测试工作总算是在发射平台上完成了。然而，事情却并没有因此而结束。让整个试验队，特别是邹小松最郁闷的事出现了——在预定发射日的当天早晨，发射前最后测试中，问题再次出现了。在全场试验人员和参观领导的关注下，小邹急得满头大汗、一脸通红。没有办法，就只好搬来地面散摊的测试设备，蹲在地上一一替换发射平台的设备，排查问题，一直忙到中午。“会不会是他的软件有问题啊”“不是拷贝错了版本吧”，小邹似乎听到有人在议论他，手攥得紧紧的。心里闷得慌，他想起身走走，刚要站起来，突然，眼前一黑，腿一软，就晕倒在发射场地上。旁边的队员赶忙一把抓住他，拍了几下，把他的口罩摘下来掐了下人中。过了大约10秒钟后，小邹醒过来了，他不好意思地看着大家。大概他自己还不知道发生了什么，就觉得做了场梦，在梦里试验问题都解决了，然而醒来的现实中却依然要面对，问题要靠自己的努力去克服。

发射任务被迫推迟了，问题最终在第二天凌晨2点得到解决，下午试验圆满成功。

难舍的日子

在试验队里，大家的分工各不相同，要是说到谁最辛苦，几个地面站的同志应该是名列前茅吧。每次发射试验前两天，他们就得出发前往指定的地面站，在漫无边际的荒漠中穿梭，跑一趟下来差不多有1000公里。路上要是找不到饭馆就只得吃点自己带的干粮，在又脏又乱的旅馆里住，窗户坏了透风就只得两个冷得抱在一堆了，到发射试验当天还得凌晨3点多出发准备地面站布站。

程泽川是地面站的一员，他平日里看着挺壮硕的，其实是个“三高”患者。一趟试验折腾下来，没顶住，病倒住院了。试验任务紧张，试验队需要转场进行下一项试验任务，没办法，他只好留在原地住院，雷廷川留下来照顾他。老程怕耽误了试验，3天后就出院赶来和试验队会合了。老程原本还打算出院后第二次参加地面站布站外出工作的，结果事与愿违，过来后没几天再次在宾馆晕倒住院了。

老程住院期间由队友赵紫栋、刘海轮流看护着，每天往返于试验驻地和医院之间为老程送稀饭，老程深感内疚地说："拖大家后腿了，实在对不住啊。"出院后，老程再次向领导请示希望去地面站工作，出于身体状况考虑，领导最终还是没有答应他的请求。

寒冷的日子

试验队员在第二次试验期间，除了要攻克技术上的难关，还要克服恶劣天气的挑战。阵地合练的那天早晨，也许是很多从小生活在南方的年轻试验队员经历过的最冷的日子。阵地上风速每秒十多米，气温达到了零下十几摄氏度，一待就是好几个小时。能够明显感觉到站立没有原来那么轻松，而面对风向时已经难以呼吸了，不得不转过身。这时尽管大家都穿了羽绒服，但几乎都是被冻透了，没有达到御寒的效果。在低温下，有些使用时期较长的电线都老化变脆，不得不现场改装。

虽然试验队带了几件军大衣，但有现场操作岗位的试验队员为了让动作能够灵活点，不至于太笨拙，都没穿军大衣。一个平时很简单、很容易做到位的动作，这时可能变得很困难。连接电缆连接器，试验队员的手都不太使得上劲，冻得僵硬还不能戴手套才能费力地连接上。而平时只需不到 1 分钟就能装好装置，这时两位队员竟花费了十多分钟。经历了寒冷的考验，大家对试验有了更深刻的体会和更多的心理准备。

后来，地面站的试验队员体会到了，原来那天并不是最冷的试验日。零下 20 多摄氏度、30 厘米积雪、食住困难、汽车没油、长途颠簸疲惫、旅途危险，是其他试验队员没有过的经历。

试验中还有期盼的日子、欢庆胜利的日子、归心似箭的日子，但我们更应记住那些困难的日子和面对的挑战，以此激励我们不断地努力前行，去书写四川航天的新篇章。

撒青春热血　铸飞天利剑

——记某型号航空滑翔制导炸弹国外验收飞行试验

■ 朱晓军 / 蔡　旭

2019 年 6 月

2013 年 11 月 21 日傍晚，某型号两发航空滑翔制导炸弹均成功击中目标，将选为目标点的大树连根炸起，圆满完成了国外验收飞行试验任务。这是一个值得自豪的时刻，因为该型号在遥远的异国他乡完成了一次大考，而且完成得如此漂亮。当准确击中目标的消息从靶场传到试验机场，外国客户紧紧拥抱中方试验队员，连连说道："萨迪嘎（音译，"朋友"的意思），Good！Good！Very Good！"

"匆忙"的靶试

2013 年 11 月 1 日，中方人员抵达军贸用户方所在国。顾不上旅途的劳顿，第二天型号总设计师杜晓东便带领中方试验队员配合外方开展地面测试。经过十余天的辛勤工作，先后完成了地面试验、航迹规划、落区考察、飞行员培训等工作。但由于D国试验飞机在进行战备值班，飞机挂载其他武器停在机场准备随时投入战斗，因此外方试验飞机到来的时间迟迟不能确定。

2013年11月21日上午，外方临时通知当天下午试验飞机即将从D国600km外的O城起飞到K城进行试验。我们一直盼着这个消息的到来，但当这个消息真的到来的时候，却感到有些匆忙：双方试验人员还分散在各地，D国一部分参试人员在空军基地值班，一部分和我方人员在商谈后续事宜，我方一部分人员在宾馆收拾行李准备撤离；所有这些参试人员都需要紧急集合到机场，产品还在机库包装箱内需要吊卸出来通电装订目标点参数，100多公里外的落区还需要人员前往进行监测……原先计划安排的落点爆炸瞬间的摄像都没来得及布置，这也是本次试验留下的遗憾，时间就是这样紧迫，可想而知。

15时10分：战备值班的试验飞机从600km外O城前线机场转飞至K城试验机场。

17时10分：飞机完成卸油箱、换挂架、加油、起飞前常规检查、航弹目标点参数装订和飞机挂弹。

17时30分：飞机完成发动机地面试车，飞机起飞。

17时51分：经过火控盒上电、导航点选择、弹上电、目标点选择、传递对准、电池激活一系列流程后，火控盒如约出现“SHOOT”提示，飞行员扣动“投弹”扳机，顺利完成投弹，两发弹顺利离机。

一波三折的靶试心情

由于D国局势正处于特殊阶段，该国人员又经常提出一些“奇思妙想”，我们的心情也跟随他们而变化、起伏，可谓跌宕起伏，一波三折。

开局顺利——喜悦。鉴于以往对D国的办事效率和组织能力有所“见识”，型号总指挥黄尤贵、总设计师杜晓东带领试验队充分策划、精心组织。在抵达试验场地的第二天，七部总体人员和7105厂设计师便完成了参试产品的抽样测试，包括开箱检查、GNSS星历更新、单元测试、模飞测试等工作，只等与飞机联调后，就可进行飞行员投弹和实弹投弹的空中操作训练。大家满怀信心，力争速战速决，早点完成任务、早点回家。其间，集团公司空装处处长王卫东，七院科技委主任郭风美亲临 D 国指导航弹验收飞行试验准备工作。

两次转场——无奈。正当我们在 K 城机场完成了弹的准备工作，计划进行机、弹联调时，D 方人员告知试验飞机在前线机场值班，不能回 K 城机场，需要转场至 600km 外的 O 城前线机场开展试验。这样就开始了第一次转场：一部分产品和设备空运，一部分公路运输，所有试验人员乘大巴经过一天长途跋涉抵达 O 城。

抵达 O 城后，型号副总设计师徐洁银顶着酷暑风沙，冒着战争风险来到交战区的落区现场考察。然而，此时 O 城局势骤然变得紧张起来，大街上士兵们荷枪实弹，装甲车、坦克来来往往，偶尔还能听到零星枪声，我们试验的飞机也挂上武器准备随时投入战斗。为了大家的安全，外方要求中方大部分人员乘军用运输机紧急撤离，O 城仅留下与最后投弹相关的朱晓军、蔡旭等 7 人，希望飞机能抽出一两个小时，完成最后试验任务。但由于局势的进一步紧张，就在第一批人员撤离的第二天早上，中方留下的人员被电话告知赶快收拾行李，

开始第二次转场回 K 城。转场的运输机上，与我们同行的还有军方的伤病员和家属，以及押运的战俘等。由于机内空间有限，大部分中方人员只能坐在装有实弹的包装箱上。

等待落区消息——忐忑。17 时 51 分投弹，航弹在空中飞行大概 6 分钟左右，57 分未接到落区消息，58 分也没有，18 时 10 分还没有……难道是？这种等待简直是度“分”如年，让人忐忑和煎熬。事后得知，佳音姗姗来迟，原来是落区手机没有信号，需要回撤 20 多公里才能与机场联系上。

回想两年的研制历程，在外界对七院研制航弹能力质疑的目光中，我们从第一份技术文件、第一份图纸、第一个试验开始，一步步默默走过，最终完成了大升阻比滑翔技术、基于 GPS 动基座自对准技术和 BTT 控制等关键技术攻关，完成了我们曾一无所知的飞机火控平台的改造，完成了 4 种弹、2 种车和地测系统军贸合同产品的保质保量交付。

天不负，有心人，漫天的黄沙中留下了四川航天人的青春热血，见证了航弹鹰击长空的雄姿，谱写了一曲壮美的“卫士”凯歌！

附　卫士足迹

卫士系列战术武器大事记

（1986—2019）

◎ 1986 年

1986 年 8 月，中国长城工业公司根据国际市场需求，建议开发 60-80 公里弹道式无控火箭系统，航天部部长李绪鄂、副部长孙家栋等希望四川航天工业总公司（与七院前身 062 基地系一套班子、两块牌子）能承担无控火箭弹的研制任务。

1986 年 9 月，四川航天工业总公司组织无控火箭弹调研小组开展调研工作，整理编辑了《60~80 公里弹道式无控火箭调研报告》。

1986 年 11 月 26 日，四川航天工业总公司总工程师陈绪铭主持召开了无控火箭弹初步方案汇报会，副总工程师黎玉贵和科技处副处长葛司亮汇报了初步方案。

◎ 1987 年

1987 年 6 月 8 日，四川航天工业总公司致函中国长城工业公司，申请立项研制 DW-300 弹道式无控火箭（四管）武器系统（总质字〔1987〕第 391 号）。

1987 年 7 月 3 日，航天部科技委召开了 DW-300 弹道式无控火箭（四管）武器系统方案审查会。

1987 年 9 月 8 日，航天部综合计划司下发了《关于无控火箭研制工作的通知》（计规字〔1987〕第 071 号）。

1987 年 12 月 5 日，在《四川航天工业总公司三年规划》中，把“M-2 无控火箭弹及地面设备的研制生产”列入了“军贸开发生产”项目，标志着卫士型号研制工作正式拉开序幕（在军贸出口审批时，该型号被正式定名为卫士一号无控火箭武器系统）。

◎ 1988 年

1988 年 1 月，四川航天工业总公司抽调 7317 所、7146 所、7306 所主要技术力量在重庆石桥铺组建重庆航天机电设计院，成立无控火箭弹研究室专门从事 M-2 火箭弹武器研究设计工作。

1988 年 4 月 21 日，四川航天工业总公司科技委审查通过了 M-2 火箭弹武器系统技术方案。

1988 年 4 月 22 日，四川航天工业总公司下发了《关于下发 1988 年 M-2 弹道式无控火箭武器系统研制计划的通知》。

1988 年 11 月 10 日—18 日，M-2 首批 6 发无控火箭弹在 20 基地开展飞行试验并获得圆满成功。

1988 年 11 月 21 日，四川航天工业总公司向航空航天部上报了《卫士一号无控火箭武器系统技术规格书》（总经字〔1988〕第 163 号）。

◎ 1989 年

1989 年 3 月 15 日，四川航天工业总公司下发了《关于下达卫士一号 01 批研制计划的通知》（总计字〔1989〕第 271 号）。

◎ 1990 年

1990 年 5 月 14 日—24 日，卫士一号 01 批 15 发火箭弹性能验证飞行试验获得圆满成功，其中 3 发单射，三组（每组 4 发）齐射。

1990 年 7 月 15 日，四川航天工业总公司向航空航天部报送了《关于卫士一号无控火箭武器系统出口的请示》（总计字〔1990〕第 663 号），请求部批准卫士一号无控火箭武器系统军贸出口。

◎ 1991 年

1991 年 3 月 12 日，中国机械进出口精密公司与 X 国签订某型号射表编制技术转让合同（合同任务编号 9103），这是由重庆航天机电设计院独立承担的首次技术转让出口任务。

◎ 1992 年

1992 年 8 月—9 月，重庆航天机电设计院工作组赴 X 国开展射表考核飞行试验，获得圆满成功，9103 任务圆满完成。

◎ 1993 年

1993 年 5 月 23 日，重庆航天机电设计院向国防科工委综合计划部、总参装备部、总参谋部兵种部、炮兵装备技术研究所、中国航天工业总公司综合规划计划部呈报了《关于申请承担我国多管火箭武器系统研制工作的请示》（院计〔1993〕第 99 号）。

◎ 1994 年

1994 年 9 月 22 日，重庆航天机电设计院向 062 基地呈报了《关于接待外商参观卫士一号火箭方案的请示》（院计〔1994〕第 149 号）。

◎ 1995 年

1995 年 1 月 20 日—27 日，中国机械进出口精密公司、重庆航天机电设计院军品所应邀赴 K 国就卫士一号多管无控火箭武器系统的销售及技术转让进行洽谈。

1995 年 6 月 29 日—30 日，K 国国防部次长一行 10 人到重庆航天机电设计院参观、考察卫士一号多管无控火箭武器系统研制情况。

◎ 1996 年

1996 年 2 月 3 日—21 日，中国机械进出口精密公司与 062 基地组成代表团，赴 K 国就卫士一号火箭武器系统出口问题进行商务和技术谈判，就卫士一号火箭武器系统供货及技术转让、商务、技术合同达成了一致意见。

1996 年 4 月 18 日，中国机械进出口精密公司与 K 国签署了卫士一号多管火箭武器系统技术转让与生产许可合同、供给合同以及靶试合同（K 项目）。

1996 年 5 月 28 日，062 基地下文明确卫士一号出口任务代号。性能验证试验批代号为 9601A，供货及技术转让代号为 9601B。

1996 年 9 月 22 日—10 月 4 日，在 31 基地开展卫士一号 02 批（9601A 任务）火箭弹演示飞行试验，获得圆满成功，标志着 9601A 任务圆满完成。

◎ 1997 年

1997 年 1 月 10 日，中国机械进出口精密公司与 K 国签署的多管远程无控火箭系统供货和技术转让合同（K 项目）正式生效，9601B 任务正式启动。

1997 年 7 月 10 日，K 项目首批文件在北京交付 K 国，得到 K 国认可。

◎ 1998 年

1998 年 3 月 3 日，K 国对 K 项目进行预验收抽检，对检查结果表示满意，硬件和软件全部满足要求。

1998 年 5 月 19 日，卫士一号 03 批抽检飞行试验在 20 基地进行，飞行试验失利。

1998 年 7 月 30 日，在 20 基地开展了卫士一号火箭弹归零摸底试验，达到验证目的。

1998 年 8 月 22 日，卫士一号 03 批再次批抽检获得圆满成功。

1998 年 9 月 6 日，9601B 首批产品开始向 K 国交付。

◎ 1999 年

1999 年 4 月 1 日，开展卫士一号火箭弹引信更改措施的有效性验证飞行试验，获得圆满成功。

1999 年 4 月 16 日，开展卫士一号乙火箭弹系统设计方案（试样）飞行试验，获得圆满成功。

1999 年 7 月 13 日，K 国卫士一号多管火箭系统技术转让生产线验收飞行试验获得圆满成功。

◎ 2000 年

2000 年 4 月 25 日，062 基地通过中国机械进出口精密公司在北京与 D 国正式签署“卫士一号多管火箭系统装备供应及火箭弹生产技术转让”合同。

◎ 2001 年

2001 年 2 月 17 日，D 项目合同正式生效，工程全面启动。

◎ 2002 年

2002 年 1 月 1 日，卫士二号多管制导火箭武器系统工程研制工作正式启动。

2002年3月25日，开展D项目卫士一号系列武器飞行试验，获得圆满成功。

2002年7月17日，062基地重新下发《卫士二号多管制导火箭系统研制计划》，标志卫士二号制导火箭弹研制工作进入方案论证阶段。

◎ 2003年

2003年3月3日，062基地下达卫士六号（卫士一号戊）火箭弹研制任务书。

2003年3月10日，062基地批复7146所正式启动浅滩火箭破障弹研制工作。

2003年6月11日—26日，浅滩火箭破障弹飞行试验在32基地进行，获得圆满成功。

◎ 2004年

2004年1月6日，D项目技术支持在D国的工作全面完成。

2004年7月2日，062基地组建成立研发中心（七部前身）。

2004年8月26日，"政治攻心弹"火箭系统参加军博会并得到军委、总政领导好评，同意立项进行研制。

◎ 2005年

2005年1月25日，062基地更名为四川航天技术研究院（军工代号：七院）。

2005年2月26日，出口D国的卫士一号武器系统新增地面装备项目（D-I项目）合同正式生效。

2005年8月25日，完成卫士二号01批01组产品的飞行试验，获得圆满成功。

◎ 2006年

2006年1月18日，陆军装备科研订购部与七院、广州军区工程科研设计所签订浅滩火箭破障弹研制总承包合同。

2006 年 10 月 25 日，浅滩火箭破障弹陆态飞行试验获得圆满成功。

2006 年 12 月 4 日，浅滩火箭破障弹海态飞行试验获得圆满成功。

◎ 2007 年

2007 年 8 月 15 日，七院向中国航天科技集团公司（以下简称集团公司）呈报《关于申请卫士三号高精度制导火箭武器系统军品出口立项的请示》。

2007 年 11 月 1 日，七院向集团公司呈报《关于申请沙尘暴多管火箭武器系统军品出口立项的请示》。

◎ 2008 年

2008 年 1 月 9 日，集团公司转发《国防科工委关于同意向 T 国出口卫士一号乙远程无控火箭弹及生产技术的批复》。

2008 年 1 月 31 日，集团公司印发“十一五”军品出口工作专项规划，七院卫士三号高精度制导火箭弹武器系统、弹箭一体化武器系统被列为“十一五”军品出口产品的发展重点。

2008 年 8 月 4 日，集团公司同意七院卫士三号高精度制导火箭武器系统军贸科研项目立项。

2008 年 9 月 19 日，在七院研发中心和北京研究部的基础上，挂牌成立中国航天科技集团公司第七研究院第七总体设计部（军工代号：七部），对外名称：四川航天系统工程研究所。

2008 年 11 月 24 日，在 051 基地开展了卫士一号戊归零验证飞行试验，获得成功。

◎ 2009 年

2009 年 1 月 7 日，D 项目与 D-I 项目生产线验证飞行试验在外方获得成功，标志 D 项目、D-I 项目圆满完成。

2009 年 2 月 19 日，军贸 T1 项目正式启动。

2009 年 4 月 23 日—26 日，卫士一号戊火箭武器系统军贸鉴定飞行试验获得成功。

2009年4月26日—5月16日，在32基地开展了浅滩火箭破障弹试样飞行试验，获得成功。

2009年6月28日，七院商标“卫士”（字母标识：WS）、“沙尘暴”、“Sandstorm”、“天斧”（字母标识：TF）成功注册。

2009年7月29日，卫士二号火箭弹通过七院军贸鉴定。

2009年8月25日，D-Ⅱ项目第一批产品完成国内港口交付。

2009年10月28日，卫士三号高精度制导火箭弹“弹箭一体化”项目演示验证首次飞行试验获得圆满成功。

2009年11月19日，卫士二十二、卫士三十二、卫士三十三、卫士三十五军贸立项通过集团公司评审。

2009年11月22日，在20基地开展了卫士三号高精度制导火箭弹初样摸底飞行试验，获得圆满成功。

2009年12月2日，在某靶场开展浅滩火箭破障弹试样海态鉴定飞行试验，获得圆满成功。

2009年12月5日，在20基地完成卫士一号乙火箭武器系统第一阶段摸底飞行试验，获得圆满成功。

2009年12月23日，“卫士二号多管制导火箭武器系统”获得国防科学技术进步奖三等奖。

2009年12月25日，D-Ⅱ项目第二批产品完成国内港口交付。

2009年12月30日，在新疆库尔勒开展天火十二号（TH-12）航空滑翔制导炸弹（1发）初样投弹飞行试验，获得圆满成功。

◎ 2010年

2010年3月10日—12日，在051基地远程试验区完成了卫士二十二火箭弹飞行试验，获得圆满成功。

2010年3月27日—30日，在051基地远程试验区完成了卫士三号甲初样摸底飞行试验，获得圆满成功。

2010年4月23日—27日，在051基地远程试验区完成了卫士一号B/T1

武器系统军贸鉴定飞行试验，获得圆满成功。

2010 年 9 月底，M 项目（卫士十五）正式启动。

2010 年 10 月 18 日，D-II 项目技术支持工作全部结束。

◎ 2011 年

2011 年 1 月 22 日，“7715-1”任务试验队在 051 基地远程试验区完成了 M 项目样车国内验证飞行试验，获得圆满成功。

2011 年 1 月 25 日，国防科工局批复同意卫士三号甲火箭武器系统军贸出口立项。

2011 年 3 月 16 日，国防科工局批复同意卫士二十二、卫士三十二、卫士三十三多管火箭武器系统军品出口立项。

2011 年 3 月 27 日—30 日，“7603A-1”任务试验队在 051 基地远程试验区完成了卫士三号甲火箭弹飞行试验，获得圆满成功，创造了七院研制型号射击精度最好的成绩。

2011 年 5 月 30 日，国防科工局批复同意卫士三十五制导炮弹军品出口立项。

2011 年 6 月 2 日—5 日，“7751-02”任务试验队在 051 基地远程试验区开展了卫士五十一武器系统方案摸底飞行试验，获得成功。

2011 年 6 月 14 日—15 日，M 项目首台样车在 M 国成功通过客户靶试验收。

2011 年 6 月 25 日，航天长征国际贸易有限公司与 D 国用户签订 FT-6 装备供货及技术转让项目合同。

2011 年 7 月 10 日—15 日，“7632-1”任务试验队在 051 基地远程试验区完成了卫士三十二火箭弹飞行试验，获得圆满成功。2 发火箭弹均落入同一弹坑，取得了“两弹一坑”的优异成绩。

2011 年 7 月 27 日—8 月 1 日，T2 项目设备及工装实现港口验收交付。

2011 年 11 月 29 日—12 月 6 日，配合解放军军械学院在 31 基地完成了 122 火箭弹在役装备改造项目科研摸底飞行试验，获得了成功。

2011 年 12 月 1 日，七院“网络化巡飞攻击武器系统”等 4 个项目通过总装航天支撑技术项目开题评审，正式立项。

2011 年 12 月 9 日，七院“巡飞机动子母弹”（第二炮兵“十二五”在役装备改造预研项目）合同正式签订。

◎ 2012 年

2012 年 1 月 18 日，T 国卫士一号乙军贸项目通过用户方验收，标志着该项目合同执行完成。

2012 年 2 月 8 日，D 国卫士一号增订及 122 发射车改装项目正式签约。

2012 年 2 月 8 日—9 日，七院和总装工程兵驻重庆地区军事代表室签署浅滩火箭破障弹订货任务协议，标志着七院首个列入国家装备体系的火箭武器正式启动批产。

2012 年 3 月 20 日，卫士三号火箭弹通过军贸设计鉴定评审。

2012 年 6 月 4 日，BK-1 项目第一期正式启动。

2012 年 9 月 4 日，中央机构编制委员会办公室（中央编办函〔2012〕215 号）批复四川航天系统工程研究所军工代号由“中国航天科技集团公司第七研究院第 7146 研究所”变更为“中国航天科技集团公司第七研究院第七设计部”。

2012 年 9 月 12 日，卫士十五火箭弹国外演示验证飞行试验获得圆满成功。

2012 年 9 月 17 日，七院与 T 国在北京签订涉及卫士三十二供货及技术转让的正式合同。

2012 年 12 月 3 日，卫士三十二精确制导火箭弹连射试验获圆满成功，首次获得连射“两弹一坑”的佳绩。

2012 年 12 月 4 日，首个国内列装型号浅滩火箭破障弹批生产产品抽检飞行试验获得圆满成功。

2012 年 12 月 7 日，卫士三号甲火箭弹大射程飞行试验获得圆满成功。

2012 年 12 月 9 日，卫士三号甲火箭弹小射程飞行试验获得圆满成功。

2012 年 12 月 18 日，首个国内列装型号浅滩火箭破障弹装备某批生产任务圆满完成。

◎ 2013 年

2013 年 2 月 22 日，某巡飞关键技术综合集成演示验证项目顺利通过第二炮兵装备部组织的立项评审。

2013 年 3 月 4 日—6 日，FT-6 滑翔制导炸弹初样产品验证飞行试验圆满成功。

2013 年 5 月 4 日—7 日，卫士三十五乙结构炮射摸底试验获得成功。

2013 年 5 月 7 日，卫士六十三、卫士四十三军贸出口立项论证报告通过集团公司立项评审。

2013 年 6 月 29 日，七院与 B 国正式签订卫士二十二火箭弹装备供货项目外部合同。

2013 年 7 月 2 日，七院与 D 国正式签订卫士三号甲火箭弹装备供货项目外部合同。

2013 年 9 月 16 日，某巡飞子母弹头关键技术综合集成演示验证项目通过总装备部立项批复，这是我院首次在某渠道演示验证类武器装备预先研究上获得立项突破的项目。

2013 年 9 月 21 日—28 日，卫士十五火箭弹军贸鉴定及射表验证飞行试验获得成功。

2013 年 10 月 25 日，Q1-2 项目正式生效启动。

2013 年 11 月 1 日—25 日，在某国顺利完成 FT-6 航空滑翔制导炸弹军贸鉴定暨项目验收飞行试验任务。

2013 年 11 月 5 日—7 日，浅滩火箭破障弹某批抽检飞行试验获得圆满成功。

2013 年 12 月 1 日，卫士四十三获得国防科工局军贸科研项目立项批复。

2013 年 12 月 16 日，卫士六十四军品出口立项论证报告通过集团公司出口立项评审。

◎ 2014 年

2014 年 1 月 25 日，七院与保利科技有限公司签订 Q1-1 项目和 Q1-2 项目国内总承包合同。

2014 年 3 月 7 日，在 051 基地开展 LX-1/ 卫士四十三自控弹飞行试验，获得成功。

2014 年 4 月 25 日—26 日，在 051 基地开展 Q1-2 项目 / 卫士三号甲火箭弹演示飞行试验，获得圆满成功。

2014 年 5 月 16 日，在 31 基地开展 Q1-1 项目卫士十五火箭弹批抽检飞行试验，获得圆满成功。

2014 年 6 月 4 日，BK 项目 FT-6 航空滑翔制导炸弹通过军贸设计鉴定评审。

2014 年 6 月 30 日，七院与 B 国正式签订 B-Ⅱ 项目外部合同。

2014 年 9 月 1 日—19 日，在 051 基地组织开展了某巡飞子母弹头关键技术综合集成演示验证项目某巡飞子弹自控弹性能摸底飞行试验，达到试验目的。

2014 年 10 月 14 日，在 31 基地组织开展了 B-Ⅰ 项目卫士二十二武器系统交付验收批抽检飞行试验，获得圆满成功。

2014 年 11 月 23 日，在 051 基地开展了 LX-1/ 卫士四十三巡飞弹自导弹飞行试验，获得成功。

2014 年 11 月 27 日，在 051 基地开展了卫士三号甲火箭子母弹演示飞行试验，获得成功。

2014 年 12 月 9 日—10 日，中国人民解放军总装备部陆军科研订购部某局在成都组织召开某布扫雷系统总体技术方案评审会。各分系统通过专家评审。

2014 年 12 月 11 日，D-Ⅲ 项目 02 批合同生效。

2014 年 12 月 11 日，七院七部“卫士一号乙多管火箭武器系统”获得国防科学技术进步奖三等奖。

2014 年 12 月 27 日，在 051 基地组织开展 Q1-2 项目卫士三号甲火箭弹首批抽检飞行试验，获圆满成功。

◎ 2015 年

2015 年 3 月 21 日—30 日，卫士三十三多管制导火箭武器系统初样阶段自导弹摸底飞行试验获得成功。

2015 年 3 月 26 日—27 日，卫士三十二多管制导火箭武器系统批抽检飞行试验圆满成功。

2015 年 4 月 1 日，B-I 项目验收飞行试验成功，标志着 B-I 项目合同圆满收官。

2015 年 4 月 9 日，某布扫雷系统方案样机技术设计顺利通过中国人民解放军总装备部陆军装备科研订购部工化局在北京组织召开的评审。

2015 年 4 月 21 日，浅滩火箭破障弹某批产品顺利交付部队，完成首次交装工作。

2015 年 4 月 24 日，某网络化巡飞攻击弹药系统信息化集成演示试验项目正式启动。

2015 年 6 月 24 日，卫士六佰多用途战术武器系统项目院内立项，标志该型号研制工作正式启动。

2015 年 6 月 30 日，与 B 国陆军炮兵正式签订 B-Ⅲ 项目外部合同。

2015 年 7 月 17 日—8 月 4 日，卫士三号甲火箭弹军贸鉴定飞行试验获得成功。

2015 年 8 月 26 日，B-Ⅱ 项目交付验收批抽检飞行试验获得圆满成功。

2015 年 9 月 2 日，某精确火箭扫雷弹控制效能演示验证飞行试验获得成功。

2015 年 9 月 20 日—22 日，B-I 项目军贸设计鉴定飞行试验获得成功。

2015 年 9 月 21 日，某布扫雷系统火箭布雷弹摸底飞行试验获得成功。

2015 年 9 月 23 日，卫士三号甲高精度制导火箭武器系统通过集团公司组织的军贸设计鉴定评审。

2015 年 10 月 19 日，B-Ⅱ 项目产品顺利完成装船交付，标志 B-II 项目国内工作按合同要求全面完成。

2015 年 10 月 20 日—22 日，卫士二十二火箭弹 A 国演示飞行试验获得成功。

2015 年 10 月 28 日，网络化巡飞攻击弹药系统集成飞行试验获得成功。

2015 年 10 月 28 日，Q1-1 项目射表验证飞行试验在国外顺利完成。

2015 年 12 月 9 日，某巡飞子母弹头投放平台及减速级性能摸底飞行试验获得成功。

2015 年 12 月 16 日，浅滩火箭破障弹某批抽检飞行试验获得圆满成功。

◎ 2016 年

2016 年 4 月 7 日—5 月 9 日，网络化巡飞攻击体系（“卫士三十三”“卫士四十三”“卫士二十二”）集成演示飞行试验获得圆满成功。

2016 年 7 月 8 日—19 日，卫士六佰导弹斜发射摸底飞行试验，导弹未落入目标区域，试验失利。

2016 年 7 月 11 日—8 月 2 日，卫士十五火箭弹 ALQ 项目国内演示飞行试验，达到试验目的。

2016 年 8 月 29 日，某布扫雷系统布雷弹高原摸底飞行试验获得成功。

2016 年 9 月 11 日，某军兵种演示验证项目“某巡飞子母弹头关键技术综合集成演示验证”巡飞子弹全系统动态综合验证飞行试验获得圆满成功。

2016 年 9 月 28 日，中程网络化巡飞攻击体系外方演示飞行试验获得圆满成功。

2016 年 11 月 12 日—18 日，浅滩火箭破障弹某批抽检验收飞行试验，获得圆满成功。

2016 年 11 月 28 日，B-Ⅲ 项目顺利完成用户方交付验收。

2016 年 12 月 14 日，卫士六佰导弹归零验证飞行试验获得成功。

2016 年 12 月 29 日，卫士四佰火箭弹首飞获得圆满成功。

2016 年 12 月 30 日，七院卫士系列多管火箭军贸装备能力建设项目获立项批复。

2016 年 12 月，“FT-6 航空滑翔制导炸弹武器系统”获得国防科学技术进步奖三等奖。

◎ 2017 年

2017 年 1 月，浅滩火箭破障弹引信质量问题处理验证飞行试验获得圆满成功。

2017 年 1 月，某布扫雷系统火箭布雷弹低温补充飞行试验、寒区适应性摸底飞行试验获得圆满成功。

2017 年 1 月，完成了某火箭破障系统（5km）方案摸底飞行试验并获得圆满成功，促成了军方立项。

2017 年 4 月，Q1-1 生产线验收飞行试验获得成功。

2017 年 4 月，B 国卫士二十二武器系统验收飞行试验圆满成功，B- Ⅲ项目履约交付任务圆满完成。

2017 年 4 月，完成了 ALQ 项目国内摸底飞行试验并获得成功。8 月，ALQ 项目国外演示飞行试验失利。

2017 年 5 月，卫士二十三乙结构稳定性炮射试验 4 发结构弹，获得成功；6 月，卫士二十三乙技术方案和精度验证飞行试验获得成功。

2017 年 5 月，完成了卫士六十四自控弹摸底飞行试验并获得圆满成功。

2017 年 5 月，开展了 2 次卫士六佰导弹飞行试验，垂直发射飞行试验获得圆满成功。

2017 年 5 月，卫士三佰火箭弹方案验证飞行试验成功，参加集团公司集成演示飞行试验并获得成功。

2017 年 6 月—7 月，卫士十五子母弹飞行试验、国内引信冲盖飞行试验获得成功。

2017 年 9 月，卫士四十三打击移动目标补充摸底飞行试验获得成功。

2017 年 11 月，卫士三十三、卫士四十三、卫士四佰火箭弹参加集团公司集成演示两轮飞行试验并获得圆满成功。

◎ 2018 年

2018 年 3 月，卫士二十二 A 国演示项目国内验证飞行试验获得成功。

2018 年 3 月，120 毫米修正迫弹飞行试验获得成功。

2018 年 6 月，卫士二十二环境参数测量飞行试验获得成功。

2018 年 8 月，卫士六十四导引头陆态搭载验证飞行试验获得成功。

2018 年 8 月，卫士三甲外方演示飞行试验和一体化火箭弹验证飞行试验获得成功。

2018 年 8 月，卫士四佰火箭弹结题验收状态验证飞行试验获得成功。

2018 年 8 月，GD103-05 正样机第二阶段鉴定飞行试验获得成功。

2018 年 10 月，卫士六佰性能验证飞行试验获得成功。

2018 年 11 月，浅滩火箭破障弹 P-06 批批抽检飞行试验获得成功。

2018 年 11 月，卫士四佰火箭弹结题验收飞行试验获得成功。

◎ 2019 年

2019 年 3 月，“卫士四十三巡飞攻击武器系统”获得集团公司科技进步奖二等奖。

2019 年 7 月，卫士三佰方案改进设计与归零验证飞行试验获得成功。

2019 年 7 月，卫士五十二陆态飞行试验获得成功。

2019 年 8 月，卫士七五零精确制导火箭弹方案验证飞行试验获得成功。

2019 年 9 月，卫士二十二 ALQ 演示飞行试验故障归零，补充验证飞行试验获得成功。

2019 年 9 月，卫士五十二子弹方案改进补充验证飞行试验获得成功。

2019 年 9 月，GD103 高原飞行试验获得成功。

2019 年 10 月，卫士五十二综合破障模拟飞行试验获得成功。

2019 年 12 月，卫士十五单管发射装置验证飞行试验获得成功。

2019 年 12 月，某发射车与卫士二十二火箭弹性能匹配验证飞行试验获得成功。

2019 年 12 月，浅滩火箭破障弹 -07/08 批批抽检飞行试验获得成功。

2019 年 12 月，“卫士四十三巡飞攻击武器系统”获得国防科学技术进步奖三等奖。

后 记

2018年，我们利用承担集团公司和七院政研立项课题“卫士文化核心理念的特色与内涵研究”的机会，结合七部成立10周年纪念活动，通过收集历史资料、开展“我心中的卫士精神”主题征文和大讨论活动，在凝练形成“永不言弃、永不言苦、永不言败、永创一流”的卫士文化核心理念的同时，策划编辑了这部《卫士》文集。文集既是献给七部10周年的一份独特的生日礼物，也借此机会向所有为卫士事业和四川航天转型发展作出贡献的人们致以最崇高的敬意。

这部文集不仅展现了十年来我们的成长进步，更浓缩了卫士系列战术武器30余年来不断精进的研制历程。文集收录的文章，讲述了各个时期七部及各相关研制单位参与卫士系列战术武器设计、管理、生产、试验、交付等历程中方方面面的生动故事。书中，我们除收录“我心中的卫士精神”主题征文活动征集到的优秀作品外，还收录了《四川航天》报和《中国航天报》上刊登的有关卫士系列战术武器的多篇重要通讯、报告文学以及人物专题报道等，试图尽量真实、全面地追寻、勾勒和还原卫士系列战术武器研制历程中那些可歌可泣的典型事件和典型人物；同时，我们还将卫士型号自1986年至2019年的研制历程大事记作为附录（“卫士足迹”）呈现，以使读者更加清晰地了解卫士文化的渊源，更加深刻地理解卫士文化的内涵。我们相信这本书对新时代航天“三大精神”的传承和弘扬具有重要价值，同时希冀全体航天人乃至全社会对传承和弘扬航天“三大精神”有更深刻的理解和感悟。

回首30余年的卫士研制历程，人事俱多，卷帙浩繁。本书自2018年初版以来，得到了各级领导、各界人士、广大读者的充分认可和广泛好评，但由于编者水平有限，在编选过程中难免有所疏漏，也收到了一些热心读者反馈的中肯意见，借今年再版之机，专门补充了涉及FT滑翔制导炸弹、2018年具有标志性意义的“七战七捷”及2019年、2020年等具有典型代表的一些文章，以存史实，以补不足，以飨读者。纵然如此，书中难免还会存在错漏之处，还望广大读者继续不吝批评指正。

最后，再次诚挚感谢所有对本书面世费尽心力的同志们！

编委会

2020年12月